KB259982

100억
돈벼락

■ **(주)고려원북스**는 우리들의 가슴속에 영원히 남을 지혜가 넘치는 좋은 책을 만들겠습니다.

100억 돈벼락

초판 1쇄 | 2012년 6월 18일

지은이 | 우형달, 김진
펴낸곳 | (주)고려원북스
편집주간 | 설응도

기획 | 성장현, 유재혁
기획편집 | 안은주
마케팅 | 이종진
판매처 | (주)북스컴, Bookscom, Inc.

출판등록 | 2004년 5월 6일(제16-3336호)
주소 | 서울 광진구 중곡동 639-9번지 동명빌딩 7층
전화번호 | 02-466-1207
팩스번호 | 02-466-1301
e-mail | koreaonebook@naver.com

ISBN 978-89-94543-46-8 13320

'돈'때문에 기가 팍! 죽은 이들에게
대한민국 경매 최고수가 힘차게 내리치는

100억 돈벼락

우형달·김진 지음

(주)고려원북스

"가난하게 태어난 것은 당신의 잘못이 아니지만
가난하게 죽는 것은 절대 당신의 책임이다!"

빌게이츠Bill Gates

배수의 진을 치고 냉엄한 현실을 직시하다

"하늘이 장차 그 사람에게 큰 사명을 내리려 할 때는, 반드시 먼저 그의 심지를 괴롭게 하고, 뼈와 힘줄을 힘들게 하며, 육체를 더욱 굶주리게 하고, 그에게 아무것도 없게 하여 그가 행하고자 하는 바와 어긋나게 한다. 마음을 격동시켜 성질을 참게 함으로써 그가 할 수 없었던 일을 더 많이 할 수 있게 하기 위함이다."

『맹자(孟子)』 '고자장구(告子章句)'

오늘 우리가 처한 냉엄한 현실이 『맹자(孟子)』 '고자장구(告子章句)'를 되뇔 만큼 한가한지 의문마저 든다. 총체적인 난국이다. 시작도 못 해본 '88만원 청춘'은 시작만이라도 한번 해보게 해달라고 절규하고 있고, 누구는 하루하루 직장 생활이 지옥이라며 술에만 취하면 '일등만 기억하는 더러운 세상'을 원망하고 저주한다. 연봉 1억 원, 꿈의 직장. 잘나가는 것처럼 보이는 이들도 날개가 꺾여 외진 어둠 속에서 홀로 어깨를 들먹이며 통곡조차 못 하고 있다. 그를 가장으로 바라보고 의지하는 가족들은 아슬아슬

하기만 하다. 한편에선 사상 최고 영업 실적과 순이익을 자랑하면서도 상생해야 할 중소기업과 자영업자를 벼랑으로 내몰고 있는 일부 괴물들을 목도하고 있다. 세상은 함께 더불어 사는 곳이라는 당연한 공감은 그들에게는 도저히 알아들을 수 없는 소음이 되어버린 지 오래다. 현실이다.

이 땅의 베이비부머는 누가 뭐라고 해도 앞만 보며 달려 이 나라를 이만큼 만든 애국자들이다. 그들이 막다른 벼랑 끝으로 내몰리고 있다. 50이 채 되지 않았는데 벌써 나가란다. 알아서 대강 거취를 결정해주면 몇 푼 더 쥐여주겠단다. 50도 많단다. 40으로 내려가고 있다. 몬스터가 발톱을 세우니 무슨 수가 있겠는가. 실적과 결과를 위해 마음에 없는 독주를 들이켜는 것 말고는 제대로 할 줄 아는 것이 없는데 말이다. 월급쟁이가 사회에 나와서 할 수 있는 일이라고는 뻔한 것들뿐이다. 그렇다고 노후 대비라도 충실히 했는가. 노부모 부양하고 자식들 키우느라 그러지도 못했다. 치열하게 살아온 만큼 안락한 노후를 기대해왔지만 현실은 냉엄하다. 진퇴양난에 몰려 있다. 그런 처지에 빠진 이 땅의 애국자들

에게 배수의 진을 치고 제대로 된 전쟁을 한번 해보자는 우 박사
의 제안은 차라리 절규다.

『위험한 경매』와 『행복한 경매』에 이은 『100억 돈벼락』

『위험한 경매』와 『행복한 경매』로 인해 대한민국 경매판이 뒤집
어졌다. 이번에는 『100억 돈벼락』이란다. 가능할까 반신반의하
면서 읽어보았다. 새로운 제안들이 여럿 보였다. 이 책의 목표는
대담하지만 내용은 지극히 간단하다. 우 박사의 책을 접할 때마
다 느끼는 점이 있다. 뚜렷한 메시지가 큰 강물처럼 도도히 흐르
고 있다는 것이다. 이 책 역시 그러하다. 경매를 모르는 사람들,
경매 책을 처음 접하는 사람이라도 쉽게 이해할 수 있도록 쉬운
언어로 썼다. 88만원 청춘부터, 직장인, 명예퇴직자, 자영업자,
주부를 대상 독자로 하고 썼단다. 경매의 대중화로 일반적인 방
법으로는 병아리 투자자들이 만족할 만한 수익을 올리기가 쉽지
않은 것이 작금의 현실이다. 그런 점을 충분히 감안하고 써진 이

책은 접근 방법이 기존의 경매 서적들하고는 여러 면에서 다르다.

이 책을 통해 경매세계의 장점들을 보여주려는 많은 시도들이 반갑다. 해야 할 것과 하지 말아야 할 것을 말해준 부분도, 투자 타이밍에 관한 설명도 참고할 가치가 충분하다. 경매로 부동산에 투자한다는 것은 수고가 더 따르는 점에 대한 설명도 부담이 없다. 또한 장래 투자 가치가 높은 유망한 종목의 부동산을 지역 호재를 감안하면서 낙찰 받은 사례들을 아낌없이 공개하고 있다. 투자의 지침으로 많은 분들에게 구체적인 도움이 될 것이라는 생각이다. 다른 책에서는 찾아보기 어려운 동호회 관련 부분도 즐겁다.

거대한 괴물에 항복하지 말고 힘을 합해 조직적으로 대항하자는 결의는 자못 비장하다. 인큐베이터는 자신이 만들테니 여러분들은 그 속에서 커보란다. 조직의 쓴맛과 사회의 무서움을 체험한 경험자만이 할 수 있는 제안일 것이다. 우 박사가 지금까지 걸어온 경매세계의 발자취를 보면 터무니없이 황당하기만 한 제안이라고 치부하기에는 가치가 무겁다.

세상은 한번 살아볼 가치가 충분한 곳

대형 서점 경매 코너에 가보면 참 많은 경매 관련 책들이 나와 있다. 벌었다는 소리들로 가득한 책이다. 책 속으로 들어가보면 별다른 내용이 없는 경우가 다반사다. 추천사를 부탁받고 '경매로 돈벼락이라니' 이 책도 그런가? 의심하면서 읽었다. 많이 달랐다. 기존의 경매 책들에서는 보여주지 못하는 새로운 내용들이 분명히 있었다. 원하는 사람들에게 물고기 한 마리가 아니라, 그물을 만들고, 치고, 끌어올리는 방법을 보여주고 있었다. 다시 읽어보아도 또 읽어보고 싶은 마력이 강한 책이다. 억지로 가르치려고 들지 않고, 있는 그대로를 보여주려는 저자의 집필 수고는 독자들에게 많은 것을 느끼게 해줄 것이라고 생각한다.

우 박사는 본인에게는 몇 안 되는 믿음직한 후배이자 제자다. 외환위기 전(呼價制時節)인 1994년에 경매에 입문하였다고 하니 20년 가까운 시간을 경매판에서 살고 있다. 한눈팔지 않고 오랫동안 한 우물만을 우직스럽게 고집하는 자세가 참 좋다. 공부하고,

투자하고, 강의하고, 책 쓰고, 다시 동호회까지 가동했단다. 성실함과 부지런함도 칭찬감이다. 얼마 전 잠실 신천역 새마을시장 꼼장어집에서 지인 몇 사람과 한잔하던 중 우 박사 왈 '교수님, 경매판이 제대로 보이려면 한 10년은 지나야 합니다!' 란다. 10년이라! 긴 시간처럼 느껴질지 몰라도 어떤 분야든지 제대로 하려면 그 정도 시간은 길지 않다. 특히 부동산 투자 10년? 그다지 길지 않다. 제대로 배워놓으면 평생 써먹을 수 있는 것이 경매 투자다. 이 점은 나도 잘 안다. 실전 투자 20년의 경매 박사가 도발적인 제목의 책을 통해 독자들에게 하고 싶은 이야기가 뭘까? 추천사를 쓰는 내내 고민해보았다. "그래도 세상은 한번 살아볼 가치가 충분한 곳"이고 "그러니 희망을 버리지 말자"라는 말을 반복하고 있었다. 답답하고 막막한 현실에서 희망을 볼 수 있어서 좋았다.

건국대학교 부동산대학원
교수 이 정 우

"벼락 맞아 뒈질 놈"이라는 욕

'죽어라 일 해보고 싶지만 기회조차 주어지지 않는 88만원 청춘!'

'남편 월급만으로는 갈수록 마이너스여서 서빙이라도 해야 하는 주부!'

'몇 푼 월급에 개 목줄이 걸려 피곤에 쩔은 인생을 이제는 그만하고픈 월급쟁이!'

'청춘 다 바쳐 충성해온 회사에서 하루 아침에 자의반 타의반으로 떠밀려 나온 애국재!'

'있는 것 다 말아먹어 이제는 어떤 선택도 하기 힘든 곤경에 처한 사장님!'

이들을 위해 『100억 돈벼락』이 세상에 나왔다.

잘 아는 우리 욕 중에 "벼락 맞아 뒈질 놈"이라는 것이 있다. 여러분들이 하늘 벼락이 아닌 '돈벼락'을 제대로 한 번 맞았으면 하는 마음에서 썼다. 책을 쓰는 내내 제목과 내용의 일치점을 놓치지 않으려고 노력했다. 머리말을 읽고, 목차를 뒤적이고, 본문을 확인하고 있는 독자 여러분은 지금 어떤 고민을 가지고 있을까? 한시도 잊지 않았다. 두 가지 고민이 보였다. 첫째는 현재가 불안

하고, 두 번째는 장래가 불안하다. 바탕에는 결국 "돈"이 문제였다. 돈 고민이 이 책을 쓰기로 한 시발점이다. 이런 현실을 타개하는 여러 방법 중 부동산 경매를 통해 돈벼락을 맞아보자는 것이다. 그러면 방법은 있는가. 있다! 방법이 없다고 푸념하지 말고, 방법을 모르겠다며 말 길게 하지 말자. 가난하게 태어난 것은 당신의 탓이 아니지만, 가난하게 죽는 것은 당신 책임이란다.

우리가 상상했던 21세기는 이러했다

21세기가 도래하면 알약 하나로 하루 식사가 해결되고, 누구나 행복할 줄 알았던 때가 있었고, 그렇게 믿는 사람들이 있었다. '88만원' 세대라니. 이런 단어는 유행은 고사하고 개념조차 생겨나리라고 꿈에도 생각해보지 못했다. 살아서 유토피아를 경험할 줄 알았다. 생각해보니 너무 순진했다. 나와 여러분이 살고 있는 현재는 어떤가. 세상은 미친 듯이 변해가고 있다는 말을 실감당하고 있다. 45세에 퇴직당하고 45년을 더 살아야 하는 시대가 되었다. 88만원, 권고사직, 명예퇴직이 보편화된 선진조국(?)에서 비정규직과 저금리는 누구도 되돌릴 수 없는 시대 아이콘이다. 그렇다고 소위 좋은 직장에 다니는 선택받은 소수의 사람들이라고 마음이 편할까? 그렇지 않다.

더 불안할 것이다. 갈수록 치열해지는 무한 경쟁 시대에 공포 없이 원하는 만큼 일하며 사는 것은 불가능할까? 건강과 능력, 경험이 충분하더라도 의지와는 상관없다. 언제 그만두어야 할지 모르는 세상이 되어버렸다. 더 잘할 능력과 자세가 분명한데 나가 달란다. 돌아보니 시쳇말로 스펙 뛰어나고, 몸값 싼 젊은 친구가 기다리고 있다. 이번에는 그 꼴 안 당했으니 안심이라고. 결국 시간문제일 뿐이다. 그런다고 이대로 주저앉아 세상 탓만 할 수는 없다. 바쁜 마음에 경험없이 시작했다가는 말아먹기 십상이다. 그리고는 100여만 원 받겠다고 경비원, 청소부 이력서라도 내야 할 처지가 남의 이야기가 아닐 수도 있다. 어디서부터 잘못되었는지 번지수 찾기조차 쉽지 않고 선택의 여지는 더욱 없다. 그런 절박한 상황의 독자들에게 길은 있고, 그 길을 찾아가는 방법을 보여드리고 싶었다. 탈무드의 격언처럼 "생선 잡는 방법"을 보여드리고 싶었다.

종잣돈 없다고! 평생 구질구질하게 살 건가?

궁즉통(窮則通)이라는 말이 있다. 역경이 있어도 포기하지 않는 것
이다. 답이 없다고 포기하는 것이 문제다. 답이 없는 것이 아니
다. 궁박한 처지에 몰려도 불굴의 의지만 있다면 상황은 변하고
통하게 되어 있다. 그것이 세상의 이치다. 사방이 꽉 막힌 곳에
갇혔는데 끝을 알 수 없는 구멍만이 바닥에 하나 뚫려 있다고 하
자. 떨어지면 죽을 것 같아 뛰어내리지는 못한다면 결국 갇힌 채
굶어 죽고 말 것이다. 이래 죽나 저래 죽나 한번 해보고나 죽자고
이를 물고 뛰어드는 순간 해결의 실마리를 찾게 된다. 죽이든 밥
이든 저질러보면 어떻게든 결국은 이루어진다. 저질러보지 않으
면 실패는 없을지 몰라도 성공은 없다. 내 것만 고집하는 독불장
군은 미래가 없단다. 소통과 통섭을 기본으로 공유와 융합해야
한단다. 쉽게 말하자. 어울려 살자는 말이다. 퍼줄 것 있으면 아
낌없이 퍼주고, 모자라는 부분은 즐겁게 얻어 오면 된다.

　지금까지 다른 길을 걸었다고 해도 상관없다. 여윳돈 없고, 아
는 것도 없다고 해도 마찬가지다. 어디서부터 시작해야 할지 막

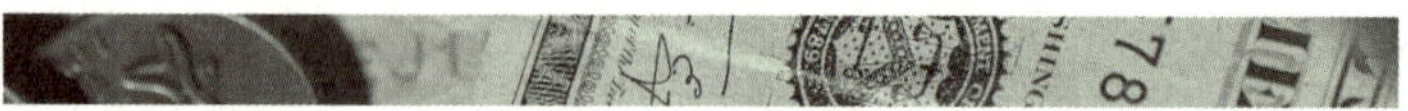

막하고 난감하다. 실패할 것 같아 솔직히 두렵기도 하다. 그렇다고 철부지 어린애처럼 못 하겠다는 변명만 할 것인가. 그럴싸한 변명은 밤마다 뒷골목 쓰레기통이나 뒤지는 떠돌이 고양이 같은 것이다. 아무짝에도 쓸모없다. 미루지 말고, 겁먹지 말자. 인내와 끈기 그리고 뻔뻔함만 있으면 된다. 우는 아기에게 먼저 젖꼭지 한 번 더 물리는 것이 세상 이치다. 개한테 줘도 물어가지 않을 자존심부터 내다버려라. 실로 절박하면 방법이 보인다. 그 방법을 찾아보자는 것이다. 이를 위해 **'1,000명 100억 부자 만들기'** 프로젝트를 제안한다. 여러분들의 적극적인 참여와 관심을 기다린다.

한 번 왔다 가는 길에 어차피 정답이란 없다

산전수전 겪으면서 체득한 경매세상의 지식을 여러분들과 함께하려고 신발 끈을 조인다. 내가 아는 경매세상은 위험과 행복이 공존한다. 새롭게 동호회를 개설하여 독자 여러분들의 적극적인 참여와 성원을 기다리고 있다. 이곳은 경매 병아리 인큐베이터다.

모이로는 필자가 아는 경매 지식과 전문가들을 조건 없이 아낌없이 내놓을 작정이다. 누구 눈치를 보지 않고 세상을 개척하려는 사람들과 함께할 계획이다. 여러분들의 과분한 성원으로 그동안 여러 권의 부동산 관련 경매 책을 썼다. 경매 관련 입문서에서부터 경매세상이 위험하다는 것도 보여드렸고, 잘못 낙찰 받아 입찰보증금 날릴 상황에서 입찰보증금 날리지 않을 방법도 보여드렸다. 1500페이지짜리 두꺼운 배당 책도 썼다. 또한 인터넷에 경매카페도 운영하고 있다. 대학과 대학원에서 부동산 강의도 열심이다. 아는 한 줄 경매 지식을 어떻게든 예쁘게 포장해서 여러분들에게 전하는 것이 먼저 알고 있는 자의 역할이라는 믿음에서 말이다.

이 책을 통해 인생 제2막에서 부동산 경매가 어떻게 생겼고, 도전해보기 위해서는 뭘 준비해야 하고, 어떤 결과를 가져올 수 있는가를 보여주려 노력했다. 한 번 왔다 가는 인생길에 딱 떨어지는 정답이라는 것이 있다면 얼마나 단조롭고 재미없을까. 어차피 정답이 없으니 애써 한번 살아볼 가치가 있으리라. 혼자 잘 먹고 잘살 수 있는 독불장군은 많지 않다. 愚問에 愚答이다. 그래서 이 책을 썼다. 여러분이 처한 한계를 뚫고 『100억 돈벼락』의 세계 로 안내하는 안내자가 되었으면 하는 바람이다.

이 책이 세상에 나오기까지 많은 분들의 관심과 사랑이 있었 다. 부동산과 부동산 경매에 관한 지식을 주신 건국대학교 부동 산대학원 석사 과정, 강원대학교 부동산학과 박사 과정 교수님들 과 선후배 여러분, 직장 상사였던 이남재 대표이사와 최옥재 사 부에게 항상 감사의 마음이다. 또한 그동안 격려와 성원을 보내 준 전국의 독자 여러분께 진심의 마음으로 감사드린다. 늦게 다 시 시작한 공부여서 힘들지만 재미있어하는 사랑하는 아내 김양 희와 건강하게 자라주어 식구들 모두에게 행복을 주고 있는 든든 한 輝와 한국 학교에 너무나 잘 적응해준 귀염둥이 健을 비롯하여 오늘의 나를 있게 해준 모든 분들에게 이 공간을 빌려 존경과 감 사의 말씀을 드린다. 조금은 튀는 원고를 인내를 가지고 저자를 다독이면서 이처럼 멋있는 책으로 출판해주신 고려원북스 여러 분들께도 감사의 마음을 전한다.

못난 자식 부부와 손자 놈들을 이제는 마음 편하게 내려다보고 계실 천상의 내 부모님께 감사와 그리운 마음으로 이 책을 올려 바친다.

내일은 오늘보다 나아야 한다고 믿고 애쓰는 분들에게
우 형 달

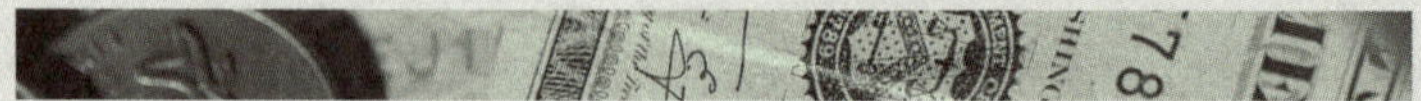

CHAPTER 1

도대체 이 세상 어디쯤에 위치하고 있을까

어떤 청춘은 시작도 못 해보고 시들고 있다고 피눈물 뿌리는 절규를 외친다. 그러면 현직에 있는 사람이라고 속 편하고 행복한가. 현재 하고 있는 일을 언제까지 할 수 있겠는가. 조직의 결정권자와는 어떤 사이인가. 학연, 지연, 혈연 중 어느 것 하나라도 확실한가. 내 자리를 꿰차려고 밀고 들어오려는 신참들보다 어떤 강점이 있는가. 진퇴양난(進退兩難)이다. 사방을 아무리 둘러봐도 막막할 뿐이다. 세상이 왜 이 모양이 되고 말았는지 도대체 알 수가 없다. 잘못한 것이라고는 청춘을 불살라 조직과 조국에 충성한 잘못밖에 기억에 없다.

이제 40대인데 벌써 눈치가 보인다. 간, 쓸개는 용궁의 거북이에게 용왕님 드리라고 빼준 지 오래되었다. 웃고 있어도 눈물이 난다. 그런다고 징징거리고만 있을 수는 없다. 궁하다는 것부터 인정하자. 궁하면 통한단다. 그래야 문제가 보이고, 문제가 정리되어야 대처방법이 마련되고, 답이 나온다. 자의든 타의든 인생의 두 번째 장을 시작해야 할 처지다. 새롭게 시작한다는 거, 별거 아니다. 목표를 세우고 그 꿈이 이루어질 때까지 간절함을 놓지 않고 포기하지 않는 것이다. 배수의 진을 친다면 못 할 일도 없는 것이다. 그리고 살아남아 누군가에게 쓸모 있는 사람이 될 수 있는 방법이 있다면 한번 해보고 싶지 않으신가.

경매 투자? 시작만 하면 돈 벌었다는 말은 자주 듣는다. 그런데 부자 되었다는 말은 듣기 어려운 것이 이 업종의 특성이다. 자기 관리 안 되면 당연한 이야기다. 와신상담하던 시절을 잊지 말아야 한다. 상황이 어려워지면 양귀비부터 떠나간다. 빛 좋은 개살구 되는 것은 시간문제다. 얼마를 번들 무슨 소용이 있겠는가. 독이 이미 깨져 있다면 말이다.

하늘은 무너지지 않는다. 과욕을 부리다가는 종잣돈마저 까먹고 돌아서야 하는 곳이 경매시장이다. 내공도 쌓지 않고 사냥터에 나가서는 먹잇감을 잡지 못한다. 산 전체를 휘젓고 다니느라 바쁘고, 힘만 든다. 어쩌다 잡히는 녀석도 잔챙이들일 뿐이다. 자본주의가 망할 때까지 오아시스처럼 경매시장의 물건은 마르지 않는다. 조급해하지 말고 실력을 쌓는 것이 먼저다.

1_ 미치도록 숨 막히고
궁색하고 절박해보셨는가

궁(窮)하면 변(變)하고, 변하면 통(通)하고, 통하면 오래(久)간다!

궁즉통(窮則通)이라는 말이 있다. 궁박한 처지에 몰려도 불굴의 의지만 있다면 상황은 변하고 통하게 되어 있는 것이 세상의 이치다. 역경이 있어도 포기하지 않는 것이다. 답이 없다고 포기하는 것이 문제다. 답이 없는 것이 아니다. 쓰러지도록 돈벼락 한번 맞아보고 싶다. 소원이다. 간절히 원하고 노력하면 통하게 되지 않을까.

책갈피 사이에 끼워져 있는 공허한 수사가 아니다. 간절히 염원하고 애쓰면 결국 통(通)하게 된다. 도저히 답이 없는 막힌 상태인 궁에 이르면 변하게 되고 변하면 답을 찾아 통하고, 통하면 오래간다. 각 분야에서 각자 성공하는 사람들은 공통점이 하나 있다. 성공의 직전에 커다란 시련에 직면한다는 것이다. 시련 속에서 길을 모색하고 그 시련을 극복하고 성공에 이르게 된다. 성공에 이르는 그 과정에서 시련이 없었다면 성공으로의 실마리를 발견할 수 없었을 것이다. 사방이 꽉 막혀 있는 곳에 갇혔고, 그 끝을 알 수 없는 구멍이 바닥에 하나 뚫려 있다고 하자. 떨어지면 죽을 것 같아 뛰어내리지는 못한다면 결국 그곳에 갇힌 채 굶어 죽게 된다. 선택의 여지가 없다. 죽기 아니면 어차피 까무러칠 것. 이래 죽나 저래 죽나 깊이가 얼마나 되나 확인이나 한번 해보고 죽자. 이를 악물고 뛰어드는 순간에서 해결의 실마리를 찾게 되는 것이다.

인생이라는 것이 대개 비슷하다. 시도해 보면 어떻게든 결국은 이루어진다. 저질러보지 않으면 실패는 하지 않을지 몰라도 성공은 없다. 실패할 것 같아 이유가 많아진다. 변명만 하고 있을 수도 없는 노릇이다. 변명은 밤마다 뒷골목 쓰레기통이나 뒤지는 떠돌이 고양이 같은 것이다. 아무짝에도 쓸모가 없다. 냉정하게 인정하자.

그래야 문제가 보이고, 문제가 정리되어야 대처 방법이 마련되고, 대처 후에야 답이 나온다. 자의든 타의든 인생의 두 번째 장을 시작해야 할 처지다. 새롭게 시작한다는 것, 달리 보면 별거 아니다. 목표를 세우고 그 꿈이 이루어질 때까지 간절함을 놓지 않고 포기하지 않는 것이다.

연금술사의 궁즉통

"이 세상에는 위대한 진실이 하나 있어. 무언가를 온 마음을 다해 원한다면, 반드시 그렇게 된다는 거야. 무언가를 바라는 마음은 곧 우주의 마음으로부터 비롯된 때문이지. 만물의 정기는 사람들의 행복을 먹고 자라지. 세상 만물은 모두 한 가지라네. 자네가 무언가를 간절히 원할 때 온 우주는 자네의 소망이 실현되도록 도와준다네. 어리석게도 사람들에게는 꿈꾸는 것을 실현할 능력이 있음을 알지 못한다는 거야."

-파울로 코엘료의 『연금술사』 중에서

이는 모두 궁즉통과 한 줄로 연결되는 같은 개념이다.

해남군 화산면 촌놈 & 완주군 화산면 촌놈

『가진 건 꿈밖에 없습니다 — 될 때까지 했습니다 — 쉬지 않고 했습니다 — 기어서라도 가겠습니다』. 전북 완주 촌놈이 쓴 자서전 에세이 목차다. 참 좋다, 멋있고. 해남 촌놈은 대학 가려고 18살에 서울에 왔다. 완주 촌놈은 개그맨이 되겠다고 고졸 학력으로 20살 때 30만 원 들고 무작정 상경했단다. 과분한 비교지만 여러 가지 점에서 공통점이 있어 반가웠고 영광이다.

- ◈ 동향이라는 점
- ◈ 고향의 면 이름이 같다는 점

◈ 아주 어렸을 적에는 먹고 살 만했다는 점

◈ 어린 시절 무척이나 가난했다는 점

◈ 어렸을 적부터 키가 작았다는 점

◈ 지금도 키가 크지 않다는 점

◈ 친구들에게 자주 괴롭힘을 당했다는 점

◈ 부친이 있던 재산 시원하게 다 말아드셨다는 점

◈ 부친이 오랫동안 병석에 계셨고

◈ 병석을 털고 일어나지 못하시고 소천하셨다는 점

◈ 모친이 가난 때문에 심하게 고생하셨다는 점

◈ 고생하는 모친에게 마음에 남게 불효했다는 점

◈ 모친에게 저지른 불효에 지금도 가슴이 아린다는 점

◈ 띠동갑이라는 점

◈ 목표 달성을 위해 서울로 상경했다는 점

◈ 돈이 없어 여러 번 굶어봤다는 점

◈ 배고플 만큼 배고파봤다는 점

◈ 눈물 떨어지는 밥을 먹어봤다는 점

◈ 라면을 많이 먹었다는 점

◈ 차비가 없어 걸어봤다는 점

◈ 대학 입시에 여러 차례 떨어져봤다는 점

◈ 같은 대학에서 공부했다는 점

◈ 자신과 무수히 많은 대화를 한다는 점

◈ 옥탑방의 사정을 잘 안다는 점

◈ 땀은 배신하지 않는다는 것을 안다는 점

◈ 술(특히 소주)을 아주 좋아한다는 점

◈ 여러 사람들과 어울려 술 마시기를 좋아한다는 점

◈ 허름한 술집에서 외상 거래를 했다는 점

◈ 자기 분야에서 최선을 다해 열심히 노력한다는 점

◈ 노력의 결과로 이제는 어느 정도 일가를 이뤘다는 점(물론 그
  이는 나보다 훨씬 유명하다)

◈ 이제는 어떻게든 남에게 도움을 주고 산다는 점

◈ 가족이 전 재산이라는 것을 안다는 점

◈ 걸어온 길보다도 가야 할 길이 아직 더 멀다고 생각하는 점

오늘보다는 내일이 더 나아야 한다는 꿈을 믿고 산다는 점이
둘의 공통점 중 클라이맥스다.

오늘의 난관은 뚫으라고 존재한다

필자는 무슨 난관에 부딪힌다고 해도 대학을 가겠다는 일념 하나
로 옥탑방에서 서울 생활을 시작했다. 그때 기억은 지금도 새롭
다. 서울에 처음 왔을 때 두 가지 점에서 가슴이 끓었다. 서울에
그리도 많은 집들이 있는데도 작은 내 몸 하나 누일 방 한 칸이 없
었다는 것과, 광화문 교보문고에 갈 때마다 이 많은 책 중에 내 이
름으로 된 책이 한 권도 없었다는 점에서 피가 끓었다.

옥탑방? 여름에는 확실히 덥고 겨울에는 방 안의 물이 꽁꽁
얼었다. 개그맨이 되고자 절치부심했던 키 작고 가난했던 청년

은 지금 대한민국 최고의 희극 배우, 개그맨으로 인기 상종가를 치고 있다. '달인'으로 더 유명하다. 그가 최근에 쓴 책을 독자들도 한번 읽어보실 것을 권한다. 그 책의 일부를 조금 정리해서 옮긴다.

몇 달을 집 없이 전전하다가 겨우 돈을 마련해서 다시 옥탑방을 얻었습니다. 전보다 더 형편없는 모양이었지만 멀리 여의도의 방송국이 내려다보여서 마음에 들었습니다. 아침에 일어나서 나갈 때와 잠자러 들어가기 전에 한 번씩 방송국을 보며 다짐을 했습니다. '난 꼭 저기 들어간다.' 방세와 교통비를 제하고 나면 밥값도 모자랐기 때문에 술 생각이 나도 참아야 했습니다. 어느 날 소주 생각이 간절했는데 참고 집으로 가는 새벽에 쓰레기 더미에서 소주병이 보였습니다. '이거다' 번개처럼 소주병을 주웠습니다. 그렇게 바꾼 소주로 안주도 없이 강술을 마실 때면 가끔 눈물을 줄줄 흘렸습니다. 취기가 오르면 옥탑방 거울을 보며 혼자 많은 이야기를 했습니다. '방송국 기다려라. 지금은 내가 여기서 너를 보지만, 언젠가는 방송국에서 여기를 볼 날이 있을 거다.' 그러나 수많은 오디션에서 거푸 떨어졌습니다. 내리 세 번 떨어진 적도 있었습니다. 비참한 좌절감에 생활고까지 겹쳐 앞이 보이지 않았습니다. 가슴이 답답할 때가 많았습니다. 어느 날 밤 옥상 난간에 올라서서 하늘을 보며 엉엉 울었습니다. 그러던 중 갑자기 이런 생각이 들었습니다.

'이대로 한 발 앞으로 나갈까?'

약국을 돌아다니며 수면제 40알을 모은 적도 있었습니다. 하지만 멀리 여의도 방송국의 불빛이 화려하게 빛나는 밤, 대방동 옥탑방 난간에 선 나는 엉엉 통곡을 하면서도 결국에는 마음을 다잡고, 발길을 돌렸습니다. 힘들어서 지치고, 외로움에 비참하고, 좌절하여 포기하고 싶은 분에게, 그럼에도 불구하고 묵묵히 자신의 길을 걷고 있는 분에게 이 책을 바칩니다.

* 김병만 『꿈이 있는 거북이는 지치지 않습니다』 중에서

필자는 이 얇은 책을 읽는 동안 글씨가 보이지 않을 정도로 여러 차례 혼자서 울었다.

필자를 찾는 6가지 유형의 사람들

독자들은 필자나 달인의 상황보다는 낮지 않을까 하는 생각에 오히려 다행이라는 마음이 든다. 물론 더 고생하신 분들도 계실 것이다. 그렇다면 책 앞부분 추천의 글에 있는 『맹자(孟子)』 '고자장구(告子章句)'를 떠올려보자. 조금은 힘이 될 것이다. 좌절하지 말고 남 탓하지 말자. 미루지 말고, 겁먹지 말자. 인내와 끈기 그리고 뻔뻔함만 있으면 된다. 우는 아기에게 먼저 젖꼭지 물리는 것이 세상 이치다. 개한테 줘도 물어가지 않을 자존심부터 내다버려라. 실로 절박하면 통한다. 그러면 절반은 성공한 것이다. 2평

짜리 서울 중화동 공장 옥탑방 기숙사에서 서울 생활을 처음 시작했던 필자에 대하여 2009년에 모 경제 신문에 "우 박사 경매로 60억 벌었다"는 제목으로 기사가 났다. 결론부터 말씀드리자. 뭘 근거로 그런 소설을 썼는지 지금도 궁금하다. 그러나 여파는 컸다. 여러 사람들로부터 전화를 받았다.

한번 만나 도와달라는 사람

"우 박사!(형달아!) 오랜만이다!"

"정말 오랜만이네. 잘 지내지?"

"나야 늘 그렇지, 그런데 자네 경매 잘해서 돈 많이 벌었다고 신문에 났더라!"

"그러게 말이다, 뭘 근거로 그런 소설을 썼는지 난감하다!"

"그러지 말고 한번 만나자."

"만나는 거야 어렵지 않지만!"

"빼지 말고 만나서 돈 버는 이야기도 좀 해주고 저녁 한번 사시게!"

"나야 경매 말고는 아는 게 없잖아!"

"그래 바로 그거야. 경매로 돈 버는 이야기 좀 해주면 돼!"

"시간은 한번 내지만 요즘 경매로 수익 내기가 만만하지 않아서 걱정이네."

"자네가 좋다고 찍어둔 물건 나한테 패스해주면 되지, 자네는 또 찾으면 되고."

"그런 게 세상에 어딨냐?"

“자네는 전문가니 돈 되는 좋은 물건 쉽게 찾을 것 아닌가? 좀 도와
줘, 친구 좋다는 게 뭔가?”

“그렇지 않다니까?”

“에이, 그러지 말고 한번 도와달라니까.”

“도울 수 있다면 그러고 싶지만 그게 쉽지 않다니까.”

“도와주는 것으로 알고 저녁 먹으러 갈게.”

이런 상황이 가끔 벌어진다. 필자가 무슨 마이다스 손이라도
된다는 말인가. 만약 냉정히 딱 잘라 거절하면 그동안의 인간관
계까지도 이상해질 우려가 있다. 난감하기 짝이 없다.

돈 좀 빌려달라는 사람

“우 박사!(형달아!) 오랜만이다!”

“정말 오랜만이네. 잘 지내지?”

“경제신문에 났더라, 그것도 아주 대문짝만하게~!”

“그러게 말이다. 참 대략 난감하다.”

“부탁이 하나 있어 연락했다.”

“글쎄, 뭔데? 내가 도와줄 수 없는 일이면 말하지 말고!”

“먹고살려고 이번에 체인점 사업 한번 해보려는데 돈이 좀 모자라
서, 창업 자금 좀 투자하거나, 아니면 이자 많이 줄 테니까 돈 좀 빌려
달라고!”

“자네 회사는?”

"진즉 명퇴했지, 벌써 2년 다 되어간다!"

"그래? 처음 듣는 이야긴데!"

"뭐 자랑할 일이라고. 친구들한테는 말 안 했지."

"자네 탓만도 아니니까 흉도 아니지."

"정말 돈 좀 투자하거나, 아니면 빌려줬으면 해서!"

"내게 무슨 돈이 있다고."

"경제신문에까지 났는데 돈이 없다고?"

"이미 부동산에 잠겨서 나도 어렵다, 야!"

"거짓말 하지 말고 부탁 좀 들어주라, 친구 좋다는 게 뭐냐?"

"내가 자네한테 거짓말 할 이유가 없다니까?"

"서로 어려울 때 도우면서 사는 게 세상이고 친구지, 혼자 잘 먹고 잘사는 사람이 어디 있나?"

"말은 백번 지당하신 말씀인데, 정말 없다니까!"

"자네~! 돈 벌더니 많이 변했네, 잘 알았다."

"그게 아니고 정말 돈이 없다니까!"

"알았다, 그렇게 살지 마라. 혼자 잘 먹고 잘사시게~!"

대강 이런 식의 답이 안 나오고 답답한 상황이 일 년에 서너 차례 일어났다. 대학 졸업하고 일 년에 한 번 하는 동기 송년 모임에서 2~3년에 한 번 만날까 말까다. 그런 동기로부터 이런 식의 대화가 있는 날은 기분이 정말 엉망이 되고 만다. 참고하시라고 드리고 싶은 당부가 있다. 부동산 투자 열심히 하는 사람들은 보통 현금이 없다. 이미 부동산에 투자되어 잠겨 있는 경우가 대부분이다. 부동산은 부자일지 몰라도 현금은 거지다. 정기적으로 내야 하는 부동산 관련 세금 낼 때는 카드로 납부하는 경우도 발생하고, 세금 체납하는 경우도 벌어진다. 필자도 비슷한 경험을 한다. 앞의 사람들은 별로 환영하지 않는다. 그러나 지금부터의 사람들은 도울 수 있는 방법이 있다면 힘껏 돕겠다는 생각이다.

다음에 나오는 대화는 생면부지의 독자들로부터 받은 부탁들이다.

경매 노하우를 알려달라는 사람

"우 박사님 안녕하세요~."

"박사님이 쓰신 경매 책은 모조리 봤습니다."

"실전 고수의 노하우를 알려주세요!"

"사례는 당연히 하겠습니다."

"내일부터라도 사무실로 찾아가겠습니다."

"물건 검색하는 방법을 알려 주시고요."

"권리 분석하는 방법을 알려 주시고요."

"수익성 분석하는 방법을 알려 주시고요."

"임장 활동하는 노하우를 알려 주시고요."

"물건 조사하러 갈 때 데려가 주시고요."

"물건 전망이나 시세 물어보는 노하우를 알려 주시고요."

"입찰 전에 세입자 하고 대화하는 방법을 알려 주시고요."

"경매 부동산의 미래 가치를 보는 방법을 알려 주시고요."

"입찰 전에 해야 할 작업에 대해서 알려 주시고요."

"입찰 가격 정하는 방법을 알려 주시고요."

"응찰하는 방법 알려 주시고요."

"응찰법정에 데려가 주시고요."

"낙찰 받고 나면 해야 할 일들을 알려 주시고요."

"경락잔금융자 받는 방법을 알려 주시고요."

"잔금 납부 후 소유권 이전하는 방법을 알려 주시고요."

"아주 중요한 명도 현장에 데려가 주시고요."

"임대로 세놓을 때 부동산에 같이 한번 가 주세요."

"매매로 처분계약서 쓸 때 데려가 주세요."

부동산 경매 투자의 핵심 사항을 알려달라는 분들이다.

가방모찌, 운전기사 노릇 하겠다는 사람

"박사님 열혈 팬입니다."

"딱 6개월만 가방모찌로 받아주세요."

"가방모찌에 운전기사, 청소 담당으로 출근하겠습니다."

"사무실 있는 분들, 점심까지 제가 감당하겠습니다."

"물건 조사, 법원 가실 때 기름값도 모두 부담하겠습니다."

"6개월에 10건 물건 조사, 10건 응찰, 2건 낙찰, 2건 명도만 도와주세요!"

"6개월 동안 5건 응찰, 한 건 낙찰만 도와 주세요."

"명도 한 번만 도와주시고요."

"명도 한 번 해주시면 사례는 따로 하겠습니다."

"경매를 부업이 아닌 전업으로 해야 하는 사람입니다."

"비용이 들더라도 배울 때 확실히 배우려고요."

"한 번 제대로 배우면 평생 써먹을 수 있을 것 같습니다."

"받아만 주시면 결코 실망하지 않으실 겁니다."

마치 여러분들에게 이렇게 하시라고 분위기 잡는 것 같지만, 여러분 주변에 제대로 경매를 가르쳐줄 사람이 있다면 이렇게라도 하면서 따라다니면서 배울 기회를 잡는 것이 현명하다. 실수해서 지불하는 비용보다 훨씬 싸다.

제자(멘티)로 받아달라는 사람

"학원 수업과 인터넷 강좌, 공개 특강 다 들은 사람입니다."

"이론 무장은 대강 한 것 같은데 뭔가 모자라는 것 같아요."

"실전 한 방이 더 빠를 것 같은데 보여주는 사람이 없어요."

"혼자 하기는 도저히 겁이 나고요."

"권리분석 배당표를 써보기는 하는데 맞게 했는지 의심스럽고요."

"깡통물건 활용하라는 말은 잘 알겠는데 도저히 자신이 없어요."

"궁금한 사항은 온라인 상으로 연락드려도 되겠습니까?"

"꼭 물어야 할 점만 간략히 묻겠습니다."

"인터넷 메일로 사건번호 보내드리면 도와주셨으면 합니다."

거리가 멀거나, 지방에 계신 독자들, 직장 생활 등으로 시간은 없지만, 인생 제2막의 강력한 무기로 부동산 경매를 선택한 분들이라면 고민해 볼 만한 방법이다.

펀드 투자에 끼워달라는 사람

"박사님, 제가 가진 돈이 많지 않아서요."
"혹시 공동 투자 계획은 없으신가요?"
"괜찮은 물건을 공동으로 투자하실 때 꼭 연락 좀 주세요."
"일단 고수들 하고 같이 하면서 배워보려고요."
"물건 선정, 가격 결정, 향후 관리, 처분 등을 배우겠습니다."
"공동 투자에 끼워주시면 감사하고, 명도할 때 데려가주세요."
"펀드 수익률은 원금 손해만 나지 않으면 됩니다."
"수익보다는 배우는 것이 더 중요하죠."

대강 이런 식이다. 보시는 것처럼 경매 노하우를 알려달라는 사람, 제자로 받아달라는 사람, 멘토로 모시겠다는 사람, 펀드 투자에 끼워달라는 사람, 가방모찌, 운전기사 노릇 해주겠다는 마인드를 가진 사람은 적극 도와드릴 여지가 있다. 모아놓은 종잣돈 많지 않고, 경매를 제대로 배워보고 싶은 분들에게 권하는 방법이다. 절실히 찾아보면 주변에는 제대로 가르쳐줄 고수들이

의외로 있다. 필자에게 받은 편지 중 하나를 보여드린다. 이런 메일은 지금도 받는다. 절절한 사연과 함께 말이다. 그럴 뻔뻔함과 용기만 있으면 된다. 알량한 자존심에 사로잡혀 도움을 요청하지 않으면 누구도 당신의 절박한 상황을 알 수가 없다. 다음 편지는 얼굴도 모르는 독자가 필자에게 보낸 편지 중 한 통이다.

 안녕하세요. 박사님!

무작정 박사님에게 글을 써서 죄송합니다.

박사님의 책 『위험한 경매』와 『더 위험한 경매』 책을 읽고 너무나 감사함을 느낍니다.

한참 일할 나이이지만 부득이하게 회사를 퇴사하고 경매로 제2의 인생을 새로 설계해보려고 합니다.

시중에 나와 있는 책들을 많이 읽고 한번 힘차게 도전해보려고 생각했는데…….

박사님의 책을 읽고 한마디로 머리가 띵하고 안 접했으면 큰일날 뻔했다고 느끼는 사람입니다.

지뢰밭인 세상에 무작정 나갈 뻔했습니다.

정말 누구도 알려주지 않았던 부분을 알려주서서 감사합니다.

너무나 너무나 감사합니다.

제 인생에서 제2의 인생을 살려고 하는 입장에서 너무나 조심스러운 것이 많습니다.

그래서 박사님의 조언이 필요해 감히 메일을 드립니다.

멘토다운 멘토가 없는 세상에서 저의 입장은 진정성이 있는 멘토가 절실히 필요한 실정이랍니다. 바쁘시지만 저의 멘토가 되어주시어 조언을 부탁드립니다.

몇 가지가 궁금합니다.

첫째로, 좋은 공부할 공간을 소개해주실 수 있는지요.

박사님이 강의하시는 곳이라면 더욱 좋겠습니다. 일단 체계적으로 경매를 배우려고 합니다. 책에서 말씀하신 대로 수강생을 돈줄로 보는 그런 곳 말고요. 이왕이면 비용도 저렴한 곳으로요. 제 처지가 고정된 수입원이 끊어진지라…. 죄송합니다.

둘째로, 부동산 전문가 상담(전반적으로 가계 구조조정)이 필요한데 혹시 소개가 가능하신지요. 자문이 필요한 상황이라서요. 박사님의 좋은 조언 부탁드립니다.

날씨가 풀렸다 추워졌다 하네요.

항상 건강하시기를 기원드리면서 댁내 평화와 사랑이 가득하셨으면 합니다. 박사님의 제3탄 새로 나올 귀중한 책을 기다리며 감히 연락드립니다. 감사합니다.

010-2533-07**

애독자 주** 드림

독자에게서 온 용감한 편지

이 편지를 보낸 분의 용기의 가상함에 진심에서 우러나오는 박수를 보낸다. 왜냐고? 절박함이 보이기 때문이다. 절박해야 성공한다. 窮則通이다. 생면부지의 필자에게 책 읽은 인연으로 이처럼 절절한 마음의 편지를 쓸 수 있는 분이라면 무슨 일은 해도 성공할 수 있을 것이다. 이런 편지를 받고서 마음이 약해지지 않을 사람이 몇 명이나 될까.

필자가 전화를 걸었다

"안녕하세요, 주＊＊ 선생님이시죠!"

"네~! 그런데 누구시죠?"

"안녕하세요, 우형달입니다."

"누구시라고요?"

"경매 관련해서 저한테 메일로 편지 보내셨잖아요!"

"우와~! 놀래라. 정말 전화를 해주시네요?"

"전화하라고 번호 알려주신 것 아녜요?"

"정말 전화를 해주시니 영광이고 송구하기도 하고요!"

"어렵게 편지 주셨는데, 전화 드려야 인사일 것 같아서요."

"다른 분들도 이런 식으로 연락할 것 같아서 많이 주저했습니다."

"편지는 가끔 받는데, 도와드리는 분은 많지 않고요."

"제 상황이 어려워서 염치 불구하고 편지를 드렸습니다."

"잘하셨어요! 마음을 전할 곳이 있으면 훨씬 수월하죠!"

"직접 도와주셔야 해요."

"에~이, 그런 게 어디 있어요!"

"박사님을 스승으로 삼아 경매 투자를 하기로 했습니다."

"그러시면 부담스러워 도와드리고 싶어도 못 합니다."

"무슨 말씀인지 잘 알겠습니다."

"받아주시는 것으로 알고 한번 찾아뵙겠습니다."

"그러세요, 시간 나시면 한번 제 사무실로 놀러 오세요!"

"놀러가는 것이 아니고 청소부로 출근하겠습니다."

"그러시면 안 된다니까요?"

"6개월이고 1년이고 제가 혼자 할 수 있을 때까지 사무실 청소는 제가 담당하겠습니다."

"일단 한번 뵙고 말씀 더 하기로 하시죠!"

"감사합니다. 내일이라도 찾아뵙겠습니다."

주저하지 말자, 남의 탓은 더더욱 하지 말자. 모든 일의 마지막 책임은 오로지 자신에게 있을 뿐이다.

이 책은 이런 편지를 써야 할 상황이지만
개도 안 물어갈 그 알량한 자존심도 못 버리고
용기마저 모자라 쓰지 못하는 분들에게
필자가 보내는 마음이다.

2_ 우리가 처한 현실은
어떤지 냉정하게 돌아보자

개그, 그러나 현실

부동산 경매 투자에 세 가지 거짓말이 있단다. 첫 번째는 돈이 없어 못 하고, 두 번째가 바빠서 못 하고, 세 번째가 좋은 물건이 없어서 못 한다는 말이란다. 일단 첫 번째 거짓말만 살펴보자. 비슷한 시기에 비슷한 규모의 지역별 아파트 경매 아파트 가격을 보자.

대한민국 부자들이 산다는 강남 압구정동 현대백화점에서 '실전경매반' 강좌를 진행하고 있다. 아파트 가격표를 보고 강남 사람들은 역시 부자들이구나 하는 느낌에 주눅이 드셨는가. 내가 가진 돈이나 수입으로 언제 아파트 하나 빚 없이 장만할 수 있을까. 직장은 어떻고. 생각해보니 한숨부터 나오는 분들이 더 많을

	동 네	실평수	사건번호	감정 가격	낙찰 가격	낙찰일시	비 율
서울 강남	압구정동	28.5평	11-1690**	16억 원	11억 원	2011.12.	8.7%
서울 강북	월계동	29.6평	10-110**	3억 8천만 원	2억 7,100만 원	2011.12.	71.1%
인천 광역	마전동	25.7평	11-2703*	2억 3천만 원	1억 6,400만 원	2011.12.	3.0%
경기 일산	일산동	25.5평	11-1440*	2억 1천만 원	1억 6천만 원	2012.01.	71.3%
경기 분당	서현동	25.7평	11-1738*	4억 8천만 원	3억 6천만 원	2012.01.	5.0%
대전광역	봉명동	25.6평	10-750*	2억 1천만 원	1억 7,300만 원	2011.12.	2.4%
전북 전주	호성동	25평	11-1244*	1억 4천만 원	1억 2천만 원	2011.10.	5.7%
전남 해남	고도리	25.6평	11-561*	1억 2천만 원	8천 2백만 원	2011.08.	8.3%
강원 춘천	후평동	25.7평	10-1272*	1억 3천만 원	1억 1천만 원	2011.12.	4.6%

것이다.

다시 말씀드리지만 이런 분들을 위한 책이 바로 이 책이다. 돈 많고 시간 많은 분들은 매매로 구입하시라. 이 책은 자신의 노력으로 오늘보다는 내일이 나아야 한다고 철석같이 믿는 사람들에게 '100억 돈벼락' 맞을 기회를 주자는 것이다.

필자는 KBS2TV에서 일요일 밤에 방영하는 「개그콘서트」를 즐겨 본다. 그 프로그램에서 '사마귀유치원'이라는 코너가 한창 인기를 끌었다. 사마귀유치원 진학 담당 선생님 '일수꾼' 최효종 버전으로 한번 가보자.

애 둘 키우면서 집 사려면 217세에 가능하단다

사마귀 : 어른이 여러분 모두 모였나요~?

소영, 나영 : 네~~~에!

소영, 나영 : 난 19세 소영이! 난 19세 나영이!

사마귀 : 이번 시간은 여러분의 장래 희망을 들어볼까요~?

소영 : (손 들면서) 저는 커서 선생님이 되고 싶어요!

나영 : (손 들면서) 전 예쁜 집에서 살고 싶어요!

사마귀 : 선생님이 돼서 예쁜 집에서 살려면 어떻게 해야 할까요~? (뿌잉 뿌잉~!)

일수꾼 : 어른이 여러분 안녕하세요~!

여러분들의 진학 상담 선생님 일수꾼이에요~ !

여러분, 선생님이 돼서 예쁜 집에서 살고 싶다고요? 그거 어~렵~ 지 않아요. 제가 될 수 있는 방법 알려드릴게요!

선생님이 되려면 공부를 쪼~오~끔만 열심히 하면 돼요! 여러분이 쪼~오~끔만 열심히 해서 교대를 가면 돼요! 교대를 가려면 어렵 지 않아요~! 전교 10등 안에만 들면 돼요~!

그렇게 교대를 가도 선생님이 바로 되는 건 아니에요. 교대에서 쪼 ~오~끔만 공부해서 임용고시를 패스하면 돼요~!

그렇게 임용고시를 패스해서 선생님이 되면 초봉이 150만 원이에 요~! 그래서 내 집 장만하는 거 어렵지 않아요. 아~~무~~것도 안하고 숨만 쉬고 살았을 땐 89세에 내 집을 장만할 수 있어요~! 너무 쉽죠? 근데, 아이도 낳고 싶다고요?

소영, 나영 : 네~~! ?

일수꾼 : 그래요, 몇 명 낳고 싶어요?

소영, 나영 : 2명이요~!

일수꾼 : 그래요. 아이 1인당 양육비가 2억 4천씩 들기 때문에 아이들과
숨만 쉬고 살았을 땐 217세에 내 집을 장만할 수 있어요? 너무 쉽
죠~~! 우리 다 같이 선생님의 꿈을 이뤄봐요~! (퇴장)

관객 : 우~와~와~와~와~와~와, 짝~짝~짝!

사마귀 : 잘 들었죠? 여러분, 선생님이 되어 집 사기 위해선 꼭 무병장수
하세요 ~!

'사마귀 유치원'의 개그가 개그가 아닌 세상을 살고 있다. 현
재 매월 150만 원을 저축하는 사람이 얼마나 될까. 연봉 1억 원을
받는 2%의 소수야 가능하겠지만 나머지 98%는 그러지 못한 것이
현실일 것이다.

내가 처한 현실은 어떤가?

사마귀 : 어른이 여러분 모두 모였나요~?

소영, 나영 : 네~~~에!

소영, 나영 : 우리는 19세 소영이, 19세 나영이!

사마귀 : 자~! 이번 시간은 여러분의 장래희망을 들어볼까요~?

소영, 나영 : (손 들면서) 저는 커서 대기업에 취직하고 싶어요!

사마귀 : 어른이 여러분, 대기업에 들어가려면 어떻게 해야 하나요!

일수꾼 : 어른이 여러분 안녕하세요~! 저는 어른이 여러분의 진학 상담

선생님 일수꾼이에요! 어른이 여러분~ 대기업에 들어가는 거 어렵지 않아요~.

여러분들이 대기업에 들어가려면! 고등학교 졸업 후 이름만 들으면 아는 우리나라 3개의 대학이면 돼요! 3개나 되니까 폭이 엄청 넓죠? 그래요. 너무 쉬워요~!

이렇게 대학에 입학하게 되면 4년간 학비가 적게는 5,000만원에서 많게는 2억이 드는데~ 걱정하지 마세요~! 일단 부모님께 받아 쓰면 돼요~! 부모님께 받아 쓰기 미안해서 안 되겠다구요? 그렇다면 편의점에서 알바를 하면 돼요~!

시급 4,320원을 받고 10시간씩 1년간 숨만 쉬고 일하고, 1년간 꼬박 그 돈을 다 모으면 1년 학비가 생겨요! 이렇게 1년 공부하고 1년 알바하고, 1년 공부하고 1년 알바하면, 8년 만에 대학을 졸업하게 돼요! 으~으~와~아~너~무~쉽~죠~!

이렇게 대학을 졸업하면 토익 900점만 넘으면 대기업에 들어갈 수 있는데요, 어~~어~~ 영어에 자신 없다구요? 그러면 6개월간 캐나다로 어학연수를 떠나면 돼요! 어학연수 갈 돈이 없다구요? 그러면 아까 그 편의점에 다시 들어가요!

시급 4,320원 받고 숨만 쉬고 바코드만 찍어요. 다시 1년이 지나면 6개월간의 어학연수비가 생겨요!

이 돈으로 어학연수를 갔다 와서 면접 때 좋은 인상을 주기 위해 성형수술을 하면 돼요! 아~, 성형수술비가 없다구요?

그러면, 아까 그 편의점에 다시 들어가요~! 4,320원씩 또 바코드만 찍고 숨만 쉬고 1년 동안 돈을 모으면 성형수술비가 생기는데,

이렇게 대기업에 입사해 10년 동안 꼬박 숨만 쉬고 일만 해서 연봉, 야근 수당, 보너스까지 다 모으면서 10년 동안만 일하면 그동안 공부했던 본전을 뽑을 수 있어요!

이렇게 30년 동안 근면성실하게 사건사고 없이 대기업에서 일하면, 놀라지 마세요~! 드디어 30년 만에 50이 넘어서 대기업 부장이 돼요! 근데 그때 30세 회장님 아들이 상무로 오게 돼요~! 여러분들은 그분께 90도로 깍듯이 인사하며 그분의 비유를 맞춘다면, 명예퇴직의 칼날에서 벗어날 수가 있어요.

그럼 여러분들 정년퇴임까지 문제없어요~! 대기업 직원 되는 거 너~무~ 쉽죠? 대기업 직원 돼서 대한민국의 경제를 이끄는 글로벌 인재가 돼 봐요!

관객 : 우~와~와~와~와~와~와, 짝~짝~짝!

사마귀 : 잘 들었죠? 대기업에 취직하기 위해서 다음 생에는 회장님 아들로 태어나봐요~!

다시 부탁드린다. 좋은 직장 다니며 연봉 1억 원이 즐겁다고 목에 힘주시는 분들은 이 책을 내려놔 주시라. 그런 분들을 위한 책이 아니다. 눈에 보이는 것이 전부가 아니라는 것 정도는 안다. 남들 눈에 잘나가는 것으로 보이는 지금의 그 직장, 그 자리를 보전하기 위해서 간, 쓸개는 용궁의 거북이에게 용왕님 드리라고 떼어준 지 오래라는 것을 너무나 잘 안다. 웃고 있어도 눈물 흘리고 있다는 것 정도는 이미 안다는 말이다. 이면의 세계가 진실이고, 실세라는 것을. 이 개그가 눈물 나도록 공감되는 분들만을 위한 책이다.

벼랑 끝의 베이비부머 세대

88만원 세대는 시작조차 못 하고 있는데, 베이비부머 세대의 명퇴 시즌이 본격적으로 시작되고 있다. 필자 역시 베이비부머 세대다. 대학 동기들끼리 연말 송년회를 20여 년째 계속 해오고 있다. 서로 자주 연락을 못 하기 때문에 연말 송년회에 얼굴 한번 보여주면 '올 한 해도 무사히 잘 버텼구나!' 하며 서로 안도한다. 사전 연락 없이 연락처가 바뀌거나 참석하겠다고 하고서 못 나오는 친구들의 안부는 더 이상 묻지 않는다. 언제부턴가 불문율이 되어버렸다. 빤한 물음 뒤에는 우울한 답이 기다리고 있기 때문이다. 필자 역시 눈물 나게 공감한다

송년회의 대화

"오랜만이다~"
"세월 빠르다. 1년이 씨~이~익 지나가버렸네!"
"잘들 지냈니?"
"안 죽고 살아 있으니 잘 지낸 거지."
"총무야, 오늘 몇 명이나 오냐?"

"글쎄, 온다고 하고서 안 오는 친구들이 있으니 잘 모르겠다!"

"그래도 20명은 안 될까?"

"작년에 20명이었으니까 그 정도는 오지 않겠냐?"

"글쎄, 그랬으면 좋겠다!"

"아무튼 참석한 친구들끼리라도 즐겁게 마시자."

"그래야지. 못 오는 친구들은 어쩔 수 없다고 하더라도 말이다."

"정말 누구 말대로 해마다 숫자가 서서히 주네~?"

"어쩔 수 없잖아~!"

"이 정도만이라도 이렇게 참석하는 것은 대단한 것이다."

"친구들이 열심히 살아주고 있다는 증거다. 대단한 거지!"

"맞아. 일단 한잔하자고."

"그런데 병진이 안 오냐?"

"글쎄, 온다고 했는데 아직 안 오네~!"

"회장아, 자네도 모르냐?"

"글쎄, 회사에서 좀 어려운가봐!"

"뭔 말인지 알았다."

"나중에 전화나 해서 한번 따로 만나지~!"

"근데 우리가 뭘 잘못한 게 있다고 이리 치이고 저리 치이냐~!"

"그러게 말이다."

"앞으로 뭐 해 먹고사냐?"

잘 다니던 직장에서 원하지 않은 퇴사를 권유받는 것은 40대부
터다. 앞으로는 더 빨라질 것이다. 회사와 조직에 충성하는 것 말

고는 할 줄 아는 것이 별로 없는 월급쟁이가 회사를 나오면 할 수 있는 일이 별로 없다. 생각해보니 고민거리들이 조금씩 변했던 것 같다. 요즘 고민의 주제는 앞으로 30~40년을 '뭐 해 먹고살 것인가' 다.

현직에서 버티는 월급쟁이의 고충

"요즘처럼 직장 생활 하기 힘든 적은 없었던 것 같다."

"그 정도 직장 다니면 그 정도 고생은 당연한 거 아니냐?"

"다 빛 좋은 개살구다."

"직장 생활이라는 게 대강 그렇지!"

"위에서 눈치 주지, 젊은 친구들은 무서운 속도로 치고 올라오지~!"

"자네는 잘 버티고 있는 거다."

"속은 썩어 문드러졌고, 간, 쓸개는 거북이 줘버렸다!"

"나가라고 그래도 끝까지 버텨라."

"그러고 싶지는 않다."

"그렇기는 하다만, 자존심 그런 거 다 필요 없다."

"무슨 말인지는 잘 알겠다. 고맙다. 누가 이런 심정을 알겠냐?"

"그러게 말이다~! 학교 다닐 때는 그럴싸한 꿈도 있었는데."

"그런 게 있었냐! 이제는 기억도 안 난다."

"있었지~!"

"그만하고 한잔하자~!"

"그러자. 암튼 내년에도 또 보자!"

신(神)이 내려주어 잘나간다는 조직에 몸담고 있는 사람들도 지금의 자리를 언제까지 지킬 수 있을지 불안하고 초조하기는 마찬가지다. 갈수록 치열해지는 무한 경쟁 시대에 명예퇴직 등의 공포 없이 원하는 만큼 일하며 사는 것이 가능할까? 불가능한 것이 현실이다. 건강과 능력, 경험이 충분하더라도 의지와는 상관없이 잘 다니던 직장을 언제 그만두어야 할지 모르는 세상을 살아가고 있다.

40대부터 시작되는 구조조정이나 명퇴의 공포 없이 평생 할 수 있는 일이 딱 2가지 있다. 하나는 시골 고향에 내려가서 개를 키우거나 농사짓는 일이다. 요즘 신문이나 방송에 베이비부머의 귀향 뉴스가 자주 등장한다. 도시의 직장생활 과감히 정리하고 몇 년 야무지게 고생했더니, 이제는 년 수입이 1억 원을 넘은 부농의 꿈을 이루었다는 식의 기사들 말이다. 1,000명 귀농해서 2~3명 성공했다는 것이 오히려 진실이다.

대학 졸업하고 지금까지 10~20년 동안 직장 생활만 하던 사람들한테 개똥 치우고, 농사짓는다는 것은 불가능에 가까운 고역일 것이다. 또 다른 하나는 자영업을 하거나 회사를 차려 사장 노릇을 하는 것이다. 현실을 돌아보자. 말이 쉬워 창업이다. 그나마 있던 종잣돈을 한 방에 날리는 경우가 다반사다. 준비가 안 된 창업의 결말은 자주 보고 있다. 사전 준비 철저히 하고 최선을 다하면 나만은 다른 결론을 보여줄 수 있을 거라고 확신하시는가. 믿지 못하겠다. 누구라도 시작할 때는 그렇게 시작했었다.

 처진 어깨 '베이비부머' 세대, 벼랑 끝에 내몰리나?

◆ 한국 사회의 산업화 과정과 함께 살아온 세대

한국 사회의 영광과 시련을 함께했던 베이비부머의 퇴장 행렬이 이어지고 있다. 하지만 아직도 자녀 뒷바라지를 해야 하고, 노부모도 모셔야 하는 소위 '낀 세대' 이다 보니 정작 자신의 노후 준비는 해둔 것이 없어 걱정만 앞선다. 베이비부머(1955~1963년생)들이 하나 둘 경제 활동에서 물러나는 시기가 도래했다. 앞만 보고 정신없이 뛰어온 우리나라의 베이비부머는 약 712만 명. 전체 인구의 15%에 달하는 거대 집단을 이루고 있다. 이들 중 상당수는 이미 일자리에서 물러나고 있고, 앞으로 5~10년 사이 본격적인 '집단 퇴장' 이 이어질 전망. 하지만 평균 수명의 연장으로 은퇴 후에도 40년 이상을 살아야 하다 보니 걱정이 앞선다. 자녀를 키우느라 허리가 휘도록 일했고, 노부모도 모셔야 하는 소위 '낀 세대' 인 이들은 정작 자신의 노후를 위한 준비는 부족한 경우가 상당수이기 때문이다.

◆ 한국 사회 영욕과 함께한 이 땅의 진정한 애국자들

베이비부머는 한국 전쟁 후인 1955년부터 산아 제한 정책이 도입되기 직전인 1963년 사이에 태어난 세대를 말한다. 산업화 초기에 유년기를 보냈고, 콩나물시루 같은 교실에서 2, 3부제 수업에 시달려야 했다. 시골에서 농사짓는 부모 밑에서 태어난 이들이 대다수였고 대학 진학이 쉽지 않은 시대였지만, 교육열은 불타 농촌 경제의 기둥뿌리인 소를 판 돈으로 대학 간다는 뜻에서 '우골탑'이라는 말도 생기게 했다. 대학에 가서는 유신과 휴교령에 맞선 세대이기도 했다. 이들은 대한민국 산업화의 최전방에서 피땀을 흘리며 오늘날의 발전을 일군 주인공들이기도 하다.

서울, 부산, 대구, 울산, 포항, 마산 등 대도시에서 산업일꾼으로 구슬땀을 흘렸고, 1987년 6·10 항쟁 때는 넥타이 부대로 나서 한국 사회의 정치(절차적) 민주화를 이끌어내는 데 큰 몫을 했다. 이제 사회에서 제대로 자리 잡나 싶을 즈음, 1997년 발생한 IMF(국제통화기금) 외환위기로 삶의 기반이 한꺼번에 허물어지는 시련을 맛봐야 했던 세대이기도 하다. '구조조정'이라는 단어가 친숙해진 것이 바로 그때부터다. 그 뒤 '세계화'라는 큰 물결 앞에 휘청거리는 한국 경제와 함께 힘겹게 살아오다 2008년 글로벌 금융위기로 인해 두 번째 시련을 맞아야 했다.

당시 베이비부머들은 중견 간부급으로 가장 많은 눈총을 받았고 그중 상당수는 '사오정'(40대 혹은 50대에 정년퇴직) '오륙도'(56세까지 직장에 있으면 도둑)라는 고비를 넘기지 못하고 직장을 떠났다. 그리고는 인생 제2막의 생계 수단으로 통닭집이나 호프집 등 자영업에 뛰어들었지만 삶이 녹록하지 않다. 자존심 다 버리고 근근이 버티며 직장에 남아 있던 이들마저도 이제는 퇴직이 코앞에 다가오며 자신의 의지가 아닌 어쩔 수 없는 상황에 떠밀려 제2의 인생을 준비해야 하는 전환점에 도달해 있다.

◆ 긴 세대, 어깨가 무겁다

베이비부머를 일컫는 또 다른 이름은 '긴 세대' 다. 산업 역군으로 자신의 부모님 봉양과 동생들 뒷바라지, 자식 양육까지 책임져야 하다 보니 늘 어깨는 무겁기만 하다.

그들 역시 자식에게 기댈 수 있으면 좋으련만 세상은 빠르게 변해서 이제 아이들은 부모의 노후를 책임지는 일이 당연한 일이라고 생각지 않는다. 자기 자신 앞가림하기에도 벅찬 세상, 그렇다 보니 과거와 달리 부모 봉양에 대한 생각은 희미해졌고, 대신 손 내미는 것만 익숙해져 퇴직금마저도 눈독 들이기 일쑤다. 부모의 노후를 돌봐주지 않는 자식에 대한 서운함도 생기지만 그렇다고 자녀들을 탓할 수도 없는 노릇이다. 최 모 (55) 씨는 "애들 대학 다닐 때는 과외 아르바이트 하겠다는 걸 '아빠가 그 정도 뒷바라지도 못 할 거 같냐' 고 큰소리치며 자존심을 세우며 곱게 키웠는데, 이제 다 커 취직한 자식들은 아직 3년이 넘도록 용돈 한 번 주는 적이 없다"며 "자식들도 부지런히 돈을 모아야 결혼해 기반을 잡고 살 테니 그럴 수밖에 없다는 걸 이해는 하지만 그래도 서운한 마음이 든다"고 했다.

◆ 경제력 무너지면 삶도 함께 무너져

55세 전후의 나이. 살날이 많고, 뭐든 할 수 있다는 기운도 넘치지만 세상은 이들을 자꾸만 밀어낸다. 베이비부머들은 경제적 어려움, 은퇴 공포, 노후 불안, 소속감 상실 등으로 고통받기 시작했다. 최근에는 자살이라는 극단적 선택을 하는 베이비부머들도 많다. 통계청 자료에 따르면 베이비부머의 주력 계층인 50~54세 남성의 2009년 기준 10만 명당 자살률은 62.4명으로 20년 전인 1989년의 15.6명과 비교해 무려 300%(4배)나 급증했다. 같은 연령대 여성 인구 10만 명당 자살률도 5.2명에서 19.9명으로 증가율이 283%에 달했다. 이혼율도 증가 추세다. 전체 인구의 이혼율이 남녀 모두 낮아지고 있는 추세인 점을 감안한다면 베이비부머들의 위기는 심각한 수준이다. 위기의 원인으로는 '경제적 문제'가 첫손에 꼽혔다.

◆ 노후 준비 '글쎄요'

평생을 앞만 보고 달렸지만 정작 자신의 노후를 위해 준비해놓은 것은 없다.

한국보건사회연구원이 지난 3월 국민연금연구원, 보험연구원 등과 함께 조사한 '베이비붐 세대 실태조사 및 정책 현황 분석' 최종 보고서에 따르면 베이비부머의 31.4%가 노후 생활 안정을 위해 필요한 최소한의 수입을 얻지 못하는 것으로 조사된 것. 창업이나 새로운 직장을 구하는 것도 쉽지 않다.

지난해 퇴직한 뒤 카페를 창업했던 권 모(50) 씨는 "자영업을 하면 퇴직 연령이 없어 나이 먹어서까지 수입이 유지될 것이라 판단하고 일찌감치 준비를 서둘렀지만 대기업 프랜차이즈 업체들이 강세이다 보니 돈벌이가 쉽지 않다"며 "퇴직금으로 1년만 버티면 자리를 잡을 줄 알았는데 아직 나와 아내의 인건비도 제대로 건지지 못하는 실정"이라고 하소연했다. 이런 베이

비부머의 은퇴는 향후 큰 사회적 문제로 대두될 가능성이 높
다.

(2011.10.08. 매일경제)

이런 기사를 읽으면서 '문제의 핵심이 뭘까' 를 고민해본다. 이런 기사들에 주인공으로 등장하는 사람들의 공통점이 '스페셜리스트' 가 아닌 '제너럴리스트' 가 아니었을까 라는 생각이 들었다. 그렇다면 이제부터라도 전략을 수정해야 한다.

베이비부머가 불쌍하고 안타깝단다. 맞는 말이다. 그렇지만 88만원 세대는 더 심각하다. 부머는 시작이라도 해 보았다. 시작조차 못 하고 있는 다수의 청년들이 웅성거리고 있다.

제대로 된 시작조차 못 하고 웅성거리고 있는 88만원 세대, 삶이 팍팍해서 더 벌어야 하는 사람, 그리고 인생 2막을 새롭게 시작해야 하는 사람들, 이미 경험한 실패의 처절함에 치가 떨리는 사람들이 겹으로 쌓여가고 있다. 마음이 바쁘다는 것은 안다. 그렇지만 대강 고민해서 이것 해보다가 잘 안 되면 다른 것 또 창업하고 또 얼마 해보지 않다가 또 다른 것 알아보고 그러지는 말자.

필자가 처음 신용금고(현재의 저축은행)에 입사해서 대출 거래처에 이자와 원금 받으러 다닐 때 채권관리부 팀장이 차장님이셨다. 모 생명보험회사의 채권관리팀에서 20여 년 잔뼈가 굵은 채권 회수에는 정말 달인이셨다. 20여 년 전으로 잠깐 돌아가 보자.

"좀 전에 왔던 저 사람, 대출해 주면 100% 떼먹을 놈이다."

"차장님이 그걸 어떻게 아세요?"

"채권 관리만 20년째다. 옷차림하고 들어오는 폼만 보면 대출해주면 돈 떼먹을 놈인지, 열심히 일해서 이자 원금 착실히 갚을 사람인지가 바로 보인다고."

"정말이세요~?"

"등기부 등본만 보면 채무자가 살아온 스토리가 다 보여."

그 사람의 현재 모습 속에는 그 사람이 살아온 역사가 모두 들어가 있다. 대충대충 하지 말자. 한번 시작했으면 끝까지 해보자.

할 줄 아는 것을 남들보다 더 잘하자

필자는 올해로 17년째 부동산 경매 투자 중이다. 부동산 경매 투자자 병아리 100명 시작하면 1년 안에 50% 떠나고, 다시 2년 안에 남아 있던 70%가 떠난다. 5년째에는 100명 중 2~3명 남아 있는 것이 경매시장이다. 그 2~3명은 중닭의 단계는 지나가고 있다고 할 수 있다. 아래는 중닭 단계에 막 접어든 투자자와의 대화이다.

"경매투자가 올해로 17년째네요."

"17년이라~ 별일 많이 겪으셨죠?"

"그럼요, 아직 잘 버티고 있잖아요!"

“참~ 대단하세요!”

“낙찰 받고, 책 쓰고, 강의하며 평생 경매판 안 떠납니다!”

“좋으시겠어요.”

“제가 잘할 수 있는 일이 부동산 경매 말고는 없거든요!”

“얼마나 좋으세요~?”

“잘할 수 있는 일만 집중하는 것도 나쁘지 않은 것 같아요!”

“선택과 집중이라, 절대 동감입니다.”

“아시는 것처럼 세상일이 하루 이틀에 이루어지는 게 없잖아요. 경매투자도 그런 거 같아요!”

“글쎄요, 자꾸 자신이 없어지네요.”

“‘아웃라이어’ 라는 말 있잖아요!”

“‘아웃라이어’ 가 뭔데요?”

“전문가 반열에 오르려면 1만 시간은 훈련해야 한다는!”

“그런 것도 있나요?”

“왜 또 그런 말도 있잖아요~ 강해서 살아남은 것이 아니고 살아남아서 강했다는 말!”

“그렇기는 한데.”

“경매 인구가 늘었다고 하지만 실상은 전혀 그렇지 않아요!”

“그래도 늘긴 늘었죠?”

“느는 만큼 중도하차하는 사람도 그만큼은 돼요!”

“나는 시작하기도 어려운데!”

“용감한 사람들도 많이 있습니다.”

“한두 번 낙찰로 떼돈 벌었다는 사람들 만나보고 싶어요.”

"만나서 뭐 하시게요?"

"한번 흠씬 두들겨 패주고 싶어서요."

"그쵸~해보니까 아시겠죠~"

"박사님 같으면 어떻게 하시겠어요?"

"아까 말씀드렸잖아요. 10년 이상 어떤 판에서 버틴 사람은 뭔가 있다고 봐야죠!"

"10년은 해야 명함 내민다는 말 어떤 책에서 본 것 같아요."

"아까 말한 그 책에 있었던 말입니다!"

"아~! 나는 딱 반이네?"

"근데 저도 17년 전에는 병아리였잖아요~ 헤헤헤!"

"17년 전에는 교수님도 병아리였다. 참 좋은 말이네요~ 그 말 듣고 보니 정말 그러네요."

"한 5년 넘으니 대강 이 판이 보이기 시작하데요~ 10년 지나야 속된 말로 돈 되는 물건 보이죠!"

"공감은 하겠는데 내 이야기가 되려니 어렵네요!"

세계적인 기업 인텔(Intel)의 창업자 앤디 그로브(Andy Grove)는 앞으로는 편집광만이 살아남는다고 했다. 미친 듯한 속도로 변해가는 세상에서 도태되지 않고 살아남으려면 남들과는 다른 뚜렷한 자기만의 어떤 것이 없으면 세상의 파도에 휩쓸려 떠내려가고 말 거란다. 아무거나 대강할 줄 아는 인간은 이제는 아무짝에도 쓸모없다. 다른 사람보다 월등히 잘할 수 있는 한 가지만 제대로 할 줄 알면 충분한 세상이다.

남에게 필요한 인간이 되자

갈수록 복잡해지는 세상을 살아볼수록 결국의 키워드는 '사람'인 것 같다. 우리 주변에는 어떤 분야든 남다른 노력으로 일가를 이루고 있는 소위 '고수'들이 있다. 다양한 고수들로부터 도움을 받을 수 있다면 어려운 문제라도 적은 비용으로 해결이 가능할 것이다. 그러기 위해서는 나 역시 어떤 분야든 고수가 되어야 한다. 그것이 폼 나는 일이 아니어도 좋다. 남들에게 수시로 박수 받는 분야가 아니어도 상관없다. 극히 일상의 일로 문제가 생겼을 때 가장 먼저 생각나는 사람이면 충분하다. 중고 자동차를 사고 싶은데 누구에게 물어보면 좋을까, 조그마한 투자를 하고 싶은데 누구에게 물으면 성실한 답변을 들을 수 있을까 할 때 생각나면 충분하다. 좀 더 욕심을 부리면 직업이 그 사람의 대명사 구실을 한다면 더 이상 바랄 게 없다.

'미국 LPGA 선수 중 한국 선수?' 했을 때, '부동산 경매 전문가?' 했을 때 부지불식간에 생각나는 정도가 되어야 한다. 박세리 선수가 생각나고, 우 박사가 생각나면 된다. 피뢰침 맨 꼭대기의 경지다. 사소하고 생소한 분야라도 상관없다. 현대 사회를 살아가는 데 독불장군은 있을 수가 없다. 혼자서는 불가능한 것이 세상살이다.

잘할 수 있는 한가지만 잘하자.

세상을 살아가는 데 100가지가 필요하다고 해보자. 그중에서 내가 남보다 아주 잘할 수 있는 일은 겨우 한두 가지뿐이다. 그것으로 충분하다. 내 것 하나를 다른 99사람에게 나누어주자. 그리고 그들로부터 99가지를 품앗이하면 된다. 고군분투할 때보다 수준 높은 삶이 가능하다. 부동산 투자도, 법원 경매도 마찬가지다.

남에게 나눠줄 정도로 월등히 잘 하려면 하루 이틀에 그 경지에 도달하지 못할 것은 뻔하다. 이것저것 대충하지 말고 딱 하나만 제대로 한번 해보자. 팔방미인, 만물박사는 굶어 죽는 세상이다. 여러 분야에서 잘하려다 하나도 제대로 못 하는 얼치기가 될 수 있다. 사회가 갈수록 세분화, 전문화되어가고 있다. 부동산만 해도 전에는 부동산 전문가라고 하면 부동산 전반에 대해서 언급해도 욕먹지 않았다. 그러나 지금은 어떤 전문가라는 이가 부동산 전반에 대해서 이것저것 언급하다가는 잘못하면 욕먹을 수 있다. 부동산 전문 분야가 광범위하다는 말씀은 드린 적이 있다. 부동산 하부구조의 단독 항목으로 인식되던 경매마저 영역이 더 세분화되는 것을 볼 수 있다. 일괄해서 경매전문가가 아니라 경매분야 중 어떤 전문가(법정지상권, 유치권, 지분경매 등) 하는 식으로 말이다. 아마 다른 분야도 그럴 것이다.

해야 할 것과 하지 말아야 할 것을 함께 고민해보자.

3_ 냉혹한 경매세계의 이면을 알려달라던 전직 부장님

1만 시간의 법칙

눈에 보이는 것이 전부가 아니라는 것 정도는 아는 나이가 되었다. 오늘 갑(甲)이라고 내일도 갑이라는 보장은 어디에도 없다. 한치 앞을 알 수 없는 것이 오늘이다. 그런 현실을 직시하고 신념에차 혼신을 다해 집중하는 사람은 그렇지 않는 사람과 결과에서 많은 차이가 난단다. 또한 어떤 분야의 전문가가 되려면 훈련 과정과 절대 시간이 반드시 필요하다.

무슨 일이든 그 분야에서 전문가가 되려면 1만 시간의 고된 훈련이 필요하다는 어떤 학자의 글을 감명 깊게 읽었다. 말콤 글래드웰의 책 『아웃라이어』를 보면 '1만 시간의 법칙'이라는 내용이 그

것이다. 어떤 분야이든 전문가로 인정받으려면 물리적으로 대충 1만 시간 이상의 노력이 필요하다는 것이 요지다. 하루에 세 시간씩 자기 분야에 십 년간 노력을 집중하면 비로소 그 분야에서는 성공할 자질을 갖추었다고 본다는 것이다.

3시간×365일×10년=10,950시간이다. '10년의 법칙'이라고도 한다. 언어를 배울 때도 그만큼의 절대 시간이 필요하고, 수영을 배울 때도 그만큼의 절대 시간이 필요하고, 비행기 조종을 배울 때도 그만큼의 절대 시간이 필요하다.

물도 100℃가 되어야 끓는다는 것으로, 물리학에서 말하는 '임계량의 법칙'이란다. 같은 내용을 말하는 우리나라 청년도 있었다. 잘 생기고 젊은 이은결이라는 마술사가 뉴스 전문 케이블TV에 출연해서 자신의 마술세계를 이야기하는 것을 즐겁게 본 적이 있다. 방송 도중 뉴스 앵커의 요청에 따라 즉석에서 현란한 손가락 움직임을 잠깐 보여주었다. 간결하고 보기 좋았다.

"그 정도로 간결하게 동작하려면 훈련은 어느 정도나 하셨나요?"

"손가락 훈련만 꼬박 10년 했습니다!"

"정말이세요?"

"손가락 훈련만 10년 했고요, 지금도 매일 서너 시간씩 쉬지 않고 움직여 줍니다."

"그렇게 훈련을 많이 하는 줄은 몰랐습니다."

"손가락을 자유자재로 움직이는 것은 마술에서 가장 기본이어서 하루라도 쉬면 감각이 무뎌집니다."

"그렇군요!"

"네~~에, 훈련은 기본입니다."

미국의 학자가 말한 아웃라이어가 되기 위해서는 1만 시간이 필요하다는 내용과 맥이 연결되는 데 아무런 불편이 없다. 장인이라 부르든, 전문가라 부르든, 또는 아웃라이어라 부르든 어느 분야에서든 일가를 이루고 있는 사람들의 면면을 보면 일반인들과는 다른 점이 있다. 그렇게 되기 위한 중요한 요소가 끈기와 열정 아닌가 한다.

냉혹한 경매세계를 알려달라던 전직 부장님

위에서 언급한 법칙을 경매에 적용을 시켜도 맞는 말이 틀림없다. 우리 이야기로 돌아와보자. 예전에 서울 구로동에 있는 (재)경영기술개발원이라는 교육 기관에서 실직자 재취업 과정으로 진행하는 경매강좌가 있었다. 실전 투자와 명도에 대해 약 3년 정도 강의했었다. 기억에 남는 수강생 중 한 분의 이야기다.

외환위기 직후에 한국통신에서 부장 대우로 명퇴를 한 분이었다. 당시 필자보다 나이가 좀 많은 40대 후반이었다. 하루는 강의 쉬는 시간에 잠깐 할 이야기가 있다면서 강사휴게실로 오셨다. 강의 끝나고 저녁에 소주 한잔할 시간을 내줄 수 있느냐고. 좋다고 동의하고 2호선 구로공단역 근처에서 다른 한 분(그분과 공동 투자하기로 약속한 사이)과 세 명이서 저녁을 먹게 되었다.

"선생님, 시간 내주셔서 감사해요!"

"뭘요~! 덕분에 저녁 한 끼 이렇게 해결하는걸요!"

"일단 한잔하시죠."

"그러시죠~ 건배~!"

"제 잔도 한잔 받으시죠!"

"감사합니다~!"

"3개월가량 경매 이론을 공부하니 물건 선정과 말소기준이라든지, 권리분석, 배당표 작성, 응찰 시 주의 사항, 임차인 대책, 물건 현장 조사, 법원 견학 등 이론적인 것은 어느 정도 윤곽이 잡히는데… 그런데 정작 경매 투자에 대한 확신이 서지를 않네요. 그리고 중요한 것은 실탄이 없다는 거고."

"종잣돈이 없다고 하는 것은 이해가 안 되네요."

"고1, 중1짜리 아들 둘이 있는데 앞으로가 걱정이에요!"

"직장 생활 20여 년 하셨으면 퇴직금에 위로 명퇴금까지 받지 않았나요?"

"주식 투자로 까먹은 것을 중간 정산하는 바람에 퇴직금은 거의 없었죠!"

"그랬군요!"

"명예퇴직금 조금 받고 나왔습니다!"

"아~ 네, 주식 투자가 참 여러 사람 잡네요."

"자산이라고는 융자받아 마련한 평촌의 32평형 아파트가 전부입니다."

"은행 융자가 있으시다고요?"

"네~ 수입은 없지, 생활비에 은행 이자까지 나가니 마음이 바쁩니다."

"그래도 서두르시면 안 됩니다."

"알기는 아는데, 막상 내 일이 되다 보니 마음이 초조해지네요."

"이해가 됩니다."

"그래서 부탁을 좀 드리려고요."

"말씀해보세요!"

"경매로 다들 돈 벌었다고들 난리잖아요."

"그러게 말입니다."

"돈 벌었다는 환상 말고 냉혹한 경매세계를 아는 대로 말씀 좀 해주세요."

"뭐라고요? 의외지만 좋은 말씀이세요. 혹시라도 기분 나빠하시면 안 됩니다."

"여부가 있겠습니까. 평생직장이라고 청춘을 바쳐 충성했던 조직에서 위로금 몇 푼 받고 하루아침에 나동그라졌는데, 무슨 자존심이 더 남아 있겠습니까?"

"맞는 말씀이네요!"

"정신 멀쩡하게 짧게는 30년, 길게는 40년을 더 살아야 할지 모르는 판국인데, 기분 나쁠 거 하나 없습니다. 어떤 이야기를 하셔도 들을 준비가 다 되어 있습니다."

"잘 알겠습니다!"

"그러니 아무 염려 마시고 말씀해주시면 감사하겠습니다."

의외의 부탁이었다. 그래서 내가 경매의 실전 세계를 잠깐 보여드렸다. 기본적인 것은 생략하고 한 집안의 가장이 경매에 본격적으로 뛰어들었을 때 당장 겪게 되는 문제부터 말씀드렸다.

부동산 경매 투자는 지구전

- 가장 먼저 나타나는 문제가 수입의 불균형으로,
- 월급쟁이 생활 오래 해온 사람이 적응하기 힘들어하는 것으로,
- 경매라는 부동산 투자 구조가 돈이 들어올 때는 한꺼번에 몇천만 원 또는 몇억 원이 들어오지만,
- 수입이 안 들어올 때는 몇 달 심지어는 1년 이상 소득이 없고,
- 시작하고 나서 처음 6개월에서 1년가량은 수입이 거의 없고,
- 경매하면 돈 번다고 나발들을 불어대지만,
- 수익이 높은 물건을 한두 번 도전으로 낙찰 받기도 쉽지 않고,
- 낙찰 받는다 해도 잔금 치르고 명도하는데 2~3개월은 기본, 처분하기까지는 또다시 2~3개월이 걸리고,
- 낙찰에서 처분까지 1년 이상 걸리는 경우도 발생한다.
- 마음에 드는 물건을 조사하는 데 최소한 10여만 원은 들고,
- 취하되거나 응찰에서 떨어지면 그 비용은 날아가버리고,
- 이런 일 몇 번 반복되면 낙찰 한 건 받기도 전에 지쳐버리고,
- 결국은 한두 건도 못 해보고 경매판을 떠나버린다고,
- 그래서 중요한 것은 장기전으로 버틸 수 있어야 하고,
- 처음부터 그럴 각오가 되어 있지 않거나,

◆ 이 구조를 이해하지 않고 쉽게 시작해서는 적응하여 살아남을
  가능성이 높지 않다는 말을 했다.
◆ 그랬더니 장기전으로 갈 수 있는 방법이 있으면 알려 달라는 것
  이었다.

새벽 우유라도 배달하겠다는 각오가 필요하다

"무슨 말을 해도 기분 나쁘게 생각하지 않으시죠?"

"염려 마시라니까요~ 선생님!"

"일단 전업 경매 투자로 성공하시려면 고정 수입이 없는 부분에 대
책을 세우셔야 합니다."

"무슨 말인지 알겠습니다. 방법이 있으면 알려주세요."

"고정 생활비를 감당할 방법을 만드셔야 합니다!"

"그렇죠! 그게 문제죠."

"거칠기는 하지만 방법은 있습니다!"

"뜸만 들이지 마시고 말씀해주시라니까요?"

"신문이나 우유 배달을 하는 것도 나쁘지 않습니다."

"배수의 진을 치라는 말씀이시죠?"

"그렇죠!"

"나도 고민해본 내용입니다!"

"죽었다고 생각하시고 2년만 고생할 각오를 하세요!"

"그러면 어떻게 되나요?"

"그러면 결판납니다."

"정말 감사합니다!"

"불쾌하게 생각하실 줄 알았는데 들어주시니 제가 감사하네요."

"그럴 리가요!"

"물건 조사는 일요일 오전에 하는 것이 시간과 비용이 덜 들어 경제적이라고 봅니다."

"잘 알겠습니다."

"한잔하시죠!"

"그러시죠!"

이런 정도로 대화는 마무리되고 세 사람은 음주에 집중했다.

정확한 상황 판단에 따른 올바른 선택

말은 쉽다. 대학 졸업 후 좋은 직장에서 갑(甲)의 입장에서 대접받으며 생활한 20여 년 경력의 샐러리맨이 자존심 버린다는 것이 말이다. 배수의 진을 친다는 것이 쉬운 일은 아닐 것이다.

그리고 수료 후 한참 있다가 연락을 해오셨다. 처음에는 새벽에 우유 배달을 하고, 어느 정도 몸에 배자 오후에 저녁 신문을 배달하면서 물건 조사하러 다니고 있다는 말을 하셨다. 벌써 10여 년 전 일이다. 2년 이상을 우유를 배달하면서 몇 건 낙찰 받아 자리 잡으셨다.

여유가 생기자 저녁 신문 배달은 그만두고 공인중개사 공부하여 합격은 하셨는데 부동산 중개업소 오픈은 하지 않고 경매에 집중하고 있다고 했다.

경매에서 쉽게 말하는 대박 한 건에 매달리지 않고 아직은 안전 위주로 임하고 있단다. 경매시장이 과열되어 있는 상황에서 대박 투자는 없다는 초심을 잃지 않으셨단다. 바쁘고 수익률이 낮더라도 그 기조를 유지했다는 생각은 옳은 판단이다.

- 🏠 한 가정의 가장이고,
- 🏠 경매를 처음 시작하면서,
- 🏠 고정 수입이 있어야 견딜 수 있고,
- 🏠 전업으로 경매 투자에 집중하겠다는 분들에게 도움이 되는 이야기다.

어떤 어려움을 무릅쓰고서라도 초기 어려움을 이렇게 극복하고, 시작해서 2년에 5건 정도를 낙찰 받아 처분(임대든 매매든)하셨다면 일단은 자리 잡았다고 봐도 무난하다. 임대수입이나 이자수입 등 비노동 고정적인 수입이 있는 가장이나, 남편의 수입이 있으면서 부업으로 경매를 하시려는 여성분들에게도 참고가 되는 내용이다. 부동산 경매 투자 구조가 초기에는 상당 기간 수입이 없다는 것을 이해하면 된다. 경매 투자의 취약점이라고 할 수 있는 시작 단계의 리스크(수입이 없는)를 신문 배달 또는 우유 배달로 만회하면서 몇 건 낙찰 받는다는 전략에 동의하여 몸소 실천한 경우로 경매에 대한 확신과 신념이 있어 가능했다고 본다.

누군가의 멘토가 되어 있었다

최근에 다시 만났다. 한번 만나자고 전화가 온 것이다. 가끔 안부 전화나 어쩌다가 법원 응찰장에서 만나기는 했지만 10여 년 동안 편하게 소주 한잔 못 했다면서 한잔하시잔다. 마다할 일이 뭐 있겠는가. 약속 장소로 갔더니 세 분이 계셨다. 가볍게 인사하고는 수다의 즐거움이 시작되었다.

"교수님, 저와 사무실 같이 쓰고 있는 제자들입니다."

"아~ 네~ 전화로 같이 오시겠다고 말씀하셨던 분들이세요?"

"반갑습니다."

"말씀 많이 들었습니다."

"우 교수님, 벌써 10년 저쪽 일이네요!"

"세월 참 빠르죠?"

"그러게 말입니다, 정말 화살과 같아요!"

"그 동안 좋은 일 많으셨죠?"

"전화위복이었지요, 회사에서 나가라고 등 떠다밀지 않았으면 혼자 용기로는 그만두지 못했을 겁니다!"

"누구나 그렇죠."

"한 살이라도 더 먹을수록 불리해지는 것이 진실입니다."

"그래도 월급 잘 주고 을(乙)이 껌벅 죽어주는 회사에서 스스로 나오기가 쉽지는 않죠, 마음은 그렇지 않으면서도 목구멍이 포도청이잖아요."

"10년 전이나 지금이나 달라진 것이 별로 없어요?"

"뭐가요~?"

"나가라고 등 떠미는 거요!"

"갈수록 더하지 않을까요?"

"그래도 저는 복이 많은 것 같아요, 그때 우 교수님 딱 만났고, 지금은 이렇게 사무실까지 같이 쓰는 제자까지 키우고 있고."

"친구라고 하셨죠?"

"이쪽은 친구고, 이쪽은 회사 후배입니다."

"보기 참 좋으세요!"

"우 교수님한테 진 빚을 이쪽에다 갚는 거죠!"

"말씀은 감사한데요, 자꾸 공치사하시면 오늘 술값 저보고 내라는 말씀 같은데요?"

"에~이 무슨 말씀이세요, 박사님하고 마시는 술값은 평생 내가 낸다고 이미 약조했습니다."

"저도 요즘 집중하는 프로젝트가 하나 있습니다."

"1,000명 100억이 목표라고 하셨죠?"

"네~에, 야무지게 한번 해보려고 합니다."

"우 박사님이 하시면 충분히 가능합니다."

"형편 되시는 대로 많이 도와주세요."

"그럼요~! 제가 그럴 수 있으면 얼마든지 그러겠습니다."

조그마한 사무실 하나 내서 옛 친구와 비슷한 처지로 구조조정 당한 회사 후배와 함께 사용하면서 이제는 어려워진 주변 사람들의 경매 스승 노릇을 하고 계셨다. 반갑기 그지없었다. 사람은 망각하는 동물이란다. 잘되고 나면 춥고 배고팠던 소싯적 시절을 까마득히 잊어버리고, 그 시절 사람들은 기억조차 못 하는 인간들도 허다한 세상이다. 감사하고 흐뭇했다. 사람이 사람에게 해줄 수 있는 '선물'이 이런 것이겠구나 하는 마음이 들었다. 초저녁 삼겹살집에서 저녁을 시작해서 호프집, 노래방, 다시 해장국집을 전전하면서 다음 날 아침 지하철역에서 헤어졌다.

다음날, 필자가 확인 전화를 했다.

"대표님, 잘 들어가셨나요?"

"네~에, 저야 잘 들어갔습니다만, 교수님 괜찮으세요?"

"혹시 제가 과음해서 실수하지 않았나! 걱정돼서 전화했습니다!"

"다들 아주 좋았다고 조만간 한 번 더 뭉치자고 하는데요!"

"좋은데요, 어제처럼 과음해버리면 이제는 몸이 힘들어요. 다음 날 일어나기가 이제는 쉽지 않네요."

"시간 내주셔서 정말 감사합니다."

"대표님, 제가 너무 감사했어요!"

"뭐가요?"

"두 분 멘토 노릇하고 계신 거요!"

"다~아 우 교수님 덕분이죠, 너무 그러시면 제가 부끄러워지니 그만하세요."

"알겠습니다만, 제가 정말 감사해서요!"

"평생 잊지 못할 인연입니다."

"이번에는 제 사무실 쪽으로 한번 함께 오세요."

"자주는 어려워도 가끔은 한 번씩 만나기로 하시죠!"

"그러죠. 바쁘지도 않으면서 바쁜 척하느라고 그럽니다."

"운동도 좀 하시면서 건강 꼭 챙기면서 일하세요!"

"감사합니다. 말로라도 그러겠다고 약속드리겠습니다."

"말로만 하지 마시고, 실천해주세요."

"산에 다닌다고 하셨죠?"

"자주 갑니다."

"저도 요즘 가까운 산에 다니는 재미에 푹 빠졌습니다."

"시간 맞추어서 함께 한번 가시죠."

"좋습니다, 불러주시면 폐 안 끼치겠습니다."

"잘 알겠습니다."

"어제 두 분한테도 말씀 좀 잘 해주세요!"

어젯밤 일은 모두 다 기억 못 했다

어제 무슨 말을 했는지는 아무도 기억들을 못 했다. 나만 기억을 못 한 것이 아니고, 다른 분들도 기억이 안 난단다. 술 한번 제대로 잘 마신 것 맞다. 잊어버려도 탈 없는 '영양가 없는 이야기만 하자' 주의다. 돈이 걸린 이야기는 맨정신일 때 진지하게 해야 한다는 것이 지론이다.

🏠 물건 분석이든,

🏠 수익성 분석이든,

🏠 권리분석이든,

🏠 배당표 작성이든,

🏠 불쌍한 사람 명도든 말이다.

즐거운 술자리까지 술맛 떨어지게 공장 이야기를 할 일이 아니다. 그래도 그날 기억에 하나 또렷이 남은 것이 있다. 세상은 절대 혼자 사는 곳이 아니라는 것. 세상은 '장삼이사' 들이 부딪히며, 위로하고, 끌어주는 곳이어야 한다고. 세상에는 아직도 가슴이 따뜻한 사람들이 훨씬 더 많다.

경매판의 1만 시간 법칙

경매로 성공하려면 기본적으로 두 가지를 겸비해야 한다는 것을 보았다. 현실직시와 거기에 따른 노력이 하나이고, 두 번째는 하루아침에 달인의 경지에 갈 수 없다는 것이다. 우리 경매판은 어떤가. 1~2년 반짝 나타났다가 사라지는 영혼 없는 무수한 경매꾼들이 있다. 과장이 심해도 너무 심하다. 두세 건 낙찰로 팔자를 고쳤고, 지방 도시 4~5천만 원짜리 연립 서너 개 명도로 명도 귀신이란다.

일부의 책도 그렇고, 컨설팅을 업으로 하는 일부 사람도 마찬가지다. 서점 재테크 코너를 가보면 이 책 저 책 비슷한 내용의 병아리용 경매 책들이 산을 이루고 있다. 이에 대한 부작용과 피해의 여파를 순진한 독자들이 옴팍 뒤집어쓴다는 것이 문제다.

부작용과 피해 유형은 대강 다음과 같다. 부동산 경매투자의 가장 큰 매력이라면 시세보다 낮은 가격으로 부동산을 구입한다는 것 말고는 다른 이유는 있을 수가 없다. 경매는 매매에 비해서 불편하기 짝이 없다. 그런 불편을 감수한 보상이 낮은 가격의 부동산 구입일 것이다. 그런데 요즘 경매시장은 "낮은 가격의 구입"이라는 경매 시장의 즐거움이 사라져 가고 있다. 급매가격은 물론이고, 시세이상으로 낙찰가격이 형성되는 일들도 자주 발생한다. "대박 경매투자"라는 환상에 젖은 "묻지 마 낙찰"의 생생한 현 주소이다. 이런 결과를 초래하는 책임의 일단이 소위 전문가라는 사람들에게 있음을 지적해 둔다.

세상은 최선을 다해
정말 열심히 살아볼 가치가
충분한 곳이다.

4_ 나를 망치는 것은 누구도 아닌 바로 나다

먼저 자기부터 관리하라

부동산 경매 투자는 본업으로 한다고 해도 굳이 사무실을 따로 마련하지 않아도 된다. 어제저녁 늦게까지 술 마시고 덜 깬 몸을 이끌고 아침 만원 버스, 지하철로 출근할 일도 없다. 누구 눈치 무서워 아침 9시 출근 시간 맞출 일은 더더욱 없다. 종잣돈 1억 원 가지고 1년에 2~3건 낙찰 받아 처분해도 충분하다. 이러다 보니 가끔은 자기 관리가 안 되는 양반들을 보게 된다. 바쁠 일이 하나도 없는 것처럼 보인다. 건당 수익은 투자한 금액만큼 들고 나올 수도 있다. 장닭 레벨 이상만 되면 말이다. 그러나 그것이 전부일까. **가장의 역할이 돈만 잘 벌어오는 것이 전부는 아닐 것이다.**

물론 기본적인 역할 수행이 안 되면 곤란하다. 그러나 돈 잘 번다고 아버지가 평일에 잠옷 차림으로 집 안을 배회해서야 자녀 교육에 좋을 일 하나도 없다. 어디로 나가든지 아침에 출근해서 가능하면 저녁에 늦게 들어가자. 그럴수록 집안은 화목해진다. 공자님 말씀에 '신독'이라는 말이 있다. 항상 스스로 경계하며 살지 않으면 어려울 때 반드시 문제가 생긴다. 인생에서 정말 어려울 때가 언제일까. 일이 많아 정신없이 바쁠 때가 어려울 때인가. 아니다. 할 일이 별로 없고 시간이 잔뜩 남아 돌 때가 어려울 때다. 문제는 남는 시간 관리를 제대로 못 할 때 발생한다. 마땅하게 갈 곳이 없는 분이라면 몇 사람이 공동으로 사무실이라도 하나 마련하시라. 그리고는 집에서 일찍 나와 이곳으로 출근하시라.

출근해서 놀더라도 여기서 놀고, 차도 여기서 마시고, 신문도 여기서 보고, 공부도 여기서 하고, 매물건 검색도 여기서 하고, 낮술도 여기서 마시고, 사람도 여기서 만나고, 주식하는 분이라면 주식도 여기서 하고, 그리고 집에는 가능하면 늦게 들어가자.

길게 보면 비용 측면에서 훨씬 잘했다고 무릎을 칠 날이 곧 온다. 여기까지는 기본이다. 속된 말로 잘나가는 사람들이 경계했으면 하는 것들이다.

돈 벌어도 바꾸지 말자

돈 잘 벌면 남자들이 바꾸는 것이 다섯 가지라는 우스갯소리가 있다. 잘 굴러가는 자동차 바꾸고, 오래 살았던 집을 바꾼단다. 지금부터 돈깨나 벌었다는 김사장이 어떻게 변해가는지 살펴보기로 하자.

"남들은 다 죽는다고들 난린데 김 사장만 봄날이네."

"이번에 새 차로 쫘아악 뽑아버렸습니다."

"경매하는 데 최고 좋은 자동차가 뭔 줄 알아?"

"아니, 또 그 이야기세요? 그래도 이제는 이 정도쯤 타줘야 비즈니스가 된다니까요."

"경매하고 차하고는 아무 상관이 없다고 분명히 말했는데."

"아니라니까요, 이 정도는 타줘야 경매 좀 하는구나 남들이 그런다니까요."

집 바꾸고 차를 바꾸는 것 정도는 봐줄 수 있다. 그러나 지금부터는 문제가 커지고, 손가락질 당한다. 망할 짓들이다.

친구와 운동을 바꾼다

"김 사장, 요즘 조기축구회 안 나와?"

"축구요~! 그거 운동이 별로 안 돼서요!"

"축구가 운동이 안 되면 그럼 뭐가 운동이 되나?"

"요즘 몸이 펄펄 날아서 축구로는 모자랍니다."

"새벽에 무신 귀신 봉창 치는 소리여~! 조기회로 나를 인도한 장본인이 자넨디?”

“새로 시작한 골프에 푸욱 빠져서, 조기축구회는 이제 나갈 시간이 없어요!”

“골프 시작했다고? 그건 잘했네. 나이 먹어가면 힘 빠지니 축구보다는 낫겠네!”

“사업하는 데는 골프가 도움도 되고 해서 시작했습니다!”

“자네가 무슨 사업을 새로 시작했다고?”

“나라고 사업하지 말라는 법 있나요~!”

“그거야 그렇지~.”

“경매판 평정했으니 새 사업으로 눈 한번 돌려보려고요!”

“누가 무슨 판을 평정했다고, 자네가 경매판을 평정했다고?”

“내가 몇 년 사이에 이 판을 평정해버렸잖아요!”

“환장하겠구만~! 정말 그렇게 생각하시는가?”

“그래서 경매만 하다 보니 좀 지겨워져서 슬슬 부동산 개발 사업 한번 해 보려고요!”

“부동산 시행사업? 그거 아무나 하는 거 아니라고 하던데?”

“주변에서 능력 있는 사람들이 도와주겠다고, 돈 된다고 한번 해보라고 난리라니까요.”

“내 생각은 ‘절대’ 아닌데~~! 진짜 돈 되고 능력 되면 지들이 하지, 왜 자네한테 권할까?”

“내가 인복이 많아서 그렇죠, 사주에도 그렇게 나온다니까요!”

“사주까지는 내가 모르겠고, 조금 보수적으로 하면 안 될까?”

“사람한테는 때라는 게 있잖아요. 도와주겠다는 사람들도 많이 있고.”

"글쎄, 잘 모~오~르~겠는데~!"

"만나는 사람들이 골프하라고 아우성이어서, 사업에 도움도 될 것 같고 해서 이참에 조기축구는 발 끊고 골프 시작했는데 솔찬히 재미가 좋습니다!"

"골프는 그냥 골프로 끝내지, 골프가 사업에 무슨 도움이 된다고?"

"그건 형님이 몰라서 하는 말이고, 개발사업 하려면 골프는 선택이 아니라 필수라니까요!"

"아닌 것 같다니깐?"

"두고 보시라니까요!"

"골프 치려면 시간 돈 많이 든다며?"

"그렇기는 하지만 사업하려면 그 정도 투자는 해야 하잖아요!"

"그리고 준비 없이 사업 시작하는 거 아닌데."

"염려 마시라니까요, 도와줄 사람들이 한사코 권한다니까요."

"하던 거나 계속 하면 좋을 것 같은데 자네 많이 변했네!"

"변했죠~! 변하지 않고 어떻게 발전이 있겠어요!"

와신상담하던 시절을 잊지 말아야 한다. 남의 말 믿고 대책 없이 판 키우는 것도 나이 들어 해서는 안 되는 일 중 하나가 아닐까 한다. 좀 잘 나간다고 주 업종 바꾸고 애먹는 사람들 주변에 여럿 있다.

술집과 마시는 술을 바꾼다

"2차는 내가 잘 가는 바(bar)가 있는데 그리 갑시다, 내가 한잔 쏠 테니까."

"바에 가면 술값이 꽤 나올 건데, 그러지 말고 입가심으로 호프집 갑시다!"

"술값 얼마 안 나옵니다."

"호프집보다 10배는 더 나오잖아요, 영양가도 별로 없고."

"영양가가 있을지 없을지는 가보면 알고, 3명 가보았자 몇십만 원 안 나옵니다!"

"안 가봐도 영양가 없는 거 다 보입니다!"

"그거야 가보면 알고 술값 걱정은 마시라니까요."

"그러지 말고 호프집 가서 마른안주에 한 잔만 더 하시죠!"

"최 사장님, 이러지 마세요. 가보면 언니들 물 좋다니까요."

"무리하지 말자니까 그러시네."

"양주에 모둠과일 하나 쏠 테니 편하게 가서 한잔 더 합시다."

"호프집 가서 우리끼리 편하게 한잔 더 하는 게 훨씬 좋은데."

"호프집은 나중에 가고 오늘은 제가 한잔 살 테니 갑시다."

이 정도는 그래도 봐줄 만할지 모르지만, 서서히 문제가 시작된다.

바꾸기의 완결판! 마누라 바꾸기

"이 인간이 돈 몇 푼 벌더니 이제는 아주 눈에 뵈는 게 없나 보네?"

"말 막 하지 마라!"

"좋아! 헤어지자고 하면 내가 무서워 벌벌 떨 줄 알고?"

“여러 말 말고 앗쌀하게 정리하자니까?”

“뭐가 어쩌고 어째~! 딸 같은 년하고 살림을 차린다고!”

“살림을 차리든 죽을 쑤든 니가 알 바 아니니 정리하자고!”

“좋아, 정리하자. 대신 위자료나 많이 달라고. 너 같은 인간하고 더 살고 싶은 맘 나도 없으니!”

“위자료? 좋아, 주지! 소송까지도 필요 없다. 준다고. 준다니까!”

“대신 애들은 모두 내가 키울 테니 양육비도 내놓고!”

“좋을 대로 하시게나!”

“여우 같은 젊은 년한테 홀려가지고 눈에 뵈는 게 아주 없구만!”

“여운지 구미혼지는 당신이 알 바 아니라니까 그러시네.”

“인간아, 그렇게 살지마라. 자식들이 보고 하늘이 보고 있다.”

“좋은 충고 잘 새겨서 열심히 살 테니 염려 마시라고!”

“인간아, 니가 이러고도 천벌을 안 받을 것 같으냐?”

“잘 살 테니까 염려 마시라니까, 잘 살 것 같아 배 아파서 그런다면 할 말 없고.”

“뭐가 어쩌고 어째? 너하고 산 시간이 더럽고 치사해서 이런다.”

“그만하자니까!”

“내가 두 눈 시뻘겋게 부릅뜨고 지켜보마!”

바꾸기 시리즈의 마지막 단계다. 지금까지는 몰래몰래 피우던 바람을 아주 대놓고 피워댄다. 거기에 그치는 것이 아니다. 온갖 고생을 다 해오며 지금의 자신을 있게 한 조강지처에게 헤어지자고 큰소리쳐댄다. 그리고는 정체도 알 수 없는 젊은 처자에게 안

방까지 맡긴다. 인간 말종이다. 이러고도 망하지 않으면 그게 오히려 이상하다. 가는 게 있으니 오는 게 있게 된다. 작용에는 반작용이 따른다. 그것이 세상의 이치다. 부동산 투자로 돈은 벌었을지 모르지만 자식들이 보고 뭘 배울 것인가. 뻔하다. 마누라라고 가만히 있겠는가. 가정은 그렇게 무너지는 것이다. 이렇게 해서 잘되는 인간을 아직까지 본 적 없다.

마누라와 자식의 대반격

"당신은 이제 내 아버지 아니니 서로 신경 쓰지 맙시다!"

"이 자식이, 다 키워놓으니까 못 하는 말이 없네!"

"이 자식 저 자식 하지 맙시다. 나는 우리 엄마 자식이지 당신 자식 아닙니다!"

"뭐라고? 말 다 했어?"

"축하드립니다~! 새장가 가신다고요, 그래서 위자료랑 양육비 잔뜩 주고 울 엄마랑 이혼하신다고요?"

"니 엄마랑은 이혼해도 너네랑은 아니지!"

"그건 당신 생각이고, 우리한테 언제 한번 물어보셨소?"

"안 물어봐도 당연히 내 자식들이지!"

"기도 안 막히네. 내가 그러면 당신 애인하고 살 것 같아요?"

"같이 살면 되지, 못 살 게 뭐 있어!"

"말이라고 함부로 막 하지 마세요. 나는 울 엄마랑 살 거거든요!"

"이러지 말자!"

"우리가 여기서 그냥 살 테니 나가서 새로 행복하게 잘 사세요."

"내가 왜 나가냐? 니 엄마만 나가면 되지!"

"그만하시고 혼자만 나가세요. 그리고 다시는 보지 맙시다."

돈 벌었다는 말은 자주 듣는다. 그런데 부자 되었다는 말은 듣기 어려운 것이 이 업종의 특성이다. 유독 한탕 대박에 몰두하는 사람들이 많은 것이 사실이다. 이런 경향은 부동산업 중 특히 경매에 종사하는 사람들에게서 자주 볼 수 있는 현상이다. 인생 자체가 위험해진다. 이 책의 독자들은 잘되더라도 나중에 이러지 않으셨으면 한다. 왜냐고? 필자가 여러분들의 가정파괴범은 되고 싶지 않아서다. 나이 들어 이혼하고 재산을 나누는 것은 재테크 차원에서도 완전히 빵점짜리라고 주장하는 부동산 전문가가 있다. 공감하고 동의한다.

최악의 재테크가 '이혼'이란다

"박 소장~ 왜 이혼이 최악의 재테크라고 말하지?"

"두 가지 점에서 최악입니다."

"뭐가?"

"하나는 경제적인 면에서 최악이고, 다른 하나는 정신적인 면에서도 빵점입니다."

"정신적인 면에서야 이해가 되지만, 경제적인 면에서도 빵점이라니 이해가 잘 안 되는데?"

“나이 들어 돈 있다고 새로 생긴 여자가 어떻게 조강지처하고 같겠
습니까?”

“그거야 모르지!”

“젊고 예쁜 여자를 어떻게 조강지처에 비교하느냐고요.”

“조강지처가 현모양처라는 보장도 없잖아!”

“남자들 좀 잘나간다 싶으면 어떻게 알고 여자들이 꼬이는지.”

“소크라테스 마누라도 조강지처였잖아!”

“그게 아니라니까, 그리고 보니 우 선배도 문제가 좀 보이네!”

“그런가, 그건 염려 마시고!”

“여자가 꼬이는 게 아니고 남자들이 먼저 꼬시지?”

“어차피 피장파장 아닌가?”

“아니라니까. 남자가 문제라니까 그러시네.”

“뭘 일만 벌어지면 남자만 잘못이라고 난리라니까, 손바닥도 부딪치
니까 소리가 나지!”

“그게 아니고 이런 경우 대부분 남자가 문제라니까, 우 선배~~!”

“나는 절대 동의 못 해, 남자만 문제라는 거 아무리 생각해도 옳지
않아.”

“남자가 중심만 딱 서 있으면, 나비가 날아오든 구미호가 홀리든 아
무 문제 없다니까.”

“구미호가 홀리면 나 같으면 슬쩍 넘어가준다, 눈 한번 딱 감고.”

“농담하지 마시고, 투자 좀 잘되면 정신 못 차리는 인간들이 꼭 있다
니까.”

“하기는 내 주변에도 몇 명 있지, 근데 요즘 애인 없으면 팔불출이라

고 하잖아!"

"팔불출이고 구불출이고 전부 쓸데없는 이야기고, 나이 들어가면서 조강지처만 한 보물이 어디 있습니까?"

"좋은 이야기네."

"자기 관리 못 하면 발등 찍힐 일 금방 생깁니다!"

15년 넘게 이쪽 일을 하다 보니 관련된 일을 하는 사람들이 많다. 자기 관리가 경매로 돈 벌기보다 어렵다는 생각이 든다. 개인 차이는 있겠지만 부동산 투자의 궁극적인 목표가 뭘까. 소박한 꿈도 있을 것이고, 거창한 프로그램을 가진 사람도 있을 것이다. 말은 쉽다. 자기 관리 잘하고 한창 좋은 시절에 나쁜 시절을 대비한다는 것이 사실은 어렵다. 필자 같은 범부들에게는 말이다. 악행의 결과는 나쁜 시절이 오면 바로 드러난다. 조금이라도 상황이 어려워지면 양귀비부터 떠나간다. 빛 좋은 개살구 되는 것은 시간문제다. 얼마를 번들 무슨 소용이 있겠는가. 독이 이미 깨져 있다면 말이다. 자기 관리 잘하고 기본부터 충실하자.

인생이라는 것이
돈이 전부는 아니지 않은가.

5_ 내가 먼저 죽을까
자본주의가 먼저 망할까

좋은 물건은 정말 씨가 말랐는가?

여러분들 중에 열심히 공부해 막상 응찰하러 갈 때쯤이면 수익률 높은 먹을 만한 물건은 선수나 도사들이 다 낙찰 받아버리고 잔챙이나 쭉정이만 남아 있지 않을까 하고 걱정부터 하는 사람들이 있다. 시작도 하기 전에 염려부터 하는 것이다.

태산이 무너질까 걱정인 사람들

"박사님, 경매 공부야 지금부터라도 독하고 야무지게 하라면 하겠는데 걱정거리가 하나 있어요!"

"말씀해보세요."

"내가 늦게 시작한 것 같아요. 경매시장은 이미 끝물 아닌가요?"

"무슨 말씀이세요?"

"그렇잖아요, 경매시장이 완전히 대중화되어버려 먹을 게 없다고들 난리잖아요."

"누가 그래요?"

"다들 그렇게 말하잖아요!"

"그런가요?"

"열심히 공부해서 경매판에 나가보면 돈 되는 좋은 물건들을 도사들이 다 해먹어 버리고 우리 몫으로는 별 볼 일 없는 쭉정이 같은 녀석들만 널브러져 있는 것이 아닌가 해서요."

"그렇게 생각하는 사람들 꽤 있는데 그럴 일 없습니다."

"그렇지 않다고요?"

"그럼요~! 조금만 생각해보시면 금방 답이 나오는 문제입니다."

"무슨 답이 금방 나와요?"

"첫술에 배부를 리는 없겠지만 죽을 때까지 할 수 있는 게 경매죠."

"박사님은 그렇게 말씀하지만 돈 되고 수익률 높은 물건은 우리한테까지 안 올 것 같다니까요."

"경매 물건의 본질이 뭘까요?"

"부실채권 정리하는 거죠!"

"앞으로 세상은 어떻게 변할 것 같으세요?"

"무슨 말씀이세요?"

"경쟁이 더 치열해질까요, 아니면 덜 할까요?"

"갈수록 더 치열해지겠죠, 변화의 속도도 훨씬 더 빨라지고."

"치열하고 빠른 변화에 적응하지 못하면 어떻게 될까요?"

"한마디로 망하는 거죠!"

"경쟁에서 살아남은 사람 부동산이 경매 나오나요, 경쟁에서 탈락한 사람 부동산이 경매 당하나요?"

"경쟁에서 탈락한 사람의 부동산이 경매시장에 나오게 된다는 이야기시죠?"

"어차피 우리가 만나게 되는 경매물건은 재벌회사 회장님 저택 아닙니다."

"그거야 그렇겠죠. 그런 물건 나온다고 해봐야 우리한테는 그림의 떡일 테고."

"그러면 누구 집이나 땅이 경매로 나올까요?"

"우리 같은 사람들의 담보 부동산이라는 이야기잖아요!"

"갈수록 늘어날까요, 줄어들까요?"

"알겠습니다~!"

"경매물건은 자본주의 본질이죠!"

"결국 물건은 줄지 않는다는 말이네요?"

"서두를 일 하나 없습니다."

비극이지만 현실이다. 다시 말씀드리지만 하늘은 무너지지 않는다. 과욕을 부리다가는 종잣돈마저 까먹고 돌아서야 하는 곳이 경매시장이다. 남들은 재테크에 성공해 몇 걸음씩 앞으로 잘 나가고 있는 것 같아 마음이 바쁜 것은 충분히 이해가 된다. 하지만 세상은 공평하다. 내공도 쌓지 않고 사냥터에 나가서는 먹잇감을 잡지 못한다. 산 전체를 휘젓고 다니느라 바쁘고, 힘만 들 뿐이다. 운이 없으면 다치는 일까지 벌어진다. 어쩌다 잡히는 녀석도 잔챙이들일 뿐이다.

목에 힘부터 빼기

"은행에 가서 가게 하나 차린다고 자금 좀 빌려달라고 하면 얼마나 빌려줄까요?"

"아마 담보부터 보여달라고 하겠죠?"

"신용대출이라면 얼마를 받을 수 있을 것 같으세요?"

"대략 3천만 원까지는 마이너스 대출이 가능할 것 같아요!"

"그 정도면 신용이 좋은 편이시네?"

"월급쟁이여서 그리 나쁘지 않지요!"

"신용불량자가 5억 원짜리 아파트 한 채 있다고 봅시다."

"그게 갑자기 무슨 말씀이세요?"

"신용 좋은 선생님의 신용이 더 확실할까요, 아니면 신용불량자의 아파트가 담보로 더 가치가 있을까요?"

"글쎄, 무슨 말씀이냐니까요?"

"우리나라 은행은 부동산 담보를 훨씬 더 높게 쳐줍니다."

"더 많이 빌려준다는 말씀이시죠?"

"은행 입장에서는 아파트가 더 확실한 담보 물건입니다."

"그거야 세상이 다 아는 이야기죠!"

"아세요? 담보대출 해줄 때, 소유자 신용조회하지 않는다는 거."

"네~에? 정말이세요?"

"담보 범위 내에서는 담보물건만 보고 대출해주는 거죠!"

"아~~ 그렇구나!"

"시세가 5억 원 정도면 4억 원까지는 기본적으로 대출 가능합니다."

"그건 나도 압니다."

"이율도 담보대출 쪽이 훨씬 낮아요."

"담보가 우선이라는 이야기잖아요?"

"직장 다닐 때야 "마이너스통장이네", "신용대출이네", "현금서비스 한도 확대네" 라며 간이라도 빼줄 듯 친절한 척하지만 막상 직장 그만 둬보세요!"

"그렇죠, 카드 한도부터 바로 줄이더라고요!"

"늘려달라고 한 적도 없는데 마음대로 늘렸다 줄였다 난리부르스를 추죠, 지네들 기분에 따라. 결국 뭐 하나 시작하려면 담보 없이는 아무 것도 못 하죠?"

"뭐 하나 시작하기가 만만치 않아요!"

"창업 전문가 말 들어보면 2~3억짜리 창업은 안 하는 게 남는 거라 고 합니다. 2~3억 원 가지고 잘못했다가는 털어먹기 십상이죠!"

"사실은 그게 전분데!"

"융자받아 시작했다가는 내 아파트 경매당하는 거 시간 문제일수 있 죠?"

"그러게 말입니다."

"세상이 왜 이 지경이 되었는지 모르겠어요~ 내가 이런 고민을 하리라고는 꿈에도 생각 못 해봤습니다."

"지금부터라도 냉정히 받아들이셔야 답이 나옵니다!"

"그러겠죠?"

"목에 힘 안 빼면 되는 일 아무것도 없습니다."

누군가의 미래와 경매물건의 관계

"신자본주의나 세계화 반대시위가 세계 여러 나라에서 격렬하게 일어났던 것 기억하시죠?"

"네~~에~~!"

"얼마 전에 체결된 한미FTA 반대 시위도 잘 아실 거고?"

"잘 알죠!"

"신자본주의나, FTA의 결과가 어떻게 귀결될 거라고 생각하세요?"

"똑똑하고 재주 좋아서 잘난 사람만 더 잘살게 되는 것 아닌가요?"

"빈익빈 부익부 승자독식(勝者獨食)의 정글법칙이 더 무자비하고 더 거침없이 진행되겠죠!"

"요즘 더 절실히 느낍니다, 하루하루가 파리 목숨이라는 걸."

"굶어 죽을 자유를 만끽하는 사람들도 나오고 있잖아요."

"우리는 용기가 없어서 그런 자유마저도 못 누리지만, 울어야 하는지 웃어야 하는지 표정 관리 안 되네."

"바다 건너 남의 나라 이야기라고는 생각하지 않으시죠?"

"그렇죠, 당장 여파가 미치고 있잖아요! 고향으로 내려가서 개나 키우고 살까요?"

"글로벌 시대를 살고 있다는 느낌이 팍팍 오잖아요! 도시, 농촌, 학력, 지위, 연령 상관없이 전 국민이 무한 경쟁 속으로 아무 대책 없이 내몰리는 거죠. 명퇴네, 구조조정이네, 비정규직이네, 청년 실업자 증가네 하는 것들이 결국은 어느 특정한 사람들에게만 적용되는 이야기가 아니라는 겁니다."

"바로 그겁니다. 먹고는 살아야 되고."

"자본주의가 극성스러워질수록 치열한 경쟁에서 처지는 사람은 늘어날 수밖에 없고, 그 결과가 부동산 경매 물건이 증가할 수밖에 없는 단순한 논리가 분명하게 성립하는 거죠."

"비극이지만 이해가 됩니다."

"잘 헤쳐나가지 못하면 우리들도 졸지에 박스라도 주우려고 리어카 끄는 도시빈민으로 전락할 가능성이 얼마든지 있다 이거죠!"

"늙어서 자식들한테 버림받고 가진 것 없으면 나라고 리어카 끌고 박스 줍지 말란 법 없을 것 같아요."

"얼마든지 가능한 이야기죠!"

"아무리 그래도 내가 늙고 병들어서 리어카 끌고 박스 줍는 걸 상상하니 끔찍하네!"

돈 없이 늙고 병들어 갈 곳마저 마땅치 않다면 리어카라도 끌어야 할 상황이 올 수도 있다. 지금 이 그림은 우리들이 아마 고등학교 다니면서 배웠던 것으로 기억이 되는 그림이다. 다만 ⓒ인 오뚝이형까지만 배웠고, ⓓ피뢰침형은 지금 처음 보는 그림이라는 분이 많을 것 같다.

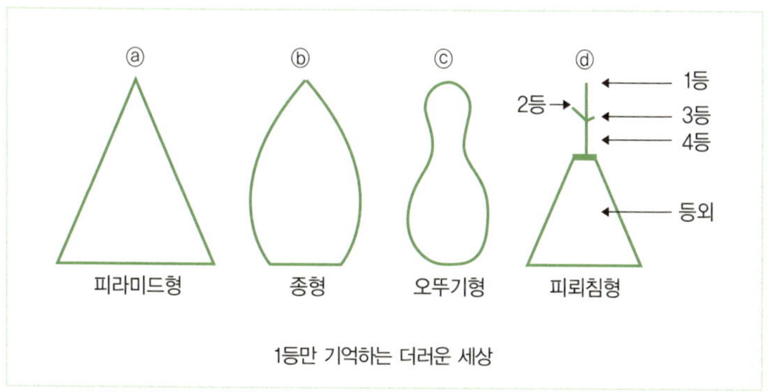

"앞으로 세상은 확실하게 일등만 기억하는 더러운 세상이 될 것은 분명합니다."

"이미 그러고 있는데요~! 승자독식이라는 말씀이시죠!"

"그 정도가 더 극단적으로 진행될 가능성은 충분히 있다고 봅니다."

"「피라미드형」에서 「오뚜기형」까지는 알겠는데 「피뢰침형」은 뭔가요?"

"21세기 사회는 「오뚜기형」에서 중간 부분이 사라지고 1등, 2등, 3등만 남고 약간의 4등(「오뚜기형」에서 중간 부분)들과 그 이하는 있으나 마나 한 무수히 많은 등외품들로 사회가 구성된다는 말이죠!"

"경쟁력 있는 극소수(1%)와 경쟁력 없는 99%로 단순하게 양극화된다는 이야기네!"

"바로 그거죠~!"

"어느 일부 특정 분야에 국한되는 이야기가 아니겠죠?"

"그렇죠, 모든 면에서 1등하고 2등하고는 수익의 차이가 수천~수만 배로 벌어지는 거죠, 얼마 전까지만 해도 2등과 3등은 1등을 보좌하는 구실을 했는데 이제는 All or Nothing이죠."

"승자독식의 정글법칙이 여지없이 관철된다는 말씀이시죠."

"맨 꼭대기 1등에게만 쉴 틈 없이 돈벼락, 권력 벼락이 떨어지는 거죠, 경쟁에서 최종적으로 살아남은 단 한 녀석이 모든 것을 독차지하는 거죠!"

"무슨 말인지 알 것 같습니다."

"우리나라도 정치권력보다 경제 권력이 우위를 점해가고 있는 거 같아요."

"다시 말씀드리지만 2등부터 4등까지는 1등의 장식품에 지나지 않게 되는 거죠!"

"장식품이라, 무서운 이야기네요!"

"언제든지 더 나은 2등으로 바꿔치기 당할 운명의 장식품들이죠."

"특정한 분야에만 해당되는 이야기는 아니겠죠?"

"모든 조직에서 이런 현상이 극단적으로 진행될 거라고 봅니다. 지구적인 차원에서 숨 돌릴 틈 없이 격렬하게 진행되고 그 강도는 갈수록 세지겠죠. 누구라도 자유로울 수 없지 않겠습니까?"

"눈물나네!"

"벼락 맞는 극소수만 정신없이 계속해서 벼락을 맞게 되는 거죠."

"벼락이 모든 것을 독점하는 것을 말씀하는 거네요?"

"그렇죠~!"

"쉽게 말하면 벼락 맞는 놈은 배 터져 죽고, 99%는 굶어가고."

"좋은 말이네, 굶어 죽을 자유도 자유라는 말이."

"99%는 결국 1%의 숙주에 지나지 않을 수 있어요."

"숙주라, 무서운 이야기네."

"1%가 99%를 빨아들이는 거죠."

갈수록 더 극심해질 것이다.

경매가 가난한 사람을 울린다

막역한 대학 동기 중에 술만 마시면 "그 좋은 머리로 하고 많은 일 중에 왜 하필이면 부동산 경매냐?"라고 습관적으로 했던 말 또 하는 친구가 있다.

"우 박사야~! 왜 하필이면 자네가 경매냐?"

"그 말 나오는 거 보니 자네 또 기분 좋아졌구나!"

"기분은 내가 좋으니 묻는 말씀에 대답 좀 해주시죠, 경매 박사님, 헤헤."

"그래, 경매가 어때서?"

"망한 사람 부동산 강제로 가져가는 거잖아!"

"그렇지 않다는 거 자네도 알잖아?"

"경매가 좋은지 나쁜지 박사님이 정리 좀 해 줘봐라!"

"경매 부동산 투자가들이 있어 하루라도 빨리 낙찰되는 것이 좋으냐, 아니면 수십 번 유찰돼서 똥값 되는 게 좋으냐?"

"그거야 두말하면 잔소리지."

"알면서 뭘 시비냐!"

"망한 사람 것 처리하는 것이 꼭 하이에나 같아서."

"그런 면도 있지, 전혀 아니라고 할 수는 없고."

"그래서 싫어~!"

"친구야, 우리가 나이가 몇 갠데 애 같은 소리냐!"

"아무튼 맘에 안 들어."

대꾸를 해야 할지 말아야 할지 매번 헷갈리지만 결국 그냥 웃고 만다. 부동산 경매의 기본조차 모르는 무지에서 비롯된 번지수를 한참 잘못 짚은 것이다. 또한 경매로 부동산에 투자하는 사람들 때문에 불쌍하고 가난한 임차인들이 더욱 슬퍼진다는 동정론도 있다. 부동산 경매를 백안시하는 사람들은 말할 것도 없다. 실제 투자를 하는 사람들 중에도 이런 생각을 떨쳐버리지 못한 하수들이 일부 있다. 기본조차 모르는 무지함의 극치일 뿐이다.

최고응찰가격이 낙찰받는 법원경매

감정 가격이 1억 5,000만 원인데, 1억 원에 낙찰된 물건이 하나 있다고 치자. 다섯 명이 경쟁했다고 해보자. 응찰 가격은 다음과 같았다.

🏠💲 1등 응찰자: 1억 원

🏠💲 2등 응찰자: 9,800만 원

🏠💲 3등 응찰자: 9,500만 원

🏠💲 4등 응찰자: 9,300만 원

🏠💲 5등 응찰자: 9,200만 원

이 경우에서는 1억 원에 응찰한 사람이 최고가매수인이 되어 낙찰 받는 구조다. 그 부동산의 가치를 가장 높게 평가한 사람에게 낙찰된다. 이보다 낮게 응찰한 사람에게 낙찰했을 때보다 임차인이나 채권자들이 한 푼이라도 더 받아가는 것이다.

1억 원에 응찰한 사람이 없었다고 하자. 9,800만 원에 응찰한 사람에게 낙찰되었을 것이다. 그렇다면 임차인이나 채권자는 200만 원만큼 덜 회수하게 된다. 최고 가격에 응찰한 가격에 낙찰되니 「채권자-채무자-임차인」 모두에게 득이다. 그럼에도 불구하고 경매와 낙찰자를 백안시한다. 무식하면 용감해진다는 말이 적절한 표현이다. 조용히 있으면 좋은데 목소리는 더 시끄럽다.

경매가 없다면 자본주의는 성립하지 못했다

인류의 경제 역사를 한번 살펴보자.

🏠💲 원시 채집경제

🏠 농경경제제(물물교환 경제)

🏠 중세 봉건제

🏠 초기 자본주의

🏠 공산주의(사회주의 포함)

🏠 자본주의(「상업자본주의 ⇒ 중상주의 ⇒ 산업자본주의 ⇒ 금융자본주의 ⇒ 대공황 ⇒ 수정자본주의 ⇒ 신자본주의」) 단계에 와 있다는 게 대체적인 정설이다.

우리가 자본주의 경제 체제에서 살고 있는 점은 부인할 수 없다. 자본주의 경제 시스템에서 경매의 역할을 생각해보자. 채무자의 부동산을 강제 매각하는 경매 제도가 없다면 자본주의는 존립과 발전 자체가 불가능하다.

사람 사는 세상 어디에나 경매 제도는 있다. 심지어 중국, 베트남, 쿠바 등의 공산주의 국가에서도 형태나 운영 방법은 다를지라도 경매는 있다. 국가가 주체가 되어 채무자의 재산을 강제 처분하는 제도는 분명히 존재한다.

"채무자의 재산을 국가가 강제처분해서 채권자들에게 돌려주는 경매 제도가 없다면 신나고 기세등등한 사람이 누굴까요?"

"누구긴요, 채무자죠~!"

"그렇죠, 채무자죠?"

"돈 빌려주고 못 받는 사람들만 발을 동동 구르게 되는 거지."

"그런다고 채무자의 가슴살을 베어낼 수도 없고, 채무자네 가족들을 강제로 끌어다가 노예를 만들어버릴 수도 없고."

"옛날이 그립다고 말하려는 건 아니시죠?"

"경매가 없다면 여전히 중세 시대를 사는 거죠!"

"자본주의가 성립할 수가 없다는 말씀이죠?"

"돈 안 갚으면 채무자 처를 잡아다가 종으로 부려먹고, 아들은 머슴으로, 딸은 첩으로 삼아 채무를 탕감했던 시절도 있었다고 하잖아요."

"지금 그랬다가는 큰일 나게요!"

"자본주의가 굴러갈 수 있는 바퀴가 바로 경매 때문이라고 하는 말이 있는 거죠."

"맞습니다."

"남의 돈 안 갚고 떵떵거리고 사는 사람들한테 채권자를 보호할 수 있는 최소한의 방법이 경매잖아요?"

"그런데도 경매가 약자를 울린다는 편견은 뿌리가 깊어요."

"얼른 보면 그런 면이 있기는 하지만 진짜 욕먹을 사람은 망한 채무자지, 낙찰자는 칭찬받아 마땅합니다."

부동산 경매는 당초의 약속을 이행하지 않고 원금과 이자를 내지 못한 채무자로부터 시작되는 것이다. 경매의 모든 절차가 관련 법이 정한 엄격한 규정대로 진행되고 있다. 세입자(임차인)를 보호하는 법들이 없던 시절이라면 일부의 시각에 공감할 수 있다. 지금은 「주택임대차보호법」이나 「상가·건물임대차보호법」이 만들어져 세입자의 권리를 강력하게 보호하고 있다. 다른 권리자의 권리까지를 일정 부분 침해하면서까지 말이다. 돈 빌려가

서 갚지 않고 나자빠진 채무자를 보호해야 한다는 궤변을 말하고
싶은 것은 아닐 것이다. 그러나 결과는 그렇게 귀결될 수 있는 인
식이다.

보이는 현상이 그 사물의 본질이 될 수는 없다. 눈에 보이는 무
성한 잎이 현상이라면 그 나무를 지탱하는 뿌리는 본질이다. 보
이지 않는다고 뿌리가 없다고 말할 수는 없지 않은가. 부동산 경
매 투자도 마찬가지다. 내공이 쌓이면 현상보다 본질에 더 시선
이 가게 된다. 현상은 현상일 뿐이다. 세상은 놀라운 속도로 변하
고 있다. 자본주의 변신이 눈부시다. 그래서인지 자본주의가 역
사의 유물이 되는 것을 보지 못하고 내가 먼저 죽어 이 세상을 떠
날 듯하다. 자본주의가 망할 때까지 오아시스처럼 경매시장의 물
건은 마르지 않는다. 조급해하지 말고 실력을 쌓는 것이 먼저다.
세상 착하게만 살아 아직도 '법원 경매' 하면 머리에 빨간 뿔 달
리고, 눈동자 세 개인 사람들이나 하는 것으로 생각하는 사람들
이 혹시라도 있을까 봐 하는 염려의 마음이다.

 머리에 뿔 달린 진짜 괴물은
엄연히 따로 있다.

CHAPTER 2

개싸움, 소싸움, 주식, 경마, 카지노, 하우스

오늘처럼 유혹이 많은 세상에서 정신 똑바로 차리고서 내 한 몸, 내 가정 탈 없이 유지해가는 이 땅의 애국자들에게 박수부터 보낸다. 당부를 하나 드린다. 무슨 수를 써서라도 살아남자. 강해서 살아남은 것이 아니고 살아남아서 강했다고 하지 않는가. 우리 인생에도 '쨍하고 해 뜰 날'이 오지 말라는 법이 어디 있는가.

21세기가 도래하면 알약 하나로 하루 식사가 해결되고, 누구나 행복할 줄 알았던 때가 있었고, 사람들이 있었다. 세상은 기대와는 반대로 원치 않는 방향으로 미친 듯이 변해가고 있는 것을 실감하고 있다. 갈수록 그 속도는 더 빨라지는 것 같다. 베이비부머가 불행하단다. 정말 그럴까. 베이비부머 다음 세대는 지금보다 덜할까. 준비 없는 사람들에게는 더 비참한 상황이 더 쉽게 오지 말라는 법이 없을 듯하다. 세대교체 역시 속도가 더 빨라지고 주기도 더 짧아질 것 같다.

정상으로 살기 힘드니 한탕 하잖다. 개싸움, 소싸움, 경마, 경정, 경륜, 하우스, 카지노, 인터넷 불법 도박! 이런 판에는 아예 눈길조차 주지 말자. 주식? 주식으로 돈 벌고 싶으면 작전할 상황이거나 공모주 발행할 일 없으면 쳐다보지 말자. 아니라면 패가망신만이 기다리고 있다. 누가 뭐라 해도 개미 입장에서 주식 투기는 절대 이길 수 없는 구조로 된 불공평한 게임이니 말이다.
주식이나 도박이나 거기서 거기다. 그러면 경매는 어떤가. 여러
분이 잘못 알고 있을지 모를 전혀 다른 세상을 보여드리겠다. 종
잣돈 없다고 경매 못 하지 않는다는 것도 보여드리겠다.

경매 투자자 일생은 이렇다.

🏠 1단계 – 달걀에서 병아리가 되기까지
🏠 2단계 – 삼계탕용에서 중닭으로 넘어가기
🏠 3단계 – 경매가 보이는 장닭과 폐계
🏠 4단계 – 창공에서 내려다보는 독수리 단계

장닭과 폐계의 경지인 도사 반열에 들어서려면 한두 번은 입
찰보증금을 날려서 경매세계의 쓴맛을 처절히 보는 것도 약이
되고 득이 된다. 물론 실수는 한 번으로 끝나야 하고, 수십–수백
배를 수업료 이상으로 챙겨 나오셔야 한다. 장닭 이상이 되면 정
말 경매가 보인다. 하자가 있어 중닭도 쳐다보지 못하는 물건들
을 유유자적 내 것으로 차지한다. 입신의 경지에서는 자신과의
게임이 있을 뿐이다.

1_ 시어미 며느리 흉보기, 옆에서 그 흉 엿듣기

크고 달콤하며 향기로운 과실의 전설

세상 모든 일에는 양지가 있으면 음지가 있는 것처럼 양면이 있는 것이 당연하다. 그런데 어떤 때에는 유난히 한쪽만이 강조되거나 강요하여 사실을 왜곡시킨다. 그중 하나가 경매다. 두 가지 오해가 있다. 하나는 앞에서 본 것처럼 부동산 경매의 본질에 관한 부분이고, 또 하나는 누구나 뛰어들기만 하면 모두가 놀라운 수익을 올릴 수 있는 마법의 상자라도 되는 것처럼 말을 하고 있다. 그런 인식이 별 의심 없이 당연하게 받아들여지고 있다.

신흥 종교 사이비 교주가 웅얼거리는 잘 들리지도 않는 해괴한 주문에 고개를 주억거리는 광신도들이 전국 도처에 출몰하고 있

108

다. 언제 시작해도 늦지 않은 것은 맞지만, 아무나 대박을 맞는다는 말은 한마디로 잠꼬대에 불과한 헛소리다. 보도록 하자.

경매는 Zero-Sum 게임인 주식시장과는 기본 구조가 판이하게 다르다. 기본적으로 참가자 모두가 Win-Win하는 구조인 것은 사실이다. 지금까지의 결과가 이를 증명하고 있다. 따라서 더 이상의 부연 설명은 필요 없다. 수고 다음에 돌아오는 과실은 다른 어떤 투자보다 크고 달콤하며 향기롭지만 과실을 누리려면 각고의 노력은 당연하다.

일반적인 재테크 투자처를 분류해보자.

🏠 예·적금

🏠 펀드

🏠 주식(선물, 옵션)

🏠 국채, 지방채

🏠 원자재

🏠 부동산으로 분류할 수 있다.

부동산을 다시 분류해보면.

🏠 매매

🏠 경매

🏠 분양권

🏠 재건축·재개발

🏠 상가 투자

지방 땅(전, 답, 임야) 등으로 나눌 수 있다.

부동산 투자처를 경매로 좁혀서 상황을 파악해보자.

경매 투자에 대한 말도 안 되는 오해들

경매하면 정말로 아무나 대박을 경험하는가. 그렇지는 못하다. 앞으로는 남고 뒤로는 손해도 날 수 있는 시장이다. 한 건 낙찰 받아 임대하고, 두 건 낙찰 받아 처분할 때마다 수천만 원씩 또는 그 이상 남는 것으로 계산된다. 한 건 두 건 경험도 쌓이며, 한 채, 두 채 부동산 개수도 늘어가는 것도 사실이다.

그러나 어느 시점에서 정산해보면 별로 남는 것이 없다. **'부동산 거지 되었다'** 라며 하소연하는 사람들을 쉽게 볼 수 있다. 남들 보기에는 엄청 잘나가는 것처럼 보이지만, 실상은 그렇지 않은 경우다. 이유는 두 가지다. 첫째는 들어온 돈을 놀리지 않고 확대 재투자한 때문이다. 엄살 부리는 분들이 대체로 이 부류다. 수중에 가용할 돈은 없어도 권할 만한 타입이다.

"좋은 물건 하나 걸렸는데 실탄이 없네, 실탄이."
"경매 투자하는 사람들의 공통적인 애로 사항이 그겁니다."
"그런가요?"
"그걸 느끼셨다니 중닭 수준에는 오셨네요!"

"병아리 수준은 지났다는 말이세요?"

"삼계탕용 수준도 지나셨다니까!"

"아무튼 물건은 천지에 보이는데 실탄이 없다니까."

"그동안 전부 몇 개 받으셨어요?"

"5개 받아서 2개 처분하고, 지금은 3개 가지고 있습니다!"

"처분하기 아까운 물건도 있으시죠?"

"가지고 있는 녀석들이 다 귀엽죠."

"그러면 아깝겠지만 제일 귀여운 녀석부터 처분해서 자금 융통하시는 것도 방법입니다."

"알기는 하지만 아까워서 그렇지요."

"목표 수익을 달성한 물건은 처분해서 자금 다시 보충하는 것도 나쁘지 않습니다!"

"매물로 내 놓으면 마음에 드는 녀석부터 팔려나가더라고요."

"그거야 당연하고, 또 다 들고 갈 수도 없고!"

"요즘 같은 부동산 하강기는 낙찰 받을 시점이지, 처분할 때가 아닌 것 같기도 하고."

"목표 수익률에 근접했으면 과감히 털어내고, 그 자금으로 다시 낙찰 받는 것도 나쁘지 않다고 봅니다!"

"그럴까요?"

목표 수익률을 달성했다면, 권할 만한 방법이다.

지금 이 부류는 문제가 심각한 부류다. 경매 투자하는 사람이 가장 경계해야 할 타입이다. 번 돈을 체계적으로 관리하지 못하는 이유는 여러 가지다. 중닭 정도의 어중간한 커리어를 가진 분들에게서 자주 발견되는 이 문제는 경매의 기본 구조와는 아무 상관 없다. 개인적 특성의 결과일 뿐이다. 낙찰 받기 위해 소모되는 비용을 간단히 보자.

- 물건 검색하고,
- 임장 활동(현장 조사)을 하고,
- 공적 서류 발급받고,
- 식사하는 정도의 시간과 비용은 소모된다.

이 정도 투자해서 낙찰 받지 못했다고 해서 망할 정도는 아니다. 법원 경매는 두 그룹으로 분류할 수 있다. 참가하는 내부 그룹과 참가하지 않는 외부 그룹으로. 내부 그룹끼리는 낙찰 받는 과정에서 경쟁할 뿐이다. 선의의 경쟁이다. 경쟁자 때문에 열 번 응찰에 실패했다고 그 정도로 망하지 않는다. 경매는 상대를 서로 갉아먹는 것이 아니다. 나와 경쟁하는 상대가 낙찰 받았다고 그가 내 것을 빼앗아가지 않는다. 경매가 아름다운 기본 구조다. 내부 그룹이 작을수록 내가 즐거울 수 있는 점 역시 매력이다. 경매는 참가자 모두가 승리하는 구조인 것이다. 얼마 전 지하철 옆자리에서 60대 초반으로 친구로 보이는 아주머니 두 분의 대화를 우연히 들었다. 경매하면 번다고 막연하게 믿는 분들의 전형이다.

시어미 며느리 흉보기, 그 흉 엿듣기

"이제는 **놈(아들 이름인 듯)네 집에 가기도 싫다니까."

"왜 그러니? 니 아들 잘났잖아. 장가갈 때 부럽기만 하더라!"

"웃기지 마라. 그러니 가기 싫다는 거지."

"왜 이쁘고 잘난 니 며느리가 눈치 막 주던?"

"눈치 정도가 아니고 그 ㄴㅕㄴ이 존댓말 꼬박꼬박 써가며 아주 대놓고 시에미를 냉대한다니까!"

"잘난 며느리 그럴 줄 알았어야지, 몰랐니?"

"이렇게 까지 ㅈㅣㄹㅏㄹ을 부릴지 정말 몰랐다니까!"

"그 정도야~?"

"가정교육을 어떻게 받았는지, 창피해서 말이 안 나온다."

"그래도 너네는 손자 새끼들 사탕 값이라도 줄 수 있으니 그나마 덜하지?"

"그러게 말이다. 없었더라면 아주 치 떨리는 꼴을 당할 뻔했다니까!"

"돈 없다고 엄살 한번 부려보지 그러냐?"

"내가 미쳤냐, 굶어 죽어도 그 ㄴㅕㄴ 것은 안 먹는다!"

"비싸게 키웠잖아, 니 아들놈들."

"그래, 무지하게 비싸게 키웠지."

"내가 뭐라던? 그러니까 본전 톡톡히 뽑아야지!"

"그런 말 말라니까. 다 물 건너간 소리라니까."

"너 속 뒤집히겠다."

"염장 그만 질러라."

"요즘 젊은것들 돈 앞에서 무섭다더라. 니 며느리만 그런 게 아니다."

"그 ㄴㅕㄴ 하는 꼬락서니를 보니 돈 없는 시에미는 인간도 아니겠더라!"

"그러면 니 아들놈은 뭐라고 하는데?"

"뭐라고 하기는, 찍소리도 안 하지."

"안 하는 게 아니고 못 하는 거겠지?"

"그러니 내 복장이 더 터진다. 내 새끼지만 맘에 안 든다고!"

"니 서방은 뭐라고 하는데?"

"그 인간~! 으레 그러려니 하란다."

누구에게는 아들이지만 누구에게는 남편이다. 남자 하나를 두고 계속되는 두 여자의 갈등은 관계가 험악해지기가 십상인가 보다. 시어머니의 육두문자는 계속된다.

"그 말이 맞다니까. 혈압 올려봐야 우리만 손해라니까. 요즘 젊은 ㄴㅕㄴ들 눈 하나 깜짝 안 해요."

"나이 더 먹기 전에 뭐라도 하든지, 배우든지 해야겠더라!"

"이거 왜 이래, 부잣집 마나님이 엄살떠시기는!"

"엄살이 아니라니까. 아들놈은 절대 노후 대비용이 아니더라. 너도 빨리 정신 차려라."

"뭐가 있을까?"

"요즘 다시 해외펀드가 좋다고 하더라!"

"얘~ 그런 소리 마라, 브라질 곡물펀드에 들어갔다가 −28% 맞았다."

"가만 안 있었겠다."

"너도 알잖아, 내 성질! 난리 몇 번 쳤더니 담당을 다른 데로 보내버리더라. 죽일 놈들, 남의 돈을 그렇게 무책임하게 굴려."

"은행 탓하면 뭐하냐?"

"아무튼 해외펀드는 다시는 안 한다. 2년 전에도 중국펀드에 들어갔다가 물 또 먹었잖아!"

"그러면 뭐가 좋을까?"

"우리 동서가 경매 배우러 다닌다고 하더라!"

"부동산 경매~! 그거 한물 간 거 아니냐?"

"나야 모르지. 동서는 누구한테 들었는지 열심이더라니까."

"그러디? 그러면 우리도 한번 배워볼래?"

"그럴래? 그런데 공부는 니가 해. 니가 하자는 대로 따라갈 테니!"

"싫다, 같이 하면 해야쥐~! 나 혼자는 안 해. 한번 알아볼까?"

"그러면 니가 다 알아봐~!"

우아하게 늙어갈 고민은 월급쟁이에게만 해당되는 것이 아닌가 보다. 대강 먹고살 만한 중산층의 아주머니도 비슷한 고민들을 하고 있었다. 자식 농사에 올인하는 것이 정답인가는 생각해 봐야겠다. 내 이야기가 아니라는 법이 어디 있겠는가. 가난하게 늙고 병들고 난 다음 자식 놈들이 눈길조차 주지 않는다고 그때 가서 원망할 일이 아니다. 그렇다면 지금부터라도 어떤 길을 가는 것이 옳은가를 고민해보자. 아직 늦지 않았다.

21세기는 이럴 줄 알았었다

21세기가 도래하면 알약 하나로 하루 식사가 해결되고, 누구나 행복할 줄 알았던 때가 있었고, 사람들이 있었다. 세상은 기대와는 반대로 원치 않는 방향으로 미친 듯이 변해가고 있다. 갈수록 그 속도는 더 빨라질 것 같다. 88만원 청춘은 제대로 된 시작조차 못 해보고 시들어가고 있고, 45세에 퇴직당하고 다시 45년을 더 살아야 하는 시대가 되었다. 비정규직과 권고사직, 명예퇴직이 보편화된 선진조국(?)에서 저금리는 누구도 되돌릴 수 없는 시대 아이콘이 되었다. 지난 연말에 친구 몇 명이 송년 번개 모임을 했다. 예고 없이 깃발을 들었는데 너나없이 환영했다. 오전에 공지를 했는데 저녁에 10여 명이 모였다. 안주의 주제와 내용은 듣지 않아도 뻔하지만 한번 들어보자.

"우리보고 불쌍하다고들 하는데 내가 보기에는 아니다."
"뜬금없이 무슨 공자님 말씀이시냐!"

"요즘 우리(세대)가 동네북이잖아."

"야~ 그만해라, 술맛 떨어진다."

"막말로 여기 있는 우리야 청춘을 다 바치고 이 한목숨 다 바쳐 죽어라 일한 죄밖에 더 있냐?"

"알았어! 그랬으니 그만하시라니까!"

"아니라니까, 한번 들어보라니까."

"부동산 교수님의 개똥철학을 들어보라는 말씀이지, 그래 말씀 한번 해봐라!"

"내가 보기에는 다음 애들이 우리보다 훨씬 더 불쌍하다."

"뭔 말씀이시냐? 우리 코가 석 자인데, 우리 말고 또 누가 낀 세대라고 더 불쌍하다고 그러시나."

"다음 친구들이 더 불쌍하다니까!"

"요즘 젊은 놈들 능력 없다고 대놓고 우리를 괄시하는데 불쌍하기는 뭐가 불쌍해?"

"생각해봐라, 지금이야 우리가 젊은것들한테 밀리고 있다지만 지들이라고 어쩔 것 같으냐?"

"들어보니 말 일리가 있네!"

"출발도 못 하고 비정규직이라지?"

"하기는 그렇다!"

"정규직으로 출발한다고 해봤자 5년, 10년 안에 그 친구들이라고 뭐 다를 것 같으냐?"

"우리 꼴 당한다는 말이지!"

"더 거칠지 않을까?"

"미국 꼴 난다고 봐야지, 이미 그런 징조도 나타나고 있고."

"그렇다니까. 갈수록 입사에서 퇴직까지 주기가 짧아지고 강도도 세질 거 아냐?"

"그렇겠지. 세지면 세지지, 약해질 일은 없을 테니까!"

"우리나라가 가진 게 뭐 있냐? 우리 같은 불쌍한 청춘들 말고는."

"하기야 솔직히 말해서 우리들 기름 짜서 이만큼 먹고살게 되었지."

"강도가 갈수록 훨씬 세지잖아. 기름 빠지고 나면 폐차되는 거고."

"출력 높이려고 가짜 휘발유 들이붓고는 가속도 높이려고 미친 듯이 액셀 밟아대는 꼴이지."

"죽일 놈들! 엔진 오래 못 가는 것에는 관심이 없다니까!"

"관심 가지면 이상하고 엔진 오래가면 더 이상하잖아?"

"출력 떨어지면 고치겠냐? 차 바꾸지. 그리고 또 그 짓하지!"

"누가 뭔 차를 바꿔?"

"누가 바꾸기는, 더 젊은 친구들로 바꾸는 거지."

이 대목에서 한 잔을 모두가 한숨에 들이켰다. 내가 다 봤다. 친구들이 공감하는 것을 말이다. 대화 내용에 영양가는 많지 않지만 이런 자리를 함께할 수 있는 친구들이 있다는 것만으로도 세상 살아가는 에너지원이다.

연식에 상관없이 출력 낮아지면 폐차(?)

"연식에 상관없다는 말이지."

"폐차되는 거하고 연식하고는 아무 상관 없습니다."

"헌 차 고쳐 쓰는 것보다 새 차 구입하는 게 비용 덜 들거든!"

"할 말 없네! 그렇게 따지면 차라리 우리는 그나마 해피하다는 말씀이시네!"

"어떤 각도에서 보는가에 따라 다르게 해석할 수 있다니까."

"부정적으로만 보지 말자, 그 말이지?"

"그렇잖아. 오히려 일찍 쫓아내는 게 감사하다고 생각해야 다시 뭔가 해볼 용기가 생길 것 아니냐!"

"공자님 같은 말씀이시다."

"세상이 더럽게 변한다고 원망만 해서는 답이 안 나온다니까."

"원망하는 게 아니라 사실이잖아!"

"알아, 그렇지만 그래서는 답이 안 나온다니까."

"「콜럼버스 달걀」로 보자 그 말인데."

"그렇지!"

"한번 생각해볼 가치가 있는 이야기다."

"마음먹기에 달려 있는 거야. 일체유심조(一切唯心造)라니까!"

"그래~ 우 박사, 자네 맞는 말이다."

"술값 제대로 했지?"

"그래, 오늘 술 마시러 잘 나왔다야!"

슬픈 군상들이 옥신각신 목소리를 키우며 비상 탈출구를 찾는데 열중이다. 퇴직의 벼랑으로 내몰리고 있는 베이비부머가 불행하단다. 정말 그럴까. 베이비부머 다음 세대(20~30세대)는 지금보다 덜 슬플까. 준비 없는 사람들에게는 더 비참한 상황이 오지 말라는 법이 없을 듯하다. 세대교체 역시 속도가 더 빨라지고 주기도 더 짧아질지 모르겠다. 또 판을 깨는 친구가 있다.

경마도 도박, 경매도 도박이다?

"경매도 도박이잖아?"

"뭔 정신없는 소리냐!"

"경마나 경매나 '고위험-고수익' 아니야? 그러니 둘 다 도박이지."

"입 아프다, 다르다고 또 설명해야 하니. 경마(도박)는 '고위험-제로 수익률' 이고 경매는 '저위험-고수익' 이지."

"돈 놓고 돈 먹기는 마찬가지 아니냐?"

"도박이 '돈 놓고 돈 잃기' 고, 경매는 '돈 없이 돈 먹기' 다, 구도가 완전 다르다."

"돈 없이 돈 먹기라고?"

"기본이 안 되어 있으면 이해하기 어렵다!"

"무슨 일이든 기본이 중요하다는 말은 동의한다?"

"누가 무슨 말을 하면 이제는 이면이 궁금해지는 나이들이 되었다."

"표리부동하게 말하는 사람들 이 쪽에도 많다!"

"그러겠지. 치열한 시장이잖아."

"시장상황 역시 빠르게 변하고 있다!"

부동산 투자 환경 역시 과거와는 전혀 다른 패턴과 속도로 변하고 있다. 일부에는 아직도 오해의 뿌리가 깊다. 그렇지만 세상의 변화로 경매도 덕 좀 보았다. 경매 투자가 불법체류자(경매≠경마=주식=도박=개싸움=소싸움) 신세는 외환위기 때 이미 졸업하였다. 영주권은 취득하였으며, 어느덧 시민권 취득을 목전에 두고 있다. 더 나아가 로열패밀리 대열의 입성 또한 시간문제일 뿐이다. 이 같은 주관적인 환경 변화와 함께 객관적인 경매 환경도 급변하고 있다. 그런데도 지금까지 본 것처럼 경매를 아직도 도박 수준으로 인식하는 사람들이 필자 주변에도 가끔 있다. 정말 그런가 한번 보자.

'경매≠경마=주식=하우스=카지노=개싸움=소싸움' 구조다.

2_ 개싸움, 소싸움, 주식, 경마, 카지노, 하우스

도사가 들려주는 도박 세계
Stock, Stock-futures, Options(주식, 선물, 옵션)

"도사(필자가 그냥 일방적으로 부르는 주식 전문가의 별명)님이 쓴 주식 책 잘 팔린다면서요?"

"웃어야 할지 울어야 할지 난감합니다!"

"책 많이 팔리면 좋지, 무슨 말씀이세요?"

"주식 해서 돈 버는 사람은 대한민국에서 불과 몇 사람 안 되거든요."

"그러니까 도사님 책이 더 잘 팔려야 하는 거 아닌가요?"

"뭐라고 말하기 난감합니다. 어차피 주식시장은 상대를 죽여야 내가

승리하는 싸움이니까, 상대방 잘 죽이라고 코치하잖아요. 그것도 개미
가 개미한테!"

"싸움이라는 것이, 어떤 싸움이든 일단 시작하면 상대를 제압해야
하는 것은 말할 필요가 없는 거 아닌가요?"

"그러니 개미들만 죽어나가는 거죠. 몇 푼 들고 시작해봐야 결과는
뻔할 뻔자 아닙니까?"

"국가가 허가해준 공식 도박장이라고 하는 사람도 있어요!"

"옳은 말입니다. 좋으면 좋은 대로, 죽어버리면 죽어버리는 대로 개
미만 죽어납니다."

"나쁠 때야 까먹겠지만, 좋을 때도 그런가요?"

"다시 말할 일이 아닙니다. 현물이든 선물이든 기본 구도는 개미가
박살 나게 설계되어 있습니다."

"기본 구조가 그렇다는 말이세요?"

"그렇다니까요. 판 자체가 개미를 잡아 죽여 기관이나 외국 세력이
먹고사는 구조라니까요?"

"개미 잡아먹고 자기들 산다는 표현이 공감이 가네요."

"미수까지 끌어다 주식하는 사람은 말아먹는 건 시간문제죠!"

"막말로 돈 놓고 돈 먹기 아닌가요?"

"우량주든, 개잡주든, 테마주에 올인하든 주식은 개미한테는 아닌
것 같아요."

"양 방향에서 먹는 선물은 주식하고 다르지 않나요?"

"양 방향에서 죽이는 선물이나 옵션이 더 확실히 개미들을 망가뜨리
죠!"

“잘만 읽으면 양 방향에서 확실히 먹는다고 그러던데!”

“얼마 전 모 대기업 회장님 일가가 선물로 수백억 원 까먹고 회사 돈으로 메꿨다가 횡령 혐의로 조사받고 누구는 구속되고 그랬잖아요?”

“알고 있습니다!”

“수십억 ~ 수백억 원 동원하는 큰손들도 판판이 깨지는 판이 선물이고 옵션입니다.”

“먹으면 많이 먹잖아요?”

“그게 아닙니다. 허리 부러지는 건 언제나 개미라니까요.”

“그런가요!”

주식 책 쓴 저자가 주식시장에 대해 가지고 있는 견해다. 아니까 할 수 있는 소리라고 생각한다.

작전하거나 주식 공모하거나

“주식으로 돈 버는 방법이 두 가지 있어요.”

“말해주세요!”

“한 가지는 작전 세력하고 결탁해서 주가 조작하는 겁니다.”

“그러다가 잡혀가잖아요.”

“일 터지면 그때 가서 고민하는 거죠. 작전하다 잡혀가는 일이 있더라도, 할 수 있으면 해보겠다는 사람들이 줄을 서 있습니다.”

“또 하나는 뭔가요?”

“기업을 차리든 「인수─합병」하든 해서 증자하는 거죠!”

"그것도 결국은 주가 조작하는 작전이잖아요?"

"같을 수도 있고, 다를 수도 있어요!"

"제 주변에는 5%만 먹자는 목표로만 주식하는 사람도 있는데!"

"그 양반한테 하루라도 빨리 그만두라고 하세요."

"왜요~!"

"그런 사람들 거래하는 주식은 100% 잡주입니다."

"잡주라고요~?"

"그럼요~! 잡주도 보통 잡주가 아니고 100% 개잡주죠!"

"아까부터 잡주! 잡주! 하는데 잡주가 뭔가요?"

"거래량이 얼마 안 되고, 총액도 작아서 몇 사람이 들어갔다 나갔다
하면서 장난치면 하루 종일 롤러코스터를 타는 놈들이 있어요."

"아, 그렇구나~!"

"그런 종목에 물리면(잘못 걸려들면) 깡통 차는 건 한순간입니다."

"5%도 어렵다는 말씀이세요?"

"그렇죠~!"

"취직 대신 전업 투자자로 아예 나서는 사람들도 많아진 것 같아요!"

"요즘 젊은 친구들 취직 안 되고 하니까 가지고 있는 돈에다가 여기
저기서 푼돈 끌어모아 단타치기 하는데 깡통 되는 거 시간문젭니다."

"단타치기라면 홈트레이딩시스템(HTS) 말씀이신가요?"

"전에는 컴퓨터로만 했는데 이제는 스마트폰에 앱 받아 깔아놓고 시
도 때도 없이 거래하는 거죠. 할수록 개평만 뜯기죠."

"저한테 수업 듣는 학부생들도 주식을 꽤 여러 명 하더라고요."

"대학생 투자자들이 많이 늘었어요. 코흘리개들 꼬여서 코 묻은 돈

갈취하는 거죠!"

"일일 10만 원 먹기가 목표라는 학생도 있었어요, 아르바이트보다 훨씬 낫다며, 수업 중에도 스마트폰으로 거래하는 친구도 있어요, 말려도 말 안 들어요."

"가당한 이야긴가요? 웃기는 소리지. 100만 원이고, 5%고 잘못 끌려 들어가면 본전 날아가는 거 시간문젠데!"

"그런가요?"

"저는 주식을 증권회사에 입사해서 정통으로 배운 '성골' 족입니다."

"그런 것도 있나요?"

"케이블TV 보면 증권 전문가들 나와서 확신에 차서 이런저런 말들 많이 하잖아요?"

"가끔 보는데 말을 너무 과격하고 거칠게 표현하더라고요!"

"구사하는 표현이 문제가 아니라, 실력이 문제죠!"

"하기는 그렇죠, 들판에서 배운 사람이 더 현장을 더 잘 알 수도 있기는 하지만."

"그건 경매도 대강 마찬가지입니다."

좋은 대학(스카이 대학) 졸업과 동시에 대형 증권사에 입사해서 실력을 인정받은 정통 증권맨이다. 여러 증권사와 외국계 금융기관에서 쌓은 노하우를 바탕으로 금융상품 투자 전문가로 왕성한 활동「경제지 기고, 집필, 강연, 투자, 사설 펀드, 주식 상담」을 하고 있는 현직 프리랜서다.

이미 시작했으면 하루라도 빨리 손을 씻으란다

"이 사람들 「성골–진골–6두품–백정」 출신으로 딱 구분되어 있습니다. 추천 종목이나 취급하는 종목만 봐도 출신 성분을 금방 알 수 있어요!"

"출신이 좋은 사람이 실력이 더 좋다는 말이세요?"

"그런 건 아니지만 결정적일 때 차이가 나죠."

"무슨 말씀이세요?"

"자기 욕심 가지고 골몰하는 사람들은 정통파를 못 따라갑니다!"

"자기 욕심이라고요?"

"몇 푼 더 먹겠다고 욕심 부리다가 타이밍 놓쳐 전체를 망치는 거죠."

"바둑하고 비슷하네."

"비슷한 게 아니고, 같은 이야기입니다. 소탐대실이죠, 그런 사람 목소리가 더 크게 잘 먹히는 것이 주식시장입니다."

"시황 추천을 보면 추천 종목들 있잖아요. 자신만만하게 권하고 딱 부러지잖아요. 저번에 무슨 종목 추천해서 얼마 먹었다, 기억나느냐 하면서요."

"박사님! 30개 추천해서 2개 적중시키면 그게 추천입니까? 야바위고 사기지. 그런 추천은 초딩들도 할 수 있습니다!"

"재미있네요!"

"아사리판도 그런 아사리판이 없는 거죠, 피도 눈물도 없는 판입니다."

"옛날에 된통 당해봐서 대강은 압니다."

"개미가 주식으로 돈 번다는 거 낙타가 바늘구멍 통과하기보다 어렵습니다!"

"그 점은 동의합니다."

"박사님, 제가 주식으로 돈 버는 진짜 방법 알려드릴까요?"

"네~에, 말씀해주세요."

"하루라도 빨리 주식에서 손 떼는 게 버는 길입니다."

"주식 책 쓰시는 분이 그렇게 말씀하시면 어떻게 합니까?"

"악어의 눈물이고, 불편한 진실이죠!"

주식 투자 이야기가 길어졌다. 경매 책 관계로 알게 된 주식 전문가와 내 사무실 인근에서 저녁 식사를 겸해 한잔하면서 들은 충고다.

경매 투자 VS 주식, 보험, 펀드 투자

"내가 사면 떨어지고 팔면 오르냐!"

"개미 팔자가 그렇지, 그런데 아직도 주식 하나?"

"그러면 어떡하냐, 본전은 찾고 나가야지!"

"본전이라, 외환위기 전부터 들은 소리다."

"될 듯 될 듯 10년 넘었다."

"얼마나 해 먹었냐?"

"글쎄 까먹기만 했겠냐! 먹을 때도 있었지!"

"전체로 볼 때 결과가 어떤가 물어보는 거다."

"그래도 자네 덕택에 한두 건씩 투자한 경매로 잘 버텨왔다."

재미있게 읽은 재테크 관련 책이 한 권 있다. 내용 중에 주식의 단타거래(데이트레이드)에 대하여 미국의 데이트레이더 중 약 80%가 1년 안에 깡통을 찬다는 통계가 발표되었다는 것이다. 그렇게까지 심한지는 본인이 알 수는 없지만, 우리나라 역시 단타거래에 매달리는 주식 투기자들치고 재미 보는 사람은 거의 없다.

우리 민족처럼 성질 급하고 화끈한 민족도 세계에서 찾아보기 어렵다고 한다. 그래서 첨단 IT 분야 등에서는 세계에서 유례를 찾을 수 없을 만큼 빠른 속도로 성장했다고 자랑스러워하는 기사가 신문을 도배한다. 그러나 이처럼 빨리빨리에 익숙한 화끈한 성격은 적어도 주식 투기에서는 '쥐약 중 쥐약'이다. OECD 국가 중 주식매매회전율이 우리나라가 상위에 속한다는 자랑스러워하는(?) 기사를 본 적이 있다. '장기투자'라는 투자의 원칙이 우리 민족하고는 잘 맞지 않나 보다. 하루에도 20~30차례 이상 매도·매수 주문을 날리는 사람도 본 적 있다.

개미는 절대 이길 수 없는 구조

누가 뭐라 해도 개미 입장에서 주식 투기는 절대 이길 수 없는 구조로 된 불공평한 게임이란다. 단타든 장기든 말이다. 주식으로 성공하고 싶으면 공모주 청약을 하지 말고 공모주를 발행하시란다. 그러면 성공할 수 있다고. 그러지도 못하면서 까먹은 본전 생각에 하루 온종일 모니터 앞에 앉아 시뻘겋게 충혈된 토끼 눈으로 모니터 째려보아야 느는 건 결국 빚 뿐이란다. 자신의 이야기라면 독하게 맘먹고 이참에라도 손을 떼는 것이 재기할 수 있는 계기란다. 100명이 투자를 해서 10명이 성공했고 90명이 실패했다고 하자. 죽어나간 90명에 대한 이야기는 누구도 귀 기울여주지 않는다. 벌었다는 10명의 찬송가만 울려 퍼지고 있다. 판단은 본인의 몫이니 더 이상 말씀드릴 수는 없다.

- 개별적으로는 경영실적 대비 저평가되어 있단다.
- 이미 반 토막 나 주식시장 전체가 지금이 바닥이어서 더 내려갈 게 없단다.
- 잘 아는 종목이어서 사놓기만 하면 버는 것은 시간문제란다.
- 가치주란다.
- M&A 대상이란다.
- 증자 예정주란다.
- 대세 상승기란다. 이렇게 반문하실지 모른다.

지금 처분하지도 못하고 끙끙 앓고 계시는 그 애물단지를 사실 때는 어떠셨는지 회고해보시라. 시금 핀단하고 얼마나 다른지. 각개 전투에서는 몇 번은 이길지 몰라도 지는 게임에 매달려서는 전쟁에서는 결코 승리할 수 없다.

주식 투자, 선물 옵션 투자로 자신의 재산뿐만 아니고 일가친척의 재산까지 끌어들여 날린 사람들의 이야기는 수없이 많다. 남의 숙주 노릇하기 싫으면 당장 떠나라. 주식의 처참함을 들려준 성골 출신의 전문가와는 달리 또 다른 증권 전문가가 있다. 그분이 쓴 책(『나는 주식을 떠나 선물 옵션으로 간다』 한성주저) 본문 중 "우리를 안타깝게 하는 사연들"이라는 소제목에 실린 사연과 글을 인용한다.

 **주식중독에 빠진 아빠를 어찌해야 하나요**

단란하고 별문제 없이 행복했던 우리 가족이 아빠의 정년퇴직과 함께 전업으로 주식 투자를 시작하시면서….

빚더미에 앉게 된 건 물론이고 가족이란 의미가 무색해졌네요. 제가 살아온 30년 동안 가장 힘든 시기인 것 같습니다. 아빠가 10년 넘게 주식 투자를 하셨구요. 날린 돈은 10억 정도 된다는 걸 얼마 전에 알았어요. 지금 가진 건 시골집에 조그마한 땅이 전부인데, 그걸 담보로 마이너스 대출까지 받으셔서 주식 투자를 하시고 현재도 빚을 지셨네요. 엄마는 많은 나이에도 불구하고 일을 하러 다니세요. 그런 엄마가 불쌍하지 않으신지.

작년, 올해까지 주식으로 많은 빚을 지고 나서는 더 소원해지셨고 엄마도 아빠에 대한 믿음을 완전히 잃어버리신 건 물론인데 문제는, 대화를 해야 하는데 아빠는 엄마와 대화를 원하지 않으시고 뭐라 하면 죽어버리겠다고만 하십니다.

처음엔… 사랑하는 가정이 깨어지는 게 두려워서 엄마에게 참아달라고만 부탁했고 아빠에게 더 잘해드리려고 노력했는데…. 이러다가는 엄마가 먼저 쓰러지실 것 같아요. 저는 시집 가서 어린 아기가 있고 친정이랑 멀리 살아서 자주 가볼 수도 없습니다. 너무 답답해서 잠도 오지 않고 먹고 싶지도 않네요. 아빠는 술도 못 드셔서 친구도 많지 않으세요. 주식을 끊으라는 건 죽으라는 거와 마찬가지일 수도 있지만 그렇다고 가족들이 모두 빚더미에 앉을 수는 없잖아요. 나이 많으신 엄마가 일하시는 것이 넘 안쓰럽고 퉁퉁 부은 손을 보면 정말 눈물만 나옵니다. 엄마는 힘든 상황을 혼자 견디고 말도 잘 안 하시는 분이라 더 걱정이 됩니다. 어떻게 하면 좋을까요? 아빠 주식을 끊게 하고 다시 행복한 가정을 만들 수는 없을까요? 아니면 최후의 수단으로 이혼을 생각해야 하는 걸까요? 도와주세요….

〈네이버 지식in〉

 ## 전 은행원 '주식 투자 실패 비관' 두 아들 살해 후 자살

주식 투자 실패를 비관한 전직 은행원이 지체장애가 있는 두 아들을 살해하고 스스로 목숨을 끊었다. 27일 오후 7시 20분께 서울 광진구 중곡동의 한 연립주택 오 모(44) 씨 집에서 오 씨와 고교생인 두 아들이 숨져 있는 것을 부인 이 모(43) 씨가 발견해 경찰에 신고했다.

발견 당시 오 씨는 발코니에 목을 매 있었고, 지체장애인인 두

132

아들은 한 방에서 숨져 있었다. 거실에서는 "주식 투자에 실패해 2000만 원의 빚을 져 고민이 많았다. 아이들은 내가 데려가겠다"는 내용의 메모가 발견되었다. 경찰은 은행원으로 일하다 2년 전 퇴직한 오 씨가 주식에 손을 댔다가 빚을 지게 되자 지체장애가 있는 두 아들을 목 졸라 숨지게 하고서 스스로 목숨을 끊은 것으로 보고 정확한 사인을 조사 중이다.

(2010.04.27. 국민일보)

 장기철 12억 투자 손실 펀더멘털 무시, 물 타기

한때 '선물귀재'로 이름을 날렸던 장기철 전 대신증권 부장이 2년 동안 코스닥 종목을 장내매매하면서 12억 원 정도를 손해 본 것으로 나타났다. 장 씨의 이번 투자 실패는 펀더멘털이 튼튼하지 않은 기업에 투자하지 말라는 투자 원칙과 '물 타기'를 하지 말라는 증시 격언을 어긴 것으로 투자자들에게 상당한 교훈을 남겨주고 있다.

서신평정보 주가는 장 씨의 기대대로 움직여주지 않았다. 서신평정보 주가는 2000년 9월 말 1200원대에서 하락하기 시작해 반등다운 반등 없이 추락했다. 지난 10일에는 360원까지 떨어졌다. 장 씨는 25억여 원을 투자해 서신평정보 268만 주를 샀으나 건진 돈은 13억 원에 불과, 12억 원을 손해 봤다. 장 씨는 이번 실패로 선물 투자로 얻었던 명성에 금이 가게 됐다.

(2001.09.12. 한국경제)

초보 투자자도 전문 투자자도 예외가 없이 안타까운 사연들이 줄을 잇는다. 지금도 주식 관련 카페에 가보면 이런 유의 글들이 산더미를 이루고 있다. 주식 도박에 빠진 사람들은 하루라도 빨리 여기서 빠져나오는 것이 현명하다.

보험[保險-insurance]은 사업비가 18%

보험! 보험은 어떤가, 보험을 재테크로 생각하는 사람들이 가끔 있다. 아무리 생각해봐도 이상하다. 보험 들고 돈 버는 방법은 딱 하나다[1]. 일가친척 다 동원해서 '보험 사기' 치는 것 말고는 다른 방법이 없다. 죽어서 받는 보험이야 나 아닌 다른 사람에게 보험금이 지급되니 재테크로서는 그다지 의미가 없다. 물론 질병이나 재해 등으로 다쳐서 보험 혜택을 받는 분들은 여기서 빼자. 보험사 굴러가고, 직원들이 먹고살고, 이익이 발생하는 종잣돈은 우리가 내는 보험료일 뿐이다. 보험회사가 수익을 높이려고 주식에 투자하든, 채권에 투자하든, 부동산 개발 사업을 하든 결국 우리가 내는 보험료가 종잣돈이라는 진실은 변함이 없다. 실적을 올리려고 또는 사기 진작 차원에서 '우수 보험설계사'나 '영업 지점 직원'들이 단체로 가는 봄가을 제주도 여행이나, 한겨울에 동남아로 떠나는 여행 경비도 우리가 내는 돈이라는 사실에는 변함이 없다.

"사업비가 18%라는 말은 무슨 말인가요?"

"간단하죠!"

"뭐가요?"

"보험회사가 자기네들 먹고살려고 우리가 내는 보험료에서 빼가는 돈이 18%라는 말입니다."

"그러면 우리가 결국 보험회사 먹여 살리는 거네!"

"그렇죠, 납부하는 보험료가 1만 원이라면, 1,800원을 자기들 유지비로 사용한다는 말이죠!"

은행 예 · 적금(펀드)

필자가 경험한 은행이 우리를 VIP나 사람대접할 때는 돈이 있을 때뿐이다. 아니면 이용 가치가 있을 때거나. 은행 역시 고객인 우리 돈으로 먹고산다는 점에는 아무런 차이가 없다. 그러나 문제는 몇 안 되는 하인들이 대부분의 주인보다 더 잘 먹고, 폼 잡고 산다는 데 있다. 본말이 확실히 뒤집혀 있다는 점만 말씀드린다.

개싸움, 소싸움, 경마, 경정, 경륜, 카지노 등등

「온-오프」라인에서 벌어지는 도박 종류의 대강이다. 이외에도 더 있을 것이다. 동남아 국가들처럼 닭싸움(투계:鬪鷄)에는 돈은 안 거는 것 같다. 그 자리를 개와 소가 대신하고 있다.

개싸움(鬪犬)

무섭게 생긴 개끼리 물고 물리며 죽기를 각오하고 피 튀기는 싸움질을 하게 한다. 시합전에 이길 것으로 판단되는 개에게 돈을 건다. 어느 개가 이겨주면 이긴 쪽에 돈 건 사람들끼리 돈 건 액수의 비율만큼 진 쪽이 건 돈을 나누어 갖는다. 이런 판에서 돈 버는 사람은 누구인가. 한 판 이겼다고 환성을 지르는 사람인가. 천만의 말씀이다. 이 싸움판에서 돈 버는 사람은 주최 측뿐이다. 국도변 모텔 방에서 도박판이 벌어졌다고 해보자. 누가 최종적으로 웃겠는가. 인근 중국집 사장님과 방을 빌려준 모텔 주인이다. 아니면 꽁짓돈 빌려주고 방값 대신 내준 주최 측이다. 같은 이치다.

소싸움(鬪牛)

전통 민속놀이라는 이름으로 한참 광고를 하고 있는 경북의 어느 지방 분들에게는 조금 미안한 이야기다. 소싸움이 전통 민속놀이여서 허용하고 권장되어야 한다면, 개싸움도 우리 민족이 즐겨 했던 투전놀이 중 하나다. 개싸움과 소싸움의 차이는 싸우는 짐승이 개에서 소로 바뀌었다는 것 말고는 어떤 차이가 있는지 알지 못하겠다. 소는 허용되고 개는 불법인 이유가 자못 궁금하다. 누가 뭘 근거로 그렇게 정했을까. 만약 개들이 이를 안다면 지 이빨이 빠지도록 물어뜯어 버리고 싶을 것 같다.

경마(競馬)

여러분들이 너무 잘 아시니 더 설명하지 않겠다. 경마 해서 부자

되었다는 사람 있으면 같이 한번 만나보고 싶다(경마와 경매를 혼동하지 마시기 바란다). 진심이다. 패가망신의 고속도로다. 전국 곳곳에 설치된 장외 경마장은 뭔가. 말 한 마리 보지도 못하면서도 전광판이나 쳐다보고 미친 듯이 소리 지르다 돈 날리라고 만들어 놓은 독버섯이다. 경정, 경륜도 마찬가지다. 시골 친구 중에 유난히 잡기에 강했던 친구가 있다. 해남에서 혈혈단신 상경해서 개인택시까지 가졌었다. 경마로 개인택시 홀라당 날리고, 영업용 택시 운전하고 있다. 돈만 생기면 여전히 그 짓이다. 조카들과 제수씨한테 잘려서 고시원에서 그냥 혼자 잔다. 그 친구를 볼 때마다 인간이 할 짓이 아니라는 생각뿐이다.

경정(競艇)

한강 상류인 경기도 하남시 미사리에 있는 모터보트 경기장이 도박장이다. 경마가 달려주는 녀석이 말이라면, 경정은 소형 모터보트라는 차이가 있을 뿐이다.

경륜(競輪)

이번에 달리는 녀석은 동그라미가 두 개인 자전거다. 경기도 광명에 도박장이 있다.

하우스 도박

하우스 도박의 특징은 무대가 전국이라는 것이다. 저녁 TV 뉴스에 단골로 등장하는 메뉴다. 3분 동안만 저녁 9시 TV를 시청해보

자. 경찰이 한밤중에 야산에 있는 비닐하우스 도박장을 습격하고, 카메라는 흔들리며 함께 뛰어든다. 순식간에 아수라장이 된다. 도박(카드, 고스톱, 섰다, 도리짓고땡, 아도사끼 등)에 미쳐 가정을 팽개친 아주머니 아저씨들이 얇은 담요 한 장에 뒤엉켜 카메라를 피한다.

수표-현금이 수백만 원씩 나뒹구는 화면은 이미 익숙하다. 몇 사람은 안 잡히겠다고 비닐하우스 옆 구멍으로 탈출에 성공해서 야산으로 달아나다가 개 끌려오듯 잡혀오는 장면 또한 언제나 비슷하다. 하우스 도박장이 야산에만 있는 것은 아니라고 한다. 도박이 뭔지 몰라 이해가 잘 안 되는 분들은 필자가 좋아하는 미녀 김혜수와 멋쟁이 백윤식의 연기가 너무나 사실적인 영화 '타짜'를 감상하시면 충분하다.

인터넷 사설(불법) 도박2

사설 불법 인터넷 도박시장의 규모가 연간 32조 원이고, 인터넷 도박이 갈수록 기승이란다. 신문 기사를 검색하니 그렇단다. 경찰의 추정으로는 개설되어 있는 불법 도박 사이트가 천여 개란다. 얼마 전에 세상을 떠들썩하게 했던 전북 김제의 마늘밭에서 나온 110억 원이 불법으로 인터넷 도박장을 개설해서 벌어들인 돈이었다는 것은 다 아는 뉴스다. 결국 누구의 돈이었을까는 물어볼 일이 아니다.

정선카지노

중고차를 가장 싸게 살 수 있는 곳이 강원도 정선이란다. 강원도 산골짜기에 서울의 장안평이나 문정동처럼 중고 자동차 시장이 있느냐고 물어보시는 착한 분들도 계실 것이다. 정선은 또한 성매매를 가장 싸게 할 수 있는 곳이란다[3]. 강원도 정선카지노의 비극은 더 말할 일이 아니다. 필자는 정선카지노에 미쳐 서울 지하철 2호선 건대입구역 인근의 수십억 원짜리 상가 주택을 경매로 날리고 노숙자로 전락한 사람을 알고 있다. 제정신을 가진 사람이라면 근처에 얼씬도 말자.

"우리나라에서 하루빨리 없어져야 할 사회 암 중에서도 암 같은 것들입니다!"

"그런데도 불나방처럼 달려드는 사람들이 있는 걸 보면 참 이상해요."

"제 주변에도 도박으로 패가망신한 사람이 있습니다!"

"박사님 주변에도 있다고요?"

"왜 이러세요, 제 주변 사람들이라고 뭐 별다르겠어요!"

대한민국은 그야말로 도박천국

앞서 말한 도박 중 어느 하나에라도 빠지면 인생 망치는 것 시간 문제다. 허가, 무허가를 가리지 않고 말 그대로 아수라장이다. 허가받으면 수억 원, 수십억 원을 잃어 패가망신해도 형사처벌하지 않고, 무허가라면 단돈 몇 만 원만 판돈이 돌아다녀도 처벌한다. 합법이어서 형사처벌하지 않고, 불법이어서 형사처벌하는 기준은 간단하다. 도박꾼들이 국가에 개평(세금) 뜯기면 처벌 안 하고, 개평 안 내면 처벌한다. 사행심 조장이니 패가망신이니 하는 것에는 당초에 관심조차 없는 것 같다. 도박이라면 기를 쓰고 말려야 하는 것이 국민을 보호해야 할 국가의 기본 책무가 아닐까. 말리기는커녕 오히려 조장한다는 생각은 나만 가지는 생각일까. 주식시장이나, 보험이나, 은행이나, 무허가 도박판이나 공통점이 있다. 참여자 「투자자-계약자-고객-도박꾼」들로부터 개평 뜯어먹고 산다는 점에서의 동질성이 그것이다.

카지노 도박장 고객 승률은 35%

서울 광장동에 있는 W호텔 카지노의 딜러가 직업인 대학 후배가 있었다. 이 친구 말에 의하면 카지노 도박에서 고객이 이길 확률이 평균 35% 전후란다. 100만 원 가지고 도박을 시작했다고 하자.

- 한 판 돌았을 때 도박꾼 앞에는 35만 원이 남고＝(100만 원×0.35)
- 다시 한 판 돌면 12만 원이 남고＝(35만 원×0.35)
- 다시 한 판 돌면 4만 원이 남고＝(12만 원×0.35)
- 다시 한 판 돌면 1만 원이 남는단다＝(4만 원×0.35)

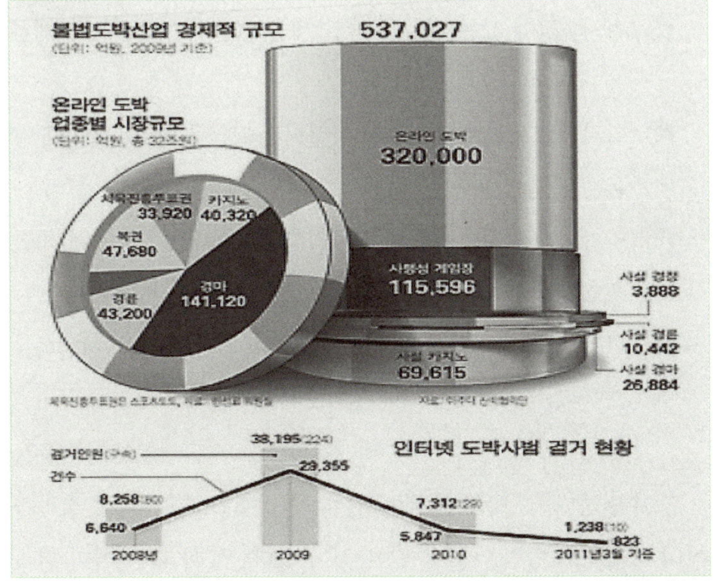

(인터넷 포털 다음에서 인용)

　4판이 돌아가면 1%가 남는다. 100만 원이라면 만 원 남고, 1,000만 원이라면 10만 원 남는다. 그리고 두 판 더 돌아가면 딱 만 원 남는다. 다시 베팅할 돈이 없으면 등 뒤에 서 있는 다음 대기자에게 자리를 비워주는 일만 남게 된다. 패가망신했다는 사람 이야기만 들었지, 부자 되었다는 사람을 본 적 없다. 아무리 바보라도 잠깐만 생각해보면 알 일 아닌가.

　정선카지노에 처음 들어갈 때 한번 생각해보자.

　🏠 휘황찬란한 조명의 전기 사용료는 누구 돈으로 내는 걸까.

깨끗하고 예쁘게 차려입은 딜러 누나의 월급은 어디서 나올까.

카지노장에 붙는 세금은 단일 세율로는 아주 높다는데 세금은 어디서 나오나.

카지노 도박장을 운영해서 이런저런 기금을 마련한다는데 그 돈은 어디서 나오는 걸까.

카지노 독점사업권을 유지하려고 언론과 정치권 등에 기를 쓰고 로비한다는 돈은 누구 돈일까.

인근 지역 주민들에게 이런저런 명목의 보조금을 지원하는 그 돈은 누구의 주머니에서 나오는 걸까.

답이 뻔하다. 도박의 세계에서는 승률은 단 1% 차이로 결과가 이미 결정되어 있다는 글을 읽은 적이 있다. 51대 49면 이미 결과는 정해져 있다는 말이다. 1%의 차이로 이미 승부가 정해져 있다는 판에서 65대 35라면 하나 마나 한 게임이다. 설마 고객이 65라고 생각하는 철부지가 있을까 걱정이다. 소싸움, 경마, 경정, 카지노 등 허가받은 도박이나 개싸움, 사설 불법 도박이나 주식이나 별반 다를 게 없다는 생각이다.

복권[4](로또–토토–연금복권 등)

"복권의 평균 당첨률이 몇 %인 줄 알면 안 살 건데요!"

"50% 전후라는 기사를 본 적 있어요!"

"1,000원짜리 한 장 살 때마다 500원은 날아가는 거죠."

"인생 역전 한 방은 복권밖에 없다는 분들이 많아요!"

"그러게 말입니다."

　주식, 보험, 은행, 복권, 도박 등 모두가 참여자로부터 얻어먹고 뜯어먹고 사는 구조다. 극단적인 기생경제고, 갈취경제다. 행간의 의미를 읽어주셨다면 충분하다. 아직도 경마와 경매가 혼동되시는가. 고민해보시고 답을 구해보시기 바란다. 인용하지 않아도 될 일이지만, 책 내용의 알리바이를 위해 관련 글을 몇 개 인용한다.

 ## 한 탕에 나가 떨어진 사람들의 실상

　◆ '따고, 잃고, 꾸고, 자포자기' 도박 중독되는 데 1년도 안 걸려, 카지노에 올려준 매출은 1조 2,534억 원.

강원도 정선군 사북읍 사북리. 설산을 배경으로 선 강원랜드호텔의 외관은 당당했지만 12월 중순의 차가운 날씨 때문인지 어딘지 쓸쓸해 보였다. 하지만 이 호텔 4층과 5층에 자리 잡은 카지노 안은 별천지였다. 밝고 화려한 조명 속에 요란한 슬롯머신의 소음이 퍼지는 가운데 평일 낮 시간임에도 수많은 사람이 넓은 홀을 가득 메우고 있었다. 슬롯머신에는 빈자리가 거의 없었고, 바카라 · 블랙잭 게임이 벌어지는 테이블은 자리가 빠지기를 기다리는 대기 손님들로 넘쳐났다. 카지노 내부 전광판에는 테이블의 빈자리 대기자 예약번호가 400번을 넘어서고 있었다.

이들이 지난해 강원랜드 카지노에 올려준 매출은 1조 2,534억 원. 연말까지는 지난해 실적을 훨씬 웃돌 것으로 예상된다. 강원랜드 입구의 정선군 사북읍·고한읍 일대는 도박에 빠진 이들을 주 고객으로 삼는 업체와 시설들이 빼곡하다. 새벽 휴장 시간이 되면 카지노 정문 근처에는 '꾼'들을 실어 나르는 찜질방 버스가 줄을 잇는다. 이들을 상대하는 대형 찜질방 수십 곳이 성업 중이다. 이 밖에도 싼값에 숙식을 해결할 수 있는 PC방·모텔·여인숙도 지방 소도시치고는 유난히 많다. 서울 등에서 내려온 사채업자도 상당수 활동한다고 한다. 모두 카지노 고객들을 상대로 하는 업체나 사람들이다. 도박 중독의 끝은 파멸로 이어진다. 전 재산을 날리고 직장은 물론 가족 관계까지 끊긴 뒤 끝내 자살로 내몰리는 사례도 적지 않다. 강원랜드

■도박중독 4단계

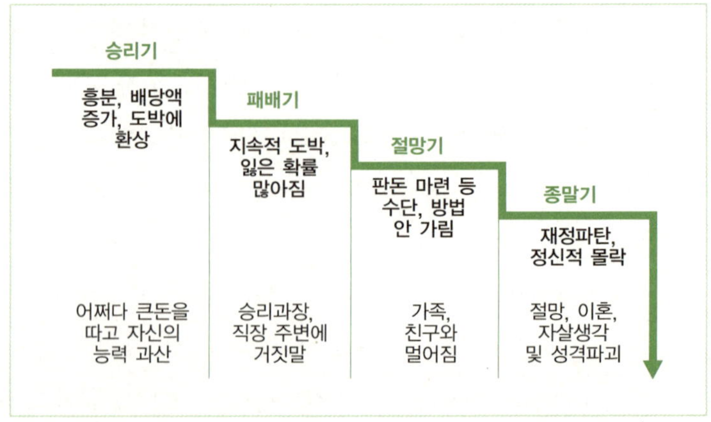

가 있는 정선경찰서 관내에서 올해 11월까지 파악된 자살자 수는 36명.

◆카지노 근처 전당포 · 찜질방 수십 곳 성업

도박 중독으로 이어지는 계기는 단순하다. 상당수가 한두 차례의 '짜릿한 경험'에 이끌려 빠져들게 된다. A씨는 정부 중앙부처에서 일하다 퇴직했다. 고향인 부산으로 돌아가 슈퍼마켓을 운영하며 살았다. 일상생활은 평온했다. 우연히 친구들과 태백산 등산 여행을 왔던 것이 그의 인생을 바꿨다. 하산길에 친구의 제안으로 일행은 강원랜드에 잠깐 들렀다. A씨로서는 평생 처음이었다. 몇 시간 머무르는 사이 A씨는 슬롯머신에서 7만 원을 땄고, 기분 좋게 귀가했다. 하지만 평범한 슈퍼마켓 주인으로, 무료한 일상을 보내던 그는 자꾸 강원랜드에서의 '행운'을 떠올리게 됐다. 결국 다시 카지노를 찾았고, 악몽은 시작됐다. 불과 1년여 만에 그는 슈퍼마켓과 집과 퇴직금을 모두 날렸다. 7억 원이 넘는 돈이었다. 부인도 집을 떠났다. 서울에서 자살을 시도했다 실패한 A씨는 서울 강원랜드 중독관리센터에서 상담을 받았다. 마음을 고쳐먹은 A씨는 울산에서 노동일을 하며 돈을 모았다. 자신 때문에 상처를 입은 딸의 대학 등록금을 마련해주려 했다. 몇 달을 고생해 300만 원을 모아 부산으로 가려고 버스 터미널에 도착한 A씨. "이걸 더도 말고 두 배로 만들 수만 있다면" 하고 생각했다. 그길로 강원랜드로 갔고, 그날로 다 날렸다. 강원랜드 인근에서 다시 자살을 시도했고 상담위원인 강 박사를 만났다. 오랜 상담 끝에 다시 마음을 추슬러 고향으로 내려갔다. A씨는 도박에서 손을 뗀 것일까.

◆주중 주말이 따로 없다

도박 중독으로 인생이 파탄 난 사례는 수없이 많다. 수원지검 안양지청은 22일 법인카드로 속칭 ‘카드깡’을 해 카지노에서 사용하고 업체로부터 금품을 받은 혐의(업무상 배임 등)로 공정거래위원회 전 국장 A씨를 구속 기소했다. A씨는 업무용 법인카드로 식비 등을 결제한 것처럼 카드깡을 해 마련한 9,000여만 원을 강원랜드 카지노에서 사용한 혐의다. A씨는 업체 두 곳으로부터 잘 봐달라는 청탁과 함께 2,200여만 원을 받은 혐의도 받고 있다. A씨는 업무용 법인카드로 카드깡을 해 카지노를 출입하는 등 모두 630여 차례 강원랜드에서 도박을 한 것으로 밝혀졌다. 카지노 무단출입 사실이 적발돼 대기 발령됐으면서도 강원랜드를 찾았고, 검찰의 수사가 진행 중인 지난달에도 카지노를 드나들었다. A씨는 지난달 공정위에서 해임됐다.

경기도 한 지역의 상공회의소 의장까지 지냈던 사업가 B씨는 20억 원이 넘는 돈을 날리고 월세방에 사는 처지가 됐다. 마지막이라며 딸의 승용차를 훔치다시피 타고 와 맡긴 돈으로 도박을 했지만 또 날렸다. 그리고 ‘죽어버리겠다’며 소동을 부리다 중독관리센터 도움으로 목숨을 건지고 갱생을 위해 몸부림치고 있다. 여성 중독자 사례도 적지 않다. 통계상 중독관리센터를 찾는 이의 남녀 비율은 7대 3 정도다. 10년 전에 비해 여성 비율이 꾸준히 늘고 있다. 강 박사는 "여성들은 일단 중독되면 그 증상이 남성보다 더 심한 경우가 많다"고 말했다.

◆초인적 의지로 노력해야 벗어날 수 있어

전문가들은 도박 중독의 단계를 보면 상당한 공통점이 있다고 말한다. 강원랜드 중독관리센터 서울사무소의 신행호 상담위원은 "도박 중독은 보통 네 단계를 거친다"고 말했다. 처음 도박에 발을 들여 '돈을 따는 단계(승리기)'가 있다. 꼭 큰돈일 필요는 없다. 사람에 따라서는 분위기에 매혹되기도 한다. 스스로 도박에 '재능'이 있다고 생각하거나, '운이 따른다'는 착각으로 도박에 빠져들게 된다. 이 단계를 거치면 돈을 잃기 시작한다(패배기). 신 위원은 **"카지노건 경마건 기본적인 승률은 개인에게 유리하지 않기 때문에 필연적으로 돈을 잃을 수밖에 없다"**고 설명했다.

문제는 이런 사실을 인정하지 않고 빠져들면서 눈덩이처럼 손해가 커진다는 점이다. 다음 단계는 돈을 융통하기 위해 주변 사람에게 거짓말을 하고, 카드 돌려 막고, 재산 탕진하게 되는 '절망기'다. 마지막에는 대부분 가정이나 직장에 큰 문제가 생길 수밖에 없다. 모든 것을 잃고 자살을 시도하는 등 '포기 단계(종말기)'에 이르게 된다. 신 위원은 "사람마다 다르지만 네 단계를 거치는 데 1년이 채 안 걸리는 경우도 많다"며 "진행 과정에서 누군가 막아주거나 어떤 계기가 생기지 않는 한 거의 모든 사람이 같은 과정을 겪게 된다”고 말했다.

(2011.12.25. 중앙선데이)

“문제는 앞으로가 더 심각해질 것 같아요.”

“카지노장이 더 개설될 것이라는 말씀이시죠!”

“지자체에서 내-외국인 대상 신규 카지노장 개설을 목표로 법과 시행령을 바꾸려는 곳이 여러 군데잖아요.”

“그 중에 인천 송도나, 영종도 같은 곳은 허가가 날 가능성이 있다고 하더라고요!”

“그런 뉴스 들은 것 같아요!”

“정선 산골짜기까지 찾아가는 판인데, 수도권에 내국인 출입 카지노장 생겨버리면 심각한 일 벌어질 겁니다.”

“피해 방지책은 만들어 놓고 허가-개장하지 않을까요?”

“방지책이 없어서 패가망신하는 사람들이 속출하는 것이 아니잖아요, 눈 가리고 아웅 하는 꼴이죠!”

“그러기는 합니다.”

“눈길조차 안 주는 방법이 최선이죠!”

이 책을 읽는 여러분이
꼭 알아두어야 할 것이 있다.
인생에 공짜는 없다.
노력 없는 한 방은 더더욱 없다.

3_ 공포기에 매입해서 해피기에 처분하는 것

투자는 결국 타이밍 싸움

4월을 피해가라

세상 일이 다 그렇지만 경매 투자 역시 타이밍을 어떻게 잡느냐가 너무나도 중요하다. 다음 대화를 통해 아무 생각 없이 불나방 떼처럼 행동하는 사람들의 행태를 살펴보자.

"그림을 보면 4월에 비해서 12월은 무려 13%나 낙찰가율이 떨어지고 있는 것을 알 수 있잖아요?"

"굉장하네요! 언제 낙찰 받아야 하는지를 한눈에 볼 수 있네요."

※자료출처 : 지지옥션(www.ggi.co.kr) 한 컷 그림

"그런데 참 재미있는 것이 있어요!"

"뭐가요?"

"사람들은 경매시장이 펄펄 끓어 경쟁이 치열한 4월에 낙찰 받지 못해서 오히려 안달이거든요."

"나부터도 그런 것 같아요, 경매장에 사람이 없을 때가 절호의 기회인데 오히려 더 주저하게 되거든요!"

"개념 없는 불나방 떼가 따로 없는 거죠."

"생각 없이 남들 따라 몰려다니는 모습이 많이 비슷해요."

"1억 원짜리 물건이라면 4월에는 8,600만 원에 낙찰 받았다면, 12

월에는 1,300만 원이나 싼 7,300만 원에 낙찰 받았다는 이야기잖아요!"

"그러게요."

"불황에 들어가서 싸게 낙찰 받고, 호경기에 비싸게 매매로 처분하는 기본만 잊지 않아도 먹을 게 상당한데."

"머리로는 이해가 되는데 행동은 뒷받침이 안 되는 사람들이 있죠!"

"4월에 86%에 사서 세금까지 총비용이 90%라고 하고 이것을 100%에 매각했다면 수익률이 10%로 나오잖아요."

"그렇죠!"

"12월에 73%에 사서 세금까지 77%를 총구입비용이라고 하고, 이것을 100%에 팔았다면 수익률이 23%로 수익률이 배 이상 차이가 나버립니다."

"정말 그러네요!"

"불황에 싸게 낙찰 받으면 세금 등도 훨씬 적게 납부하고요."

"낙찰 가격에 따라 세금이 정해지니까요."

"동원하는 자금 부담도 적어지고."

"잔금융자 받는다면 금융비용도 작아지겠네요?"

"그 점도 좋지만 정작 좋은 점은 물건을 골라가면서 낙찰 받을 수 있다는 겁니다."

"잘 알겠습니다."

이 그림의 12월과 다음 표의 라(저점)를 겹쳐서 볼 줄만 알면 된다. 부동산학 개론서를 보면 '가' 점에서 '마' 점까지를 부동산 경기의 한 사이클이라고 설명한다. '가' ~ '나' ~ '다' 점까지를 호황

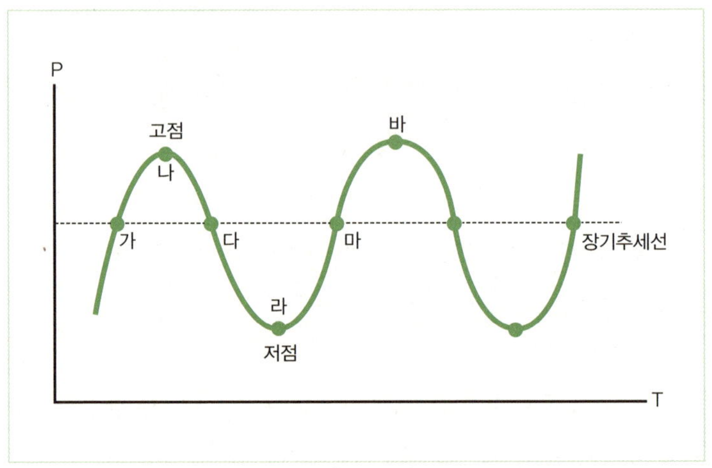

기라고 한다. '다' ~ '라' ~ '마' 점까지를 불황기라고 한다. 종축(p)
은 '가격'을 표시하고, 횡축(t)은 '시간'을 나타내고 있다.

호황기는 매도자 우위시장

호황기인 '가' ~ '나' ~ '다' 점 국면에서는 시장순응형 투자자들이
매입에 활개를 치면서 부동산은 가격 상승의 열을 뿜는 시기다.
장기추세선상의 위쪽이다. '청개구리형' 투자자인 경매 고수들
은 이전 불황 시기에 헐값에 사들였던 금싸라기를 구입가 대비
최소 2배 이상으로 처분해 충분한 실탄을 준비한 후, 다음 불황
기인 '다' ~ '라' ~ '마' 점의 시기가 도래하기를 유유히 기다리는
구간이다.

“지난주에 왔을 때만 해도 6억 원이면 살 수 있다고 하셨잖아요?”

“그건 그때 이야기고, 지금은 6억 3천만 원 안 주시면 어림도 없습니다!”

“1주일 사이에 3천만 원씩이나 올리는 경우가 세상에 어디 있어요?”

“그래서 제가 그때 당장 계약하셔야 후회하지 않는다고 했잖아요!”

“그러지 마시고 1천만 원만 깎자고 주인한테 흥정 좀 붙여보세요.”

“안 됩니다. 똑같은 물건이 어제 6억 4천만 원에 계약서 썼다니까요!”

“그러면 6억 3천만 원을 다 달라는 말씀이세요?”

“그것도 지금 이야기이고 아마 다음 달이면 6억 5~6천만 원까지 가지 않는다는 보장이 없다니까요.”

“일단 알았으니 주인한테는 돈 천만 원이라도 흥정 한번 붙여주세요!”

“씨도 안 먹히는 소리예요. 지금 가격이면 이번 주 안에 매매시킬 자신 있다니까요!”

“그래도 일단 말이라도 한번 건네보시라니까요!”

“말 붙일 필요도 없다니까요!”

“그거야 모르죠.”

“이번 흥정은 없었던 것으로 하고 매물로 다시 내놓겠습니다.”

“무슨 말씀을 그렇게 하세요? 매물을 다시 내놓겠다뇨? 안 사겠다는 말은 안 했잖아요.”

“저로서는 어쩔 수 없습니다, 이런 분위기에서 주인한테 좀 깎아달라고 말했다가는 매물마저 놓친다니까요!”

“말씀을 어떻게 하느냐에 따라 다르지 않겠어요?”

“깎아달라는 말, 주인한테 나는 못 합니다.”

팔겠다는 사람이 배를 두드리며 큰소리를 치고 있다. 커브상에서 ‘가’ ~ ‘나’ ~ ‘다’ 점까지를 매도자(우위)시장, ‘다’ ~ ‘라’ ~ ‘마’ 점까지를 매수자(우위)시장이라고 한다.

소유자에게 전화를 했다고 가정해보자.

“중개사님, 지금 그걸 말씀이라고 하세요?”

“저도 사겠다는 사람에게 수차례 말도 안 된다고 말을 했는데도 막무가내로 주인에게 전화 한 번만 해달라고 하는 바람에 전화를 했습니다.”

“가격을 좀 더 올리려고 생각하고 있는 판국입니다.”

“조금 더 올리셔도 매매되는 데는 큰 문제는 없습니다.”

“아시면서 전화를 하시면 어떻게 합니까?”

“잘 알겠습니다. 전화 없었던 것으로 생각해주세요!”

“이런 일로는 두 번 다시 전화하지 마시고요, 조금 더 올려 팔 수 있으면 그렇게 수고 좀 해주세요.”

“알겠습니다. 이 사람한테는 팔지 않겠다고 하겠습니다.”

“그래주세요.”

매도자우위시장이란 부동산 경기가 활황 국면인 ‘가’ ~ ‘나’ ~ ‘다’ 점 구간이다. 이때의 특성은 매매 가격 결정권을 부동산을

팔려는 사람이 쥐고 있다. 매물을 가진 사람이 매매 가격을 결정
한다.

불황기는 매수자 우위시장

이와는 반대로 매수자우위시장이란 전반적으로 부동산 경기가 불
황이거나 침체 국면인 '다' ~ '라' ~ '마' 점에서 나타나는 현상이
다. 장기추세선의 아랫부분이다. 이때의 부동산시장 특성은 매매
가격 결정권을 부동산을 사려고 하는 사람이 쥐고 있다. 현금을
가진 사람이 매매 가격을 결정한다.

"주인한테 연락해서 내놓은 가격에서 5천만 원만 깎자고 말 좀 붙여
주세요!"

"5천만 원은 좀 심하고, 2천만 원 정도면 제가 어떻게 한번 조정을
붙여보겠는데요!"

"중개사님이야 매매 가격이 높아야 수수료 더 받는 것은 이해하지
만, 사고 나면 나랑 더 거래하시잖아요!"

"그건 그렇지만, 지금 이 가격도 한창때보다는 무려 1억 원 이상 떨
어진 가격이어서."

"그 이야기를 저한테 하실 필요는 없고, 당분간 분위기가 좋아질 것
같지도 않고."

"너무 가격을 내려서 거래시키면 우리 가게가 다른 주인들한테 왕따
당할 수도 있어서."

“아무튼 지금 가격에서 5천만 원만 싸게 판다고 하면 계약서 당장 쓰겠다고 한다고 주인한테 전해주세요!”

“일단 알았습니다.”

“시간이 지날수록 가격이 떨어질 가능성이 높아서 지금은 계약하고 싶지 않은 마음도 있습니다.”

“그거야 알 수 없는 노릇이죠!”

“5천만 원 깎아주면 계약하고 바로 중도금 없이 잔금 치를 수 있다고 말해주세요!”

“알았습니다.”

“파는 사람이야 가격 더 떨어지면 그때는 중개사님한테 감사해할 것 아닌가요?”

“가격 더 떨어지면 그때는 제 원망 하시면 안 됩니다.”

“염려 마시고 5천만 원 깎아서 흥정 한번 붙여보세요!”

“알겠습니다, 주인한테 전화해보고 연락드리겠습니다.”

“내일 모레까지 기다리겠습니다.”

주객이 전도

사겠다는 사람이 칼자루를 쥐고 조자룡이 헌 칼 휘두르듯이 마음껏 휘두르고 있다. 중개사가 소유자에게 전화를 했다고 가정해보자.

"어떻게 연락 좀 해보셨나요?"

"5천은 안 되고 1천만 원은 어떻게 해보겠다고 합니다."

"그걸 말씀이라고 하시나요? 앞으로 한 달만 지나면 적어도 3천 떨어지는 것은 내가 장담합니다."

"그거야 알 수 없죠!"

"5천만 원 내려주지 않으면 안 사겠다고 전해주세요!"

"말씀이야 이미 다 전달했죠!"

"한 번 연락해주시고, 아니라면 바로 연락 좀 해주세요."

"알겠습니다."

"흥정 안 되면 다른 물건 소개 좀 해주세요."

"그거야 어렵지 않습니다."

"지금부터는 제 편을 들어주셔야 하는 거 아닌가요?"

"무슨 말씀이세요?"

"지금 주인이야 팔고 나면 중개사님네하고는 영영 바이~바이~잖아요!"

"무슨 말인지 잘 알겠습니다."

"아셨다니까 다행입니다. 5천만 원 깎아준다면 연락 주세요!"

"아무리 그래도 그렇게까지는 쉽지 않을 것 같은데요?"

"그러면 매수 시기를 좀 더 늦추죠, 바쁠 것도 없으니까!"

매수자(현금을 가진 사람)가 매도자(물건을 가진 사람)를 들었다 놨다 하며 가격을 후려치고 있는 중이다. 무슨 말인가. 매수자우위시장에서는 처분하지 못해서 안달이고, 매도자우위시장에서는 사지 못해 안달이다. 부동산 경기가 불황이나 침체다 싶으면 팔지 못해서 안달(가격 결정권은 사는 사람이 쥐고 있는데)이다.

부동산 경기가 좋아지거나 좋을 때는 사지 못해서(가격 결정권은 매물을 가진 파는 사람이 쥐고 있는데) 안달복달한다. 즉 '가' ~ '나' ~ '다' 국면에서는 사려고 안달을 부린다. '다' ~ '라' ~ '마' 국면에서 팔아치우려는 어리석음을 아무 생각 없이 저지른다.

이렇게 해서는 백전백패한다. 부동산 투자자의 자격도 없고, 부동산 투자로 부자가 될 수도 없다. 왜냐하면 가격 결정권이 이미 상대방에게 있기 때문에 끌려다니지 않을 수가 없다.

부동산 투자의 망하고 흥하는 구조

비쌀 때(매도자우위시장＝부동산시장 활황기＝부동산 가격 장기추세선 위쪽) 사서, 쌀 때(매수자우위시장＝부동산시장 불황기＝부동산 가격 장기추세선 아래쪽) 팔면 망한다. 이 시기의 시장 특성은 팔기는 쉽고 사기는 어렵다. 장닭은 배짱 튕기며 팔아치우고, 병아리는 벌벌 기면서 사들인다.

쌀 때(매수자우위시장＝부동산시장 불황기＝부동산 가격 장기추세선 아래쪽) 사서, 비쌀 때(매도자우위시장＝부동산시장 활황기＝부동산 가격 장기추세선 위쪽) 팔면 돈 번다. 이 시기의 시장 특성은 팔기는 어렵고 사기는 쉽다. 병아리는 공포에 질려 급매 이하로 마구 팔아치우고, 장닭은 다음 활황기를 기대하며 큰소리치며 매수한다. 이해하기 어려운 이야기가 아니다.

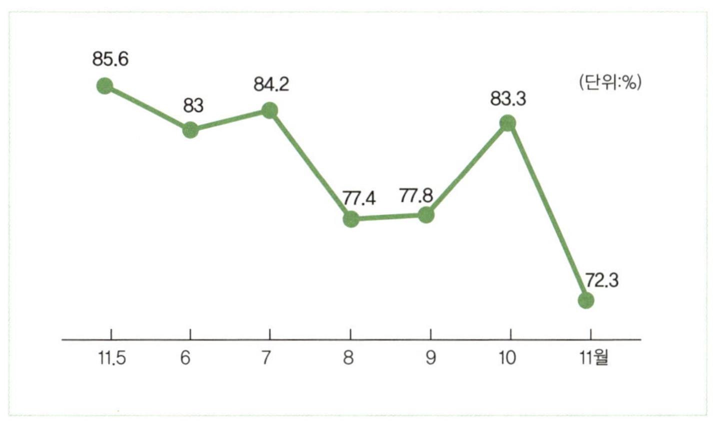

과거를 통해 미래를 배우자

이 그래프는 2011년 서울 지역 경매물건 낙찰가율 추이를 보여준다. 2011년 아파트 낙찰가율 그림과 겹치는 것을 알 수 있다. 11월은 불황으로 도전하라는 메시지를 느끼면 된다. 5월과 비교하면 11월에는 무려 13.3%나 차이가 나고 있다. 물건은 증가하고 낙찰자는 줄어들어 물 반 고기 반이다.

"부동산 투자는 부동산 경기 안 좋을 때 시작하라고 하셨잖아요?"
"그렇죠!"
"그런데 사실 그게 말처럼 쉽지 않아서."
"그렇기는 그렇습니다."

"바닥이라고 생각했는데, 지하층이 있다는 이야기도 하고요."

"맞는 말씀이세요. 자신만의 원칙을 세우는 것이 중요하죠!"

"원칙이라뇨?"

"「사고 - 파는 가격」의 기준을 스스로 정하는 거죠!"

"말은 쉬운데 막상 돈 들고 들어가려면 만만치 않습니다."

"하기야 그게 투자의 매력이죠, 5분 뒤에 일어날 일만 안다고 해도 투자는 땅 짚고 헤엄치는 거죠!"

"투자만 그런 게 아니라 인생도 그렇죠, 그런데 경험이 쌓이면 어느 정도 보이지 않나요?"

"전부는 아니고 큰 흐름은 보이죠!"

"알겠습니다. 개별 장세는 다르다는 말씀이시죠?"

"그래서 하는 말인데 전문가들이 시장을 전망한다고 하는데 문제가 많은 행동입니다. 대강만 알 뿐 전체를 정확히 안다는 것은 사이비나 하는 짓이죠!"

"무슨 말씀이세요?"

"어떻게 시장을 전망하나요, 대강을 추측만 하는 거죠!"

"그런가요?"

"생각 있는 전문가는 공개석상에서 시장 전망 하지 않죠!"

"그런가요?"

"주식하시니까 '시골의사' 아시죠?"

"알다마다요, 책도 몇 권 읽었고, TV에서도 많이 봤죠!"

"얼마 전에 모 케이블 경제TV에 '시골의사 박경철'이 게스트로 나와서 투자 철학과 경제시장 상황 및 주식시장에 관한 이야기를 했는데 재미있게 보았습니다."

"자주 나오죠. 요즘은 좀 뜸한 것 같기는 하지만."

"방송 중에 진행자가 시황 전망과 투자 비법(?)이 있으면 말해달라고 두 차례나 요구하는데도 '비법은 없다'고 끝까지 버티더라고요. 비법이 있는 것처럼 말하는 순간 영혼을 파는 사이비로 전락한다고."

"그랬나요!"

"참 좋았습니다."

"시황이나 비법을 말하지 않은 것 말씀이세요?"

"진짜 고수죠."

공감하고 절대 동의한다. 경매시장 역시 마찬가지다. 시장을 딱 부러지게 전망하고 비법이 있는 것처럼 호도하는 사람들이 일부 있다. 영혼을 파는 정신 매춘 행위로 부끄럽고 염치없는 짓이다. 경매시장은 대중화 단계를 지나 이제는 포화 상태에 접어들고 있다는 것이 사실이다. 경매 투자 수익률이 예전만 못하다. 그래서인지 경매세상을 사실 이상으로 과대포장, 혹세무민하는 사람들이 늘어나고 있다. 무당들이나 하는 짓이다. 세상이 혼란스러울 때 사이비가 대거 등장했었다는 것을 역사적 경험을 통해 안다. '비법'을 전수한단다. 경매시장은 자기가 전망한 대로 간단다. 내가 다 아니 나만 따르면 '대박'은 떼어놓은 당상이란다. 잠꼬대 같은 그런 점괘를 남발하는 전문가라는 사람들의 말은 듣지 않았으면 듣지 마시고, 들었으면 한 귀로 흘리시고, 귀는 씻으시기 바란다.

"부동산 단순 투자로는 이전과 같은 높은 수익내기가 어렵다고 말하는 전문가들이 부쩍 많아졌어요!"

"저도 기본적으로는 동의합니다."

"큰 틀에서는 그런 방향으로 간다는 말씀이시죠?"

"그렇죠, 부동산을 둘러싼 전반적인 상황들이 이제는 단순하게 매매차익으로 성에 차는 수익을 올리기가 어렵다고 보는 것이 정확하지 않을까요."

"경매시장에도 적용될까요?"

"그래서 요즘은 일반적인 물건보다는 '특수물건'에 집중하는 분위기가 형성되고 있습니다."

"'특수물건'이라면 경매 상의 하자를 말하나요?"

"그렇죠!"

"들을 때는 그럴 듯한데 막상 내가 도전해보려면 막막하더라고요."

"그런 면이 분명히 있습니다."

"그러면 부동산 시장 거품은 어느 정도 빠졌다고 보세요?"

"글쎄요, 거품의 기준이 뭘까요?"

여전히 부동산을 주제로
거품논쟁이 한창이지만 그 어디에도
거품에 관한 이론은 없다.

4_ 경매로 싸게 사서 매매로 비싸게 팔면 OK!

부동산 가격 서열

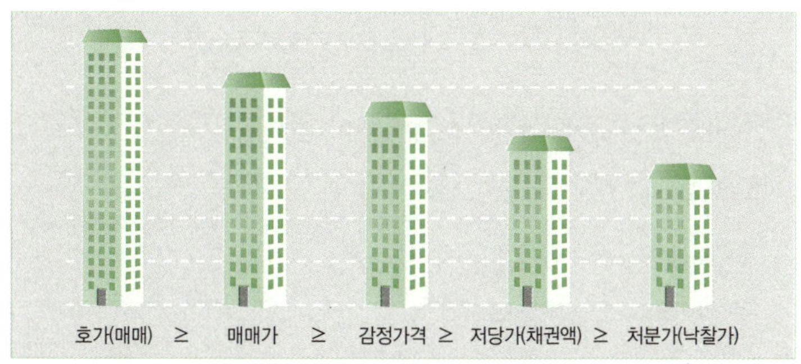

성공 투자란 싸게 사서 비싸게 팔면 OK 아닌가! 부동산 경매 투자는 최악의 경우라도 덩어리는 남는다. 지금이야 애물단지일지 모르지만, 정책이 바뀌고, 상황이 바뀌면 무슨 일 벌어질지 모르

는 것이 부동산이다. 주식은 상장 폐지되면 휴지만 남는다. 다른 투자 대상은 비교할 생각조차 하지 마시라.

앞의 그림은 부동산의 일반적인 가격 서열이다. 서울 강남에 단독주택이 하나 있다고 하자. 대지는 100평이고 연건평은 60평으로, 매매되는 시세는 대략 20억 원쯤 한다고 가정해보자.

소유자가 매매로 처분하려고 중개업소에 매물로 내놓을 때 마음속으로는 한 20억 원 정도를 매각 가격으로 생각했다고 하자. 어떤 소유자도 이것을 딱 20억 원에 내놓지는 않는다. 마음속으로는 20억 원을 생각하면서도 22억~25억 원 정도를 부르게 된다. 이것이 호가(呼價)다. 매수 희망자가 나타나면 흥정하는 과정에서 조금 깎아 주는 척해야 거래가 성사되기 때문이다. 따라서 호가는 매매가보다 높을 수밖에 없는 것이다. 매수 희망자도 흥정으로 조금이라도 깎으려 드는 것이 당연하지 처음에 부르는 값을 다 주고 사는 바보는 없다. 이런 식이다.

"역삼동 주택 매가가 22억이라고 하셨나요?"

"네~에~!"

"중개사님이 흥정 좀 붙여보세요!"

"좀 깎아봐라 그 말이시죠?"

"그렇죠~!"

"흥정만 되면 정말 사실 의향은 있으세요? 힘들게 깎아놨는데 나중에 가서 안 산다고 해버리면 제 입장이 아주 난처해지거든요!"

"그럴 리가 있나요?"

"알겠습니다. 마지노선이 얼마신가요~?"

"18억 원이면 두말없이 계약서 쓴다고 해주세요!"

"그렇게는 좀 무리고, 20억 원쯤이 합당해 보이는데 어떠세요?"

"흥정이나 한번 붙여보세요."

"마지노를 20억 원으로 하고 주인하고 연락하겠습니다."

"복비는 제대로 드릴 테니 일단은 18억 원으로 시작해주세요."

"그렇게 한번 해보겠습니다."

소유자와는 정반대의 대화가 진행되는 것이다.

만약 이 부동산을 금융기관에 담보로 제공하고 융자를 받으려는 경우로 보자. 금융기관은 이것저것 따져서 15억~18억 원 정도로 감정한다. 감정 평가 금액의 70~80% 정도가 융자된다면 13억~15억 원 정도가 융자 가능액이다. 여기서 주택임대차보호법의 보호 대상자(주택임차인)가 있으면 그 임차보증금만큼 다시 차감한다.

소유주가 하던 사업(일)이 제대로 되지 않아 추가로 제2금융권에서 얼마간의 융자를 추가로 일으킨다. 가중되는 금융비용과 부진한 사업으로 다시 추가대출, 후순위 가압류 몇 건 하는 구도가 된다. 그러다가 마침내 이 부동산은 경매시장에서 등기부등본 세탁 과정(촉탁등기)을 거치지 않으면 어떻게 할 수 없는 상황이 벌어지게 된다.

낙찰가율이 상승했다고는 하지만, 아직도 2순위 이하의 채권자들이 자신의 채권을 만족하는 예는 그다지 흔하지 않다. 서울 지역 아파트 경매물건에서 2010년 말 1순위 저당권자의 채권회수율이 77.15%에 불과했다. 두 차례 유찰되어 감정 가격 대비 64%에서 응찰자가 있어 75% 정도인 13억 원 전후에서 낙찰이 되었다고 해보자.

법원 경매라는 요술 방망이

경매를 통해 부동산 등기부(등본)만 깨끗이 세탁(?)되고 나면, 처분(임대 또는 매매)하는 데 아무런 애로가 없다. 20억 원짜리 부동산을 제비용 14억 원(이전비+수리비+금융비용 포함)을 들여 소유권을 획득하는 순간, 매매 가격 20억 원짜리 정상적인 부동산으로 환생한다.

IMF가 우리 국민에게 끼친 긍정(?)스러운 것은 온 국민에게 혹독한 경제공부를 시켰다는 점이다. IMF를 겪기 전에는 경매당한 부동산이라고 하면 왠지 꺼림칙하고, 재수 없는 것으로 여겼다. 필자가 직접 경험한 이야기다.

"사장님! 경매로 싸게 샀으니 전세도 좀 싸게 주세요."
"중개사님이 그렇게 말씀하시면 어떻게 합니까?"
"내가 그렇게 말하면 왜 안 되나요?"
"공인중개사면 이 지역의 부동산에 관해서는 누구보다도 전문가신

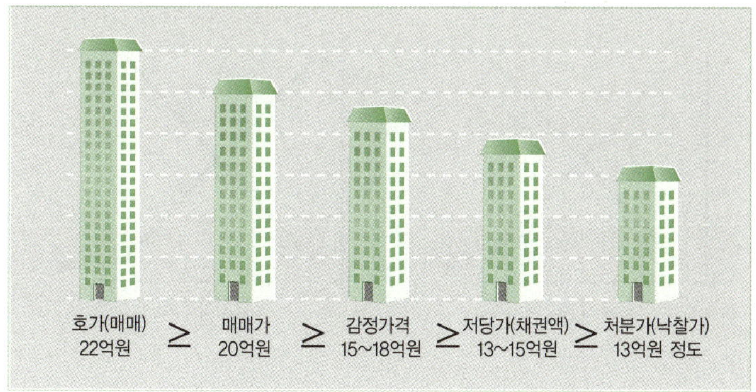

데, 전문가께서 그런 시각으로 부동산을 바라보면 곤란하죠."

"경매로 나온 물건이 재수 없고, 그래서 싸게 사셨으니, 세를 좀 싸게 달라는 말이 크게 잘못되었나요?"

"한참 잘못되었죠, 경매 나온 물건이 재수 없다는 말에 근거를 제시해보세요."

"제가 지금 집주인하고 말싸움하려고 이러는 거 아닙니다!"

"저도 중개사님하고 시비하려는 것 아닙니다."

"근거야 없지만 재수 없으니 주인 잡아먹고 경매시장에 떨이 당하러 나온 거 아닌가요?"

"궁합이야 전 주인하고 나빴는지 몰라도 새 주인하고는 새로 따져봐야 하는 거 아닌가요?"

"그거야 내가 모르고, 아무튼 싸게 좀 줍시다!"

"내가 시세보다 비싸게 놔달라는 것은 아니잖아요."

"아무튼 시세보다는 조금만 약하게 합시다!"

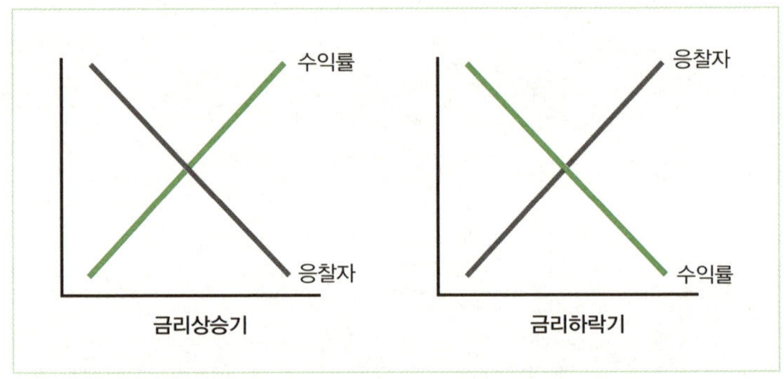

그러던 것이 IMF 이후부터는 인식의 대전환이 일어났다. IMF 구제금융의 난리 통에 경매를 당한 부동산이 얼마나 많았는가. 그래서인지 경매를 당한 부동산이니 재수 없다는 식의 인식은 많이 없어졌다. 세계적 경제위기로 2008년 후반기에 불어 닥친 부동산 하락 사태와 그 뒤 회복 과정은 투자 원칙에 많은 것을 시사한다. 준비하며 기다리는 자에게만 기회는 온다.

이 도표에서 보는 것처럼 부동산 가격과 금리는 반대로 움직이는 것이 일반적인 현상이다.

🏠 금리가 오르면 대출이자에 대한 부담이 증가하여 구입하고자 하는 사람들이 주저하게 된다. 결과로 부동산 가격은 내려가고,

🏠 금리가 내리면 대출이자에 대한 부담이 감소하여 구입하고자 하는 사람들이 적극적이게 된다. 결과로 부동산 가격은 오른다.

부동산 경기가 과열되면 정부가 부동산 경기를 진정시키고자 하는 방법 중 하나로 부동산 관련 금리를 올리는 것을 생각해보면 이해가 쉽다.

경매시장에 물건이 공급되는 패턴을 보자

- 금리가 올라가면 대출이자에 대한 부담이 증가하여 대출금이나 이자 상환에 부담이 증가하고 그 결과 경매물건은 증가하고,
- 금리가 내려가면 대출이자에 대한 부담이 감소하여 대출금이나 이자 상환에 부담이 감소하고 그 결과 경매물건은 감소하게 된다.

또한 금리가 낮아지면 시중에 자금의 공급이 확대된다. 즉 유동성이 많아지기[5] 때문에 대출을 받기도 쉬워진다. 풍부한 자금은 경매시장에도 흘러 들어와 경매지수[6]들이 높아지게 된다. 시장에서 발을 빼야 하는 시기다.

금리와 응찰자와 수익률

응찰자와 수익률 관계를 보면 응찰자가 늘어나면 경매지수는 낮아지고 수익률은 올라간다. 금리가 올라가면 응찰자는 줄어든다. 금리가 상승하게 되면 시중의 유동성은 줄어들고, 따라서 금융기관도 대출을 줄이게 된다. 신규 대출을 줄이는 것과 동시에, 기존

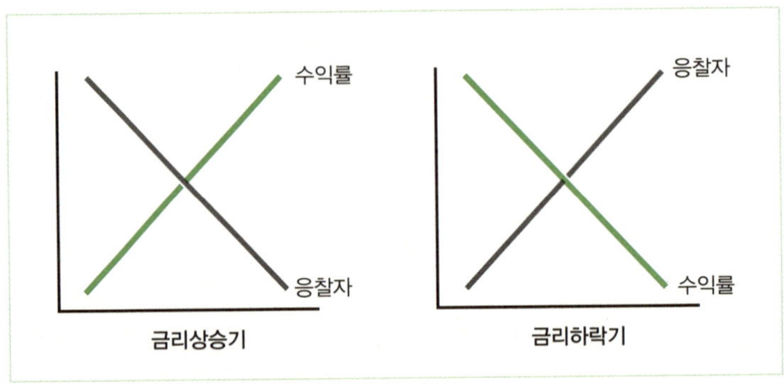

의 대출마저 회수하려는 움직임을 보인다.

부동산으로 자금 공급이 줄어들고, 또한 경락잔금 융자 또한 줄어들게 된다. 이의 영향으로 경매시장의 참여자는 줄어들게 된다. 이때가 경매시장의 호황기다.

"투자로 돈 버는 길은 길거리에 다른 투자자들의 피가 넘쳐흐를 때 사들이는 것이라고 하잖아요!"

"그때가 바닥이고, 바닥일 때 사라는 이야기죠?"

"바로 그겁니다!"

"머리로는 아는데 행동으로는 어렵다니까요."

"어렵게 생각할 일 아닙니다. 경매는 정부가 부동산 경기 잡을 때 낙찰 받았다가, 풀어줄 때 매매로 처분하면 됩니다. 정부 정책과 시장과는 시간 갭이 있다는 것도 염두에 두시면 더 좋습니다."

"시간 갭이라뇨?"

"정부 규제 정책이 부동산시장을 거쳐 경매시장의 물건에 영향을 줄 때까지는 시간적으로 상당한 갭이 있지만, 완화 정책은 부동산시장과 경매시장에 바로 영향을 준다는 것입니다."

"경매물건과 참여자들에게 그런다는 말씀이시죠?"

"경매물건이 증가할 때 낙찰 받고, 경매물건이 감소[7]할 때 처분하면 됩니다."

"반대로 행동하라는 말이시죠?"

"반대가 아니고 그것이 정석이죠!"

간단하고 쉬운 이야기를 하는데 무척 힘이 든다. 불황기에 낙찰 받아 호황기에 처분하면 된다는 뻔한 이야기를 하고 있다. 앞에서 살펴본 부동산 투자를 경매시장에 연결시켜보자.

일반 경기 호황 = 부동산시장 활황 = 경매시장 불황

- 경매물건 수 감소
- 경매시장 참여자 증가
- 경매응찰률 증가
- 경매매각률 증가
- 경매유찰률 감소
- 경매매각가율 증가
- 경매 투자 수익률 감소
- 경매시장 불황

그림이 한눈에 정리되는 것을 알 수 있다. 발을 빼야 할 시기다.

- 경매물건 수 증가
- 경매시장 참여자 감소
- 경매응찰률 감소
- 경매매각률 감소
- 경매유찰률 증가
- 경매매각가율 감소
- 경매 투자 수익률 증가
- 경매시장 호황

피범벅이 된 시장에서 잘만 하면 깡통물건을 그냥 주워 담을 수도 있게 된다.

이 논리의 구체적인 알리바이는 1998년부터 「일반 경기-부동산 경기-경매시장」의 상관관계를 따져보면 충분하다. 서브프라임 모기지론의 부실이 한꺼번에 터지면서 촉발된 2008년 미국의 리먼브러더스 부도가 가져온 여파를 생각해보자. 우리나라 부동산 시장(특히 주거용 부동산)에 미친 영향으로 인한 가격변동의 양상도 참고할 자료다. 부동산 경기변동에 따른 시장 참여자들의 레벨에 따라 다음과 같은 특징이 나타난다.

병아리부터 중닭까지 투자 패턴

- 일반 경기 호황 = 부동산시장 활황 = 경매시장 불황

  ⇒ 시장 참여(매도자우위시장–비싸게 낙찰 받음)한다.

- 일반 경기 불황 = 부동산시장 불황 = 경매시장 호황

  ⇒ 시장 이탈(매수자우위시장–싸게 처분)한다.

결국 비싸게 사서 싸게 처분한다. 아주 잘못된 투자 패턴이다.

장닭부터 독수리까지 투자 패턴

- 일반 경기 불황 = 부동산시장 불황 = 경매시장 호황

  ⇒ 시장 참여(매수자우위시장–싸게 낙찰 받음)한다.

- 일반 경기 호황 = 부동산시장 활황 = 경매시장 불황

  ⇒ 시장 이탈(매도자우위시장–비싸게 처분)한다.

결국 싸게 사서 비싸게 처분한다. 아주 잘하는 투자 패턴이다.

남들이 장에 간다고
똥지게를 지고 따라가지 말자.

5_ 달걀에서 폐계까지
닭 한 마리 일생

달걀에서 병아리가 되기까지

병아리가 알에서 부화하는 모습을 상상해보자! 알 속에 갇혀 있다가 깨고 나와 처음 보는 세상은 마냥 신기하기만 할 것이다. 지금 여러분들이 이 단계가 아닌가 한다. 경매세상의 왼쪽 오른쪽이 구분이 잘 안 되는 상황이다. 필자도 처음 경매세상을 접하고 공부를 시작했을 때의 기억이 어제 일처럼 또렷하다. 부동산 경매 전 과정을 닭에 비유하면 간단하다. 처음 책 사보고 공부하고 경매 강좌에서 강의도 듣고, 재테크 관련 동호회에 가입하여 열심히 눈팅도 하고 궁금한 사항을 조금씩 글로 올리는 시기를 알깨기 단계라고 볼 수 있다. 인생의 강력한 무기로 '경매'를 선택

하신 여러분들이 비슷한 과정을 겪게 된다. 미리 가본 선배로서
있을 수 있는 경우를 가정해보자.

"경매 공부가 이렇게 재미있을 줄 정말 몰랐습니다."

"그러실 겁니다~! 아마 지금은 신천지가 따로 없을 겁니다!"

"박사님도 처음 공부할 때 그러셨나요?"

"그럼요, 지금 선생님만큼 황홀해했죠!"

"막막하던 인생 2막에 구원의 동아줄을 발견한 것 같아요."

"그렇게 생각하셔도 무리는 아니죠!"

"이런 신천지를 왜 지금에서야 알았을까 후회막급이라니까요."

"하기 나름입니다. 튼튼한 동아줄로 만들어보세요!"

"그런데 이미 늦은 것 아닐까요?"

"아뇨~! 전혀 그렇지 않습니다."

"너무너무 재미있어요. 이렇게 재미있기는 처음인 것 같아요!"

"매달리지 말고 즐기면서 하세요!"

"그럴 수 있을 것 같아요."

"저도 처음에는 밤새워가며 경매 책 읽었죠."

"그런데 공부는 하고는 있는데 잘하고 있는지 그것이 궁금해요."

"서두르지 마시고, 천천히 끈질기게만 하시면 됩니다."

"막상 해보니까 경매 공부 어려운 것 같아요."

"재미있다고, 돈 번다고 생각하시면 덜 힘듭니다."

"그럴까요, 그러겠습니다!"

"혼자 공부하기 어려우시면 오프라인 수업을 듣는 것도 나쁘지 않

고, 인터넷 강좌도 있고, 동호회 가입도 도움이 됩니다!"

"잘 알겠습니다."

눈 앞에 펼쳐지는 새로운 세상

3~6개월 지속적으로 관심을 두고 열심히 공부하면 그렇게 어렵게만 느껴지던 법률용어와 권리분석에 대한 기본 개념들이 조금씩 눈에 보이기 시작하고, 겁 없이 용기가 나기 시작하는 병아리 시절을 맞게 된다. 한번 저질러보고 싶은 용기가 가상한 시기로 물건 현장에도 가보고, 유료 사이트에 가입하여 물건에 관심을 가지게 되는 시기로 밤에 잠이 안 오는 시기다. 인터넷 동호회 오프라인 모임에 가보면 병아리들이 내뿜는 그 뜨거운 열기에 화상을 입을 정도다. 여러분들에게도 언제든지 문이 열려 있다.

온통 눈에 보이는 것들이 나를 위해서 존재하는 것 같은 황홀한 경험을 하게 된다. 이런 별천지를 왜 이제 알게 되었을까 하는 원망도 살짝 든다. 늦게(?) 시작한 것에 후회도 되는 마음은 바쁘기만 하다. 몇 번의 도전 끝에 마침내 한 건 낙찰 받는 희열을 맛보게 된다. 그러나 병아리에게 첫 건부터 대박이 터지는 경우는 죽어도 없다. 사고(?) 없이 머리를 올리기만 해도 칭찬받아 마땅하다. 그 물건에 결정적인 하자가 없다면 말이다. 이때부터 서너 건 더 할 때까지는 정말로 진지하다.

실수 가능성이 적은 것은 재고 또 재보고 조금이라도 의심 가

면 묻고, 물으며 점검하기 때문이다. 그러니 실수 가능성이 낮을
수밖에 없다. 이렇게 5~6건 하면서 삼계탕용 수준까지는 큰 문제
가 없다.

삼계탕용에서 중닭으로 넘어가기

이 단계부터 차츰 경매가 우스워지기 시작한다. 물론 당사자는
전혀 느끼지 못한다. 기고만장의 건방이 천장을 찌른다. 어려운
단계다. 삼계탕용에서 중닭으로 넘어가기가 그렇다는 말이다. 중
닭으로 가는 단계인데 문제는 대부분 지금부터 발생하기 시작된
다. 중닭을 넘어 장닭 그룹에 포함될 것인가. 아니면 삼계탕용 수
준에서 끝나버릴 것인가는 오로지 자신의 노력과 의지에 달려 있
다. 삼계탕용 수준까지는 잘하다가 이때부터는 목에 힘이 들어가
기 시작한다. 얼마 안 있어 그 목이 처참하게 부러질 것이라고는
꿈에도 생각하지 못한다.

- 물건분석도 대강
- 권리분석도 대충
- 수익성 분석도 대충
- 배당표 작성은 아예 생략
- 임장 활동(현장 조사)도 대강
- 임차인 조사는 경매지만 보고 끝

🏠💲 명도 전략은 안 세우고 입찰부터 하고 본다.

🏠💲 누구 앞에 선다고 해도 정말 자신만만하기 때문이다.

지금까지 여러 건 하는 동안에 눈에 불을 켜고 따져보았지만 별로 위험하지 않았고, 그것들 알아보느라고 시간 깨져 돈 깨져, 차츰 매너리즘에 빠지기 시작한다.

중닭 통곡하는 소리

"환장하겠네!"

"무슨 말씀이세요?"

"낙찰 받고 나서 이게 보였다니 참 어이가 없습니다!"

"그럴 수 있지요."

"아무리 그래도 선순위 임차인을 구분 못 했다니 할 말이 없네요!"

"선순위 임차인이 확정일자가 늦어 배당을 못 받는 부분을 놓쳤다는 것은 누가 봐도 문제가 있네!"

"7,500만 원을 물어내야 한다고 하니 앞이 캄캄합니다."

"돈으로 때우고 끝나는 문제여서 그나마 다행입니다."

"다행이라고요?"

"잘못은 지적받아야 하지만 추가 부담 선에서 끝나잖아요!"

"등기부 권리상에 문제가 없으니 만족하라는 말씀이세요?"

"그렇죠. 수익상의 문제지, 등기부상 권리의 문제는 아니잖아요."

"7,500만 원 추가로 물어주면 남는 게 없는데."

"손해는 안 보시죠?"

"손해까지는 아니죠!"

"그럼 수업료 지불했다고 생각하시고 맘 편하게 생각하세요."

"그런가요?"

"야무지게 공부하셨잖아요."

"병아리 시절로 돌아가서 배당표 공부하고 권리분석 다시 봐야겠어요!"

"좋은 생각이세요. 초심이 중요하죠?"

"그동안 별일 없어서, 긴장이 풀렸던 것 같아요."

"그런 마음이 생겼으면 이번 교훈은 충분합니다."

너무 자주 보는 광경

주변에서 자주 만나는 경매 사고다. 대개 2~3년 투자 경력을 가지고 있는 사람들에게서 자주 보이는 중증 증상이다. 대강 적당히 한두 건 더 하는데도 아무 문제가 발생하지 않는다. 하지만 세상에 공짜는 정말 없다. 입찰보증금을 놓고 고민해야 하는 시기가 이때 반드시 오게 되고, 그 과정 전체를 복기하면서 어떤 경매 책에도 안 쓰여 있는 진짜 공부를 하게 된다. 남부끄러워 내놓고는 말도 못 하고, 밤을 꼬박 새우면서 말이다. 이 터널을 통과해야 부동산 경매 실력은 한 단계 업그레이드되고 경매세계가 보이기 시작한다. 입찰보증금 날리고 그 이유를 본인의 불찰로 돌리고 겸손해지면 중닭을 지나 장닭 그룹에 포함될 자격을 갖추게 된다. 입찰보증금 날린 이유를 경매 제도 또는 남의 탓으로 돌려버리고 경매계를 떠나면 삼계탕용으로 끝나버리는 것이다. 부동산 경매가 야바위판이라고 목소리 높이는 사람은 열이면 열, 삼계탕용 수준의 얼치기들이다.

이 과정을 통과해야 비로소 부동산 경매가 보이며 자신이 어떤 길을 가야 할지가 보인다. 어디 가서도 부동산 경매에 대해서 나팔 크게 불지 않는다. 각 단계에서 즐겨 찾는 모이(물건)들도 다르다. 필자가 경험한 경매시장은 어떤 투자대상보다 정직하다. 공부 더 하고, 수고 더 지불하면 높은 수익으로 돌아오고, 날로 먹으려고 들면 먹힌다는 것이다. 공짜 점심은 없었다.

지난 3년간 전국 총 경매물건 및 재매각 물건 수 현황이다. 이를 보면 전국 재매각 물건 수 합계가 21,131건이다. 입찰보증금을 제공하고 낙찰 받고 난 다음 잘못 낙찰 받은 것이 밝혀져 잔금을 납부하지 않기로 해서, 입찰보증금을 날린 수다. 이처럼 입찰보증금을 몰수하고 다시 경매에 붙이는 물건을 재매각 물건이라고 한다. 하여 재매각 물건 수를 보면 입찰보증금을 몰수당한 사람 숫자를 알 수 있다. 3년간 전국 평균이 6.13%이다.

한 건당 날린 입찰보증금이 1,000만 원이라면 211,310,000,000원(=1천만 원×21,131건)이다. 범인의 90%는 중닭이고, 동네 아주머니 수준의 병아리들이다.

▌큰소리치다 목 부러진 중닭 숫자

	2008년8		2009년		2010년		총 합	
	총 물건 수	재매각 수	총 물건 수	재매각 수	총 물건 수	재매각 수	총 물건 수	재 매각 수(%)
서울시	7,424	273	9,915	451	7,860	340	25,199	1,064(4.22%)
인천시	4,419	224	5,271	306	5,034	376	14,724	906(6.15%)
경기도	16,745	633	23,915	1,347	20,635	1,036	61,295	3,016(4.92%)
대전시	2,486	123	2,690	192	2,128	128	7,304	443(6.07%)
광주시	3,886	138	3,371	209	3,075	207	10,332	554(5.36%)
부산시	7,178	60	7,139	509	5,716	372	20,033	941(4.70%)
울산시	1,609	16	1,798	126	3,433	106	6,840	248(3.63%)
대구시	2,365	76	3,080	180	2,909	159	8,354	415(4.97%)
충북도	4,649	219	6,031	423	5,408	393	16,088	1,035(6.43%)
충남도	9,280	393	8,717	767	8,884	627	26,881	1,787(6.65%)
전북도	6,889	97	8,126	953	6,318	711	21,333	1,761(8.25%)
전남도	13,700	801	15,634	1,584	10,260	1,195	**39,594**	**3,580(9.04%)**
강원도	6,726	316	5,869	522	6,246	595	18,841	1,433(7.60%)
경북도	8,544	424	9,896	811	8,595	733	27,035	1,968(7.28%)
경남도	8,949	160	9,198	724	8,496	572	26,643	1,456(5.46%)
제주도	2,860	122	2,415	241	1,812	161	7,087	524(7.39%)
	107,709	4,075	123,065	9,345	106,809	7,711	337,583	21,131(6.13)

※자료출처 : 지지옥션(www.ggi.co.kr) 자료 정리

장닭과 폐계들은 뭘 쪼아 먹고 사나?

장닭과 폐계의 경지인 도사 반열에 들어서려면 입찰보증금을 한 두 번 날려서 경매세계의 쓴맛을 보는 것도 길게 보면 약이 되고 득이 된다. 물론 실수는 한 번만이고, 수십–수백 배를 수업료 이 상으로 챙겨 나와야 한다.

“아무것도 안 하고 만날 빈둥거린다고들 난리네요!”

“남들 말에 신경 쓰실 것 뭐 있나요?”

“빈둥거리는 것처럼 보이는 것도 무리는 아니죠!”

“그렇다고 병아리처럼 하루 온종일 종종거려야 하나요?”

“그렇죠~~ 그건 아니죠!”

“중닭처럼 여기저기 쑤시고 다녀야 열심히 사는 건 아니잖아요!”

“유유자적하면서 더 치열하게 찾아다니는 게 안 보이는 거죠.”

“보이는 게 전부라는 사람하고 이야기하려면 참 피곤하죠.”

“그런 사람들과는 투자든 경매든 더 이상 이야기하지 않으면 되죠.”

“맞습니다!”

“상종 안 하면 피곤하지는 않겠죠.”

“중닭들은 부리가 간지러워 그게 어렵죠!”

“한두 마디만 들으면 수준 파악이 끝나죠.”

“인터넷에 접속해 보면 말도 안 되는 개그로 실력을 뽐내는 얼치기 중닭들 많이 있습니다!”

“글의 무서움을 모르는 거 같아요!”

“용감한가요, 아니면 무식한가요?”

“잘못하다가는 속된 말로 한 방에 “훅” 가죠~!”

“그런 사람들이 병아리들은 떼로 몰고 다닌다니까요.”

“눈에 뵈는 거 없고 모르는 게 없을 때잖아요.”

“대한민국 경매물건 요리는 자기 혼자 다 요리한다고 말하고 있어요.”

“하루에 3,000건 경매물건을 분석한다고 말하는 사람도 있더라고요!"

"미쳤지~ 1년에 낙찰 60건 받았다고 말하는 사람도 보았습니다."

"웃고 말아야지, 상종해봐야 내 입만 아프고."

"노이즈 마케팅이 효과가 있나요?"

"그럴 수도 있죠, 그렇지만 결국은 실력이죠!"

"그런 것 같아요."

"중닭과 장닭의 차이가 거기서부터입니다."

"중닭의 눈에는 장닭의 내공이 잘 안 보이는 거죠!"

"장닭한테 잘못 달려들었다가 물어 뜯겨 벼슬이라도 떨어져봐야 쓴 맛을 아는데."

"어떤 질문에도 막힘이 없어요! '찾아봐서 대답해드리겠습니다!' 는 없고 언제나 즉석 답변이 자동으로 튀어나와요."

"경매로 아무나 돈 번다고 생각하는 사람들의 특징이 그렇습니다."

"그쯤 되면 더 이상 말 섞기 싫게 되죠!"

"이 세계를 모르는 중닭들이 보면 신선놀음이 따로 없어 보이죠."

"남의 말 신경 쓰지 마시고 그냥 내 갈 길만 가면 됩니다!"

"병아리를 떼로 끌고 다니든 병든 암탉을 댓 마리씩 끌고 낭떠러지로 돌아다니든 알 바가 아니죠."

장닭이나 폐계 수준의 도사들은 하자가 있어 중닭도 쳐다보지 못하는 물건들을 유유자적 내 것으로 차지한다. 입신의 경지에서는 자신과의 게임이 있을 뿐이다. 중닭과 장닭의 차이다.

창공에서 내려다보는 독수리 단계

"장닭이나 폐계를 지나면 마침내 독수리 단계라고 할 수 있겠죠!"

"한 10여 년 구르면 어디 가서 함부로 경매 이야기 안 합니다."

"마주 보는 것과 내려다보는 것과는 많이 다르지요?"

"그럼요, 그림이 완전히 다르죠!"

"시장 분위기는 독수리한테는 그다지 중요하지 않고!"

"원하는 물건 노려보고 있다가 안테나에 걸리면 순식간에 낚아채 가면 그만이잖아요."

"74억 원짜리를 32억 원에 채가는 경우도 봤어요[9]."

"박사님이 관여하셨나요?"

"제 대학원 교수님이 관여한 사건이었는데 저도 코치 좀 했지요!"

"은사님이라고요? 박사님이 일조하셨다는 말씀이세요?"

"확인해보시면 놀라실 겁니다."

"그렇겠네요. 74억 원짜리를 32억 원에 낙찰 받았다고 하면 정신이 번쩍 들겠네요! 그 물건 단타로 가나요, 아니면 자기가 활용하나요?"

"수익률 물어보시는 거죠?"

"네~에~ 그렇죠!"

"수익률 말씀드리면 아마 기절하실 걸요!"

"단타로 처분한다는 말씀 같은데요!"

"경매 감정 가격에 매각하기로 되어 있다고 하더라고요. 그래도 시세보다 싸니까."

"무슨 말인지 알겠습니다."

■74억 원짜리 물건을 32억 원에 낙찰받은 사례

지지옥션 www.ggi.kr 안산1계 2010-6201 상세정보

출력일:2012-03

과거사건	안산3계 2008-17277				
소 재 지	경기 안산시 단원구 ▨▨▨▨▨▨ 도로명주소				
경 매 구 분	임의(기일)	채 권 자	농협중앙	낙 찰 일 시	11.09.19 (종결:11.12.2
용 도	대지	채무/소유자	고▨/고▨ 외2	낙 찰 가 격	3,265,000,000
감 정 가	7,441,860,000	청 구 액	2,017,745,092	경매개시일	10.03.25
최 저 가	3,048,186,000 (41%)	토지총면적	1200.3 ㎡ (363.09평)	배당종기일	10.07.08
입찰보증금	10% (304,818,600)	건물총면적	0 ㎡ (0평)	조 회 수 조회통계	금일1 공고후140 누적84

주 의 사 항

- 유치권
- 공사비(주식회사▨▨설 금475,300,000원, ▨▨건설주식회사 금1,018,900,000원, ▨▨전력주식회시 16,500,000원, 주식회사서흥건설 금422,930,000원)에 대한 유치권신고있으나 그 성립여부는 불분명함(2 1.01.24. 소유자 ▨▨▨ 위 유치권에 대한 배제신청서 제출). 공유자 ▨▨▨▨ 공유자 우선매수 신청서 제출
- 2010.04.28 유치권자 (주)▨▨▨▨(채권단대표) 유치권신고 제출
- 2011.01.24 채무자겸소유자 ▨▨▨ 유치권 배제신청 제출
- 2011.02.09 유치권자 (주)▨▨▨건설 열람및복사신청 제출
- 2011.03.09 소유자 (▨▨▨ 공유자우선매수신고서 제출
- 2011.03.10 기타 (주)▨▨ 공유자우선매수청구권행사에대한이견서 제출
- 2011.03.31 가등기권자 ▨▨▨▨ 경매절차속행신청서 제출
- 2011.08.29 유치권자 (주)▨▨(채권단대표) 열람및복사신청 제출

우편번호및주소/감정서	물건번호/면 적 (㎡)	감정가/최저가/과정	임차조사	등기권리

425-020
경기 안산시 단원구 고
잔동 ▨▨▨▨
 	
●감정평가서정리
- 건축허가(2003년)를
  득하고건축물신축공
  사중(지하층공사중)
  에공사중단된상태임
- 중앙역북측인근
- 주위근린생활시설및
  상업용건물등밀집
- 북측도로월편아파트
  단지소재
- 제 반차량통행용이,대
  중교통사정양호
- 인근버스(정)및중앙
  역소재
- 정방형가까운토지,북
  측중로접함
- 도시지역
- 방화지구
- 중심지미관지구
- 1종지구단위계획구역
- 중로1류(집산도로)(접
  함)
- 대기환경규제지역
- 도시교통정비지역
- 산업단지기타(반월특
  수지역(안산신도시))
	물건번호: 단독물건
	
	대지 1200.3
	(363.09평)
		감정가 7,441,860,000
		• 토지 7,441,860,000
		(100%)
		(평당 20,495,910)
		
		최저가 3,048,186,000
		(41.0%)
		
		●경매진행과정
		　　　7,441,860,000
		① 유찰 2010-11-08
		
		20%↓ 5,953,488,000
		② 유찰 2010-12-13
		
		20%↓ 4,762,790,000
		③ 유찰 2011-01-17
		
		20%↓ 3,810,232,000
		④ 유찰 2011-02-21
		
		20%↓ 3,048,186,000
		⑤ 변경 2011-03-28
		
		　　　3,048,186,000
		⑤ 낙찰 2011-09-19
		
		　　　3,265,000,000
		(43.9%)
		- 응찰 : 4명
		낙찰자:
			●법원임차조사
			
			*목적물부동산을 방문
			한바 폐문이며 건물부지
			로 공사하다가 중지된
			것으로 보이며 양처와
			된 울타리에 ▨▨▨▨프
			라자 유치권 진행중이라
			는 프랭카드가 부착되어
			있음. 주민등록열람한바
			전입세대없음. 세무서
			등록사항등의 현황서 신
			청하였으나 발급없음.
				저당권 농협중앙
				계산
				2003.09.22
				2,400,000,00
				지상권 농협중앙
				계산
				2003.09.22
				30년
				저당권 ▨▨▨
				2005.04.14
				400,000,000
				가등기 ▨▨▨
				2005.08.09
				김만수지분이전청구
				저당권 ▨▨▨
				2008.07.25
				785,000,000
				가압류 ▨▨▨
				2010.03.17
				204,474,329
				임 의 농협중앙
				인천여신관리
				2010.03.26
				*청구액:2,017,745
				
				등기부채권
				3,789,474,3▨
				
				열람일자 : 2010.10.▨

"시세는 90억 원에서~100억 원 정도 한다고 하더라고요!"

"들어간 돈보다 훨씬 더 나온다는 이야기네~!"

"그게 핵심이고 전부죠, 그렇지만 크기가 중요한 것은 아니고."

"양이 아니라 질이라는 말씀이시죠?"

"크기도 중요하지만 좋아 보이면 재개발 지역 반지하 빌라도 과감히 들어가죠!"

"그러시더라고요!"

"재미있는 현상 하나 말씀드릴까요?"

"해주세요~!"

"백화점 문화센터 강의 가서 재개발 지역 반지하 빌라도 돈 된다고 열심히 설명하면 표정이 묘하게 변하는 아주머니들이 있어요!"

"재미있네요."

"돈 내고 시간 내서 수십억 원 ~ 수백억 원짜리 경매물건 폼 나게 설명할 것이라고 왔는데, 강사라는 사람이 한다는 소리가 종잣돈 1천만 원 ~ 2천만 원짜리 반지하 빌라나 이야기하고 있으면 짜증 나고 하품 나오겠죠!"

"무시한다고 생각하나요?"

"그건 아닌 것 같고 환상이 깨지나 봐요!"

"이해합니다."

"무식한 거죠! 투자는 크기가 아니라 수익률이라는 것이 가슴으로 이해 안 되면 어쩔 수 없죠!"

"그래서 나는 우 박사님 같은 사람 싫어해요~!"

"압니다! 무슨 말씀인지."

“조용히 자기 경매만 충실하시지, 얼마나 번다고 책 쓰고 강의하고, 강연하고 바쁘게 그러세요?”

“아는 것을 나누는 것도 그리 나쁘지 않다니까요!”

“동호회까지 운영하고 계시죠?”

“대한민국 경매물건 다 할 수 없잖아요!”

“그래도 경쟁자 양성하는 것은 바람직하지 않다니까요.”

“경쟁하는 물건이 서로 다르니 그다지 상관할 일 아닙니다.”

“글쎄, 그게 그렇지 않다니까요.”

“제자들하고 같은 물건을 두고 경쟁한 적도 있어요!”

“결국 그렇게 된다니까요.”

“내 주변 사람이 낙찰 받는 것이 더 즐겁죠!”

“그럴까요?”

“생각해보세요!”

“뭘요~?”

“주변에 부자 친구 백 명 있는 게 좋겠어요, 아니면 노숙자 친구 백 명 있는 게 좋겠어요?”

“에~이 박사님, 비유가 너무 극단적이네!”

“그렇다는 말입니다.”

“계속해서 책 쓰고 강의하시겠다는 말씀이시네요. 웬만하면 그러지 마시라니까요!”

“내 갈 길 가겠습니다.”

“어렵지 않을까요?”

“병아리 양성도 의미가 있습니다!”

경매 투자를 자금의 크기로 따질 일이 아니다. 오로지 수익률만이 최고의 가치여야 한다.

어차피 세상일은 마음먹기에 달려 있다.

해보지도 않고 미리 결과를 결정할 일이 아니다.

한번 해보자.

야무지게 도전해보자는 말이다.

그 과정이 순탄하리라고는 생각하지 않는다.

많은 어려움과 시련은 있을 것이다.

누구나 처음에는 병아리였다. 경매 투자가 위험과 행복이 공존한다고 하는데 그게 도대체 무슨 말인지 모를 수 있다. 또한 오해의 시선으로 바라볼 수도 있다. 그런다고 더 주저할 게 뭐 있겠는가. 시작하자. 머지않아 목표인 100억에 도달하고 있을 것이다.

'1,000명 100억 프로젝트'는
여러분과 함께 시작하는 원대한 구상이다.

1 보험설계사 주도, 가족들 100건 넘게 보험 가입 : 보험설계사가 가족을 끌어들여 100건이 넘는 보험에 집중 가입해 보험 사기를 치다가 경찰에 적발됐다. 광주지방경찰청 광역수사대는 다수 보험에 가입한 후 가벼운 사고를 위장해 억대의 보험금을 편취한 혐의(사기)로 보험설계사 김 모(35·여) 씨에 대해 구속영장을 신청했다. 또, 김 씨와 범행을 공모한 남편, 시동생, 시동생의 처 등 3명을 불구속 입건했다. 김 씨 등은 지난 2009년 6월부터 집 안에서 일하다가 넘어졌다는 등 가벼운 상해와 질병을 핑계로 장기간 입원해 1일 72만 원의 입원비를 타는 등 39회 입원을 통해 총 1억 6천만 원의 보험금을 부당하게 타낸 혐의를 받고 있다. 김 씨는 지난 2008년 11월부터 2009년 2월까지 남편과 딸 등 일가족 3명의 명의로 47건(월 보험료 196만 원)의 보장성 보험에 집중 가입했던 것으로 조사됐다. 특히 시동생인 김 모(41) 씨의 가족 3명은 2009년 2월 한 달 새 54건(월 보험료 239만 원)의 보장성 보험에 가입했던 것으로 드러났다. 경찰의 한 관계자는 "보험 범죄는 보험회사만 피해를 볼 것 같지만 사실 서민 등 대다수가 가입한 보험료의 인상을 초래해 서민 경제를 침해하는 범죄"라며 "엄중히 단속할 방침"이라고 밝혔다.(2011.12.25 조선일보 기사 인용)

2 전북 김제경찰서는 11일 처남이 인터넷 도박장을 운영해 얻은 범죄수익금 110억 원 가량을 은닉한 이 모 씨를 범죄수익은닉의 규제 및 처벌 등에 관한 법률 위반 혐의로 구속했다. 경찰에 따르면 이 씨는 지난해 6월 김제시 금구면 선암리 자신의 밭에서 플라스틱 페인트통과 김치통에 110억 7,800만 원을 담아 땅에 묻는 등 은닉한 혐의다. 조사 결과 이 씨는 지난 2009년 도박개장 혐의로 수감된 처남 이 모 씨 등 2명에게 도박 자금을 받아 이를 보관한 것으로 드러났다. 지난 2월에도 서울 여의도백화점 물품창고에서 비슷한 일이 있었다. 현금 10억 원이 든 상자가 발견됐는데, 주인을 찾고 보니 역시 인터넷 불법 도박업자였다. 11일 경찰청 사이버테러대응센터에 따르면 지난 2008년부터 올해 3월까지 적발한 인터넷 도박사범은 총 4만 2,665건으로 전해진다. 하지만 2009년 2만 9,000여 건에 달한 적발 건수가 지난해엔 6,000건으로 줄었다. 최근 인터넷 도박 사이트는 운영·환전·모집 등 역할을 세분화해 마치 기업과 같은 조직력을 가지고 교묘하게 운영되고 있어 수사당국이 불법 도박 사이트를 적발해내기 힘든 실정이다. 사람들은 이제 도박장을 찾을 필요 없이 PC만 있으면 포커와 고스톱 등 사설 경마, 경륜 등 스포

츠 도박(토토), 바다이야기, 바카라까지 도박을 쉽게 접할 수 있어 대응책 마련이 시급한 상황이다.(2011.04.12. 중앙일보 기사 인용)

3 「불법 탈법의 온상 강원랜드」 중 일부 : 도박 중독자가 된 사람들, 전 재산을 탕진하고 노숙자가 된 사람, 자살로 생을 마감한 도박 중독자, 5,000원에 몸을 파는 여성 도박 중독도 사실 매년 반복되는 레퍼토리이다.(2009.06.23. 동아일보 기사 인용)

4 복권 당첨금 50%, 수수료 10%, 정부 기금 40% : 복권의 판매 수익금 중 약 50%는 당첨금으로 사용되며 약 10%는 복권의 발행이나 판매 등에 사용되는 비용에 충당한다. 나머지 40% 정도가 복권 수익금으로 복권 기금 사업의 재원으로 조성되는 구조이다. 지난 2004년 복권 기금 설치 이후 복권 판매 수입의 배분 구조에서는 당첨금이 약 50%를 유지하고 있다. 발행 및 판매에 들어가는 비용은 초기에 약 10% 이상이었다가 점차 낮아지는 추세를 보이고 있다. 이에 따라 정부는 향후 복권 판매 수입의 40~42% 정도가 복권 기금 재원으로 들어올 수 있을 것으로 예상하고 있다. 로또복권의 경우도 크게 다르지 않다. 올해 상반기 복권 판매에서 로또복권은 1조 3천억 원을 웃도는 판매액을 기록했다. 이 중에서 당첨금으로 지급된 액수는 판매액의 50%에 달하는 약 6천 6백억 원이다. 복권 사업비로 불리는 수수료도 전체 판매액 중 8%가량을 차지하는 지출 항목이다. 복권 사업비는 세 가지로 나뉘는데 판매 수수료 7백 26억 원, 위탁 수수료 2백62억 원, 추첨 방송 등 발행 경비에 29억 원가량이 지출되었다. 미지급 당첨금이나 기타 수익이 발생하지 않는 한 정부는 당첨금과 복권사업비를 제외한 금액을 가져가게 된다. 정부는 올해 상반기에 로또복권으로 5천 5백 80억 .원의 수익을 거두었다.(2011.12.17. 시사저널 기사 인용)

5 시중에 공급되는 유동성(=현금 등)이 증가한다.

6 경매시장이 활성화된다는 말이다. 경매시장이 활성화되면 경매 투자 수익률은 줄어든다.

7 경매물건이 증가한다는 것은 '일반 경기-부동산 경기'가 바닥일 때이고, 경매물건이 감소한다는 것은 '일반 경기-부동산 경기' 활황기라고 볼 수 있다.

8 2008년 재매각 수에서 부산광역시, 울산광역시, 대구광역시, 전라북도의 자료는 정확하지 않는 것으로 추정된다. 감안하시고 참고해주시면 된다.

9 수원지방법원 안산지원 2010타경6201번 참고.

CHAPTER 3

'100억 돈벼락' 맞기 위한 피뢰침 준비하기

이 장에서 소개하는 부분만 온전히 내 것으로 한다면 여러분의 경매 입문 비용은 Zero가 될 수 있다. 배수의 진은 이미 쳤다. 남은 인생 전체를 살아가는 데 필요한 강력한 무기를 만드는 구체적인 방법을 찾는 것이다. 경매를 처음 시작할 때 필요한 정보처와 인맥을 싸게 구축하는 데 필요한 동호회를 보여드린다. 세상 모든 일의 주인공은 결국 사람이다. 결정적인 상황에 손을 잡아줄 능력 있는 전문가가 주변에 있다면 적은 수고로 훨씬 더 큰 결과를 만들어낼 수 있는 것이 세상사다. 그 차이가 쌓여서 인생의 전체 그림이 결정된다.

'1,000명 100억 부자 만들기' 프로젝트의 토대를 보여드리겠다. 남에게 도움을 받으려면 자기 몫은 해야 한다. 그래야 오래 간다. 혼자 잘 살 수 있는 독불장군은 있을 수 없다. 험한 세상을 향해 혈혈단신 나 홀로 맞선다는 게 쉽지 않다는 것은 이미 절감들 하셨다. 그래서 새로운 경매결사체를 조직할 것을 제안해보았다. 이곳은 경매병아리 인큐베이터다. 모이로는 필자의 경매 지식을 아낌없이 내놓을 작정이다. 판은 필자가 깔겠다. 춤은 함께 추자는 말이다.

경매로 팔자를 한번 리모델링 해보고 싶은 분, 남의 눈치 보지 않고 세상을 개척하려는 사람들과 함께하겠다. 시작도 못 한 청춘이 시드는 것은 비극이다. 북풍한설 몰아치는 황량한 겨울 벌판에서 찬바람에 홀로 맞서고 있는 분들은 더 환영이다. 여러분이 도와주시면 나는 아낌없이 퍼드리겠다.

부동산 투자의 최대 걸림돌인 종잣돈 부족을 해소하는 방법과 부족한 종잣돈을 가지고도 경매의 지렛대를 활용해서 몇 배 크기의 경매물건을 들어 올리는 방법을 보자. 투자의 핵심은 누가 뭐라고 해도 오로지 수익률이다.

5,000만 원 투자해서 5,000만 원 남기는 사람이 잘한 투자인가. 1억 원 투자해서 5,000만 원 남기는 사람이 잘한 투자인가. 길게 이야기할 일이 아니다. 필자의 투자 사례를 당당히 보여드리겠다. 경매의 장점을 102% 활용하는 테크닉을 보여드리겠다는 말이다. 마지막으로 경매 정보지를 통해 경매물건의 윤곽을 잡는 방법을 함께 본다.

1_ 경매 정보의 바다!
인터넷 세상으로 들어가기

대법원 홈페이지 www.scourt.go.kr

지금부터 법원 경매를 하기 위해서 매우 유용한 사이트 11개를 소개할 것이다. 우선 대법원 홈페이지다. 인터넷 검색 창에서 대법원(www.scourt.go.kr)을 검색하면 대법원 홈페이지로 들어가게 된다. 인터넷 포털 검색창에 한글로 '대법원' 하시거나 영문 주소로 접속하시면 된다. 접속한 다음 초기 화면에서 왼쪽 하단을 보면 법원 경매 전용코너 '법원경매정보 : 경매정보 및 입찰참여'가 따로 만들어져 있는 것을 알 수 있다. 또는 화면 중 하단에 있는 '부동산경매사건 검색' 을 클릭해도 사건 검색이 가능하다. 어느 쪽을 이용하시든지 사전에 검색하고자 하는 사건번호를 알고 있어야 한다.

경매법원 www.courtauction.go.kr

정식 명칭은『대법원 법원 경매 정보』다. 대법원이 운영하는 경매 정보 코너다. 대한민국의 모든 경매물건의 정보수집-물건수집-진행과정을 알 수 있다.

초기 화면에는 경매물건의 다양한 검색을 위해서 여러 코너가 마련되어 있다.

「경매공고-경매물건-매각통계-경매지식-이용안내-나의경매」로 구분되어 있다. 각 하위 메뉴가 있어 이용자에게 많은 편의를 제공하고 있다.

예를 들어 '경매공고'의 하위 메뉴로 가면 "공지사항-배당요구종기-부동산매각공고-동산매각공고"가 있다. 경매물건의 경우 하위 메뉴로는 "물건상세검색-지도검색-기일별검색-자동차*중기검색-인기조회물건-인기관심물건-매각예정물건-매각결과검색-경매사건검색"으로 이루어져 있다.

그 하위 메뉴를 잠깐 보자. 경매물건의 하위 메뉴인 "기일별검색"은 날짜에 따라 물건을 선정할 수 있도록 해놓았다. 종합별 검색에서는 지역, 용도, 가격 등에 따라 조건을 달리하여 물건을 선정할 수 있도록 정보를 제공하고 있다.

"매각(=경매)결과검색"에서는 매각기일 다음 날부터 1주일간 매각 결과에 대한 정보를 제공하고 있다. "경매사건검색"에서는 매각기일 이후의 진행 상황에 대한 모든 정보를 확인할 수 있다. '매각통계-경매지식-이용안내-나의경매' 코너에도 다양하고 유용한 정보가 가득하다. 기존에는 경매사건에 대해서 제공되는 자료를 1주일 전에 조회가 가능하였으며, 감정평가서와 현황조사서는 2주일 전부터도 조회할 수 있다. "매각물건명세서"만 1주일 전부터 검색할 수 있도록 정보를 올려놓고 있다. 대법원에서 제공되는 정보는 입찰 당일에 법원에 비치해놓는 자료이므로 사전에 경매물건의 검색에서부터 선정 그리고 분석을 하는 데 활용하면 많은 도움이 된다. 또한 경매사건의 진행 여부를 입찰 당일 마지막에 확인하는 작업도 여기서 가능하다.

대한법률구조공단 www.klac.or.kr

경매 공부에서 어려운 부분 중 하나가 권리분석이다. 그러나 웬만큼 공부를 하면 기본적인 권리분석은 가능하다. 그러면 어디에서 실력 차이가 나는 것일까. 『주택임대차보호법』과 『상가·건물

임대차보호법』에 관한 관련 판례를 누가 더 많이 알고 있는가에 따라 판가름이 난다. 임대차 관련 판례를 공부하는 데 더없이 유용한 사이트다.

대한법률구조공단 초기 화면에서 법률정보 코너로 접속하면 하위 메뉴에 법률상담사례 창이 있다. 이 창으로 접속하면 다시 하위 메뉴로 주택임대차보호법 상담코너와 상가·건물임대차보호법 상담코너가 마련되어 있다. 모든 이용이 무료다. 이 사이트의 상담코너에 올라와 있는 상담내용만 충분히 공부하시면 시중에 나와 있는 경매관련 "권리분석" 책을 사실 필요가 없을 정도다. 필자도 독자들로부터 "임대차 문의"나 "권리분석"에 관한 문의가 들어와서 판단이 애매할 때는 이 사이트를 참고한다. 임대차 관련 상담코너는 대한민국 최고로 알차다.

주택임대차보호법의 세부 항목은 '주택임대차보호법의 적용범위, 주택임대차인의 대항력, 임대차기간 및 보증금의 증액, 주택임대차인의 우선변제권, 임차권등기명령제도, 소액임대차인의 최우선변제권, 기타 주택임대차문제'로 나누어져 있다.

상가·건물임대차보호법의 세부 항목은 '상가·건물임대차보호법의 적용범위, 상가임차인의 대항력, 상가임대차기간 및 임차료, 상가임차인의 우선변제권, 상가임차권의 양도, 상가임대차계약의 종료, 기타 상가임대차문제'로 나누어져 있다.

인터넷 공매시스템 '온비드' www.onbid.co.kr

한국자산관리공사 'kamco.or.kr'가 운영하는 공매물건 전자자산 처분시스템이다. 법원 경매에서는 부동산과 준부동산만을 처분한다. 이에 반해 온비드는 '사람'만 빼고는 다 사거나 임대할 수 있다는 말이 있을 정도다. 그만큼 부동산뿐만 아니라 다양한 물건이나 권리를 매각하거나 임대하고 있다. 세금을 체납해 압류 후 처분되는 물건과 국가기관에서 불하하거나 임대하는 국유재산의 경우에 대부분 온비드 사이트를 통해 진행한다.

온비드 사이트의 특징은 자산관리공사의 공매물건 외에도 정부, 지방자치단체, 교육기관 등 전국 모든 공공부문의 매각이나 임대 업무를 사실상 총 대행하고 있다는 점이다. 2002년에 개시된 원스톱 입찰 시스템은 입찰의 편리성이 아주 우수하다. 2012년부터 공

매 관련 제도가 전면 개편되어 투자자 중심으로 더 편리해졌다. 온
비드에 회원으로 가입하면 매각물건이나 임대물건의 목록을 e-메
일로 보내준다. 경매와 공매는 하늘과 땅만큼 차이가 크다.

지지옥션 www.ggi.co.kr

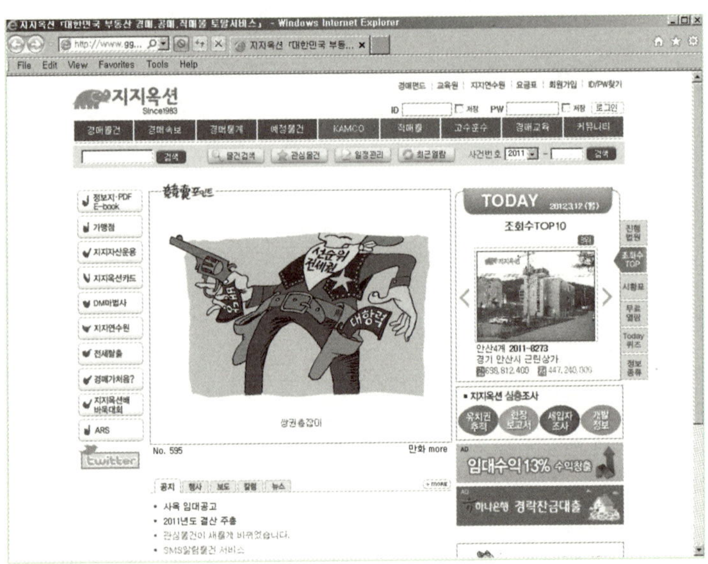

부동산 경매물건에 관하여 상세한 내용을 제공하는 유료 사이트
다. 경매 정보 제공업체 지지옥션(www.ggi.co.kr)에서 운영하고 있
다. 콘텐츠 구성이나 방대한 자료 등이 독보적인 사이트다. 유료
사이트여서 사용 기간이나 지역별로 사용료를 지불해야 한다. 현
장 조사를 하기 전에 1차로 물건을 확인하여 입찰 여부를 판단할

때 많은 도움을 받을 수 있다. 경매 관련 각종 통계도 응찰하고자 하는 투자가들에게 유용한 등대 노릇을 하고 있다.

초기 화면을 보면 '법원경매-경매속보-예정물건-공매정보-민간경매-급매정보-은행담보매각-경매교육-커뮤니티'로 구성되어 있다. 아울러 「법원경매진행물건수, 법원경매현장보고서, 법원경매예정물건수, KAMCO공매진행물건수, 민간경매진행물건수, 급매물건수, 은행담보매각물건수」 등은 매우 유용하다.

경매 정보 코너는 전국 법원별로 지난 기일의 사건이나 예정 기일의 사건을 신속하게 제공한다. 조건별 검색에서는 소재지나 부동산의 용도, 정렬 방식을 달리하여 검색할 수 있다. 관심 있는 지역이나 물건을 설정하여 검색하면 용이하다.

경매물건의 상세 정보를 보면 법원 기록인 감정평가서와 물건명세서는 물론이고, 토지이용계획확인원, 등기부등본, 지번도 등 해당 관공서에서 비용을 들여 발급받는 서류들도 제공하고 있다. 무료 출력도 가능하다.

또한 임차인 확인을 위해 동사무소 방문 시에 지참해야 하는 경매공고 기록도 이 사이트의 해당 기록을 프린트해서 가져가면 전입자 확인을 할 수 있다.

기타 조건별 다양한 검색들이 가능하여 취향에 따라 자료를 모으고 분석하는 등의 조사 활동을 보다 능률적으로 할 수 있다. 이와 같이 기본적인 정보를 바탕으로 마음에 드는 물건을 찾아내면 그다음은 임장 활동을 통하여 본격적으로 여러 사항들을 본인이

직접 조사하여야 한다. 유료 정보 제공업체의 모든 정보는 참고
사항으로만 사용한다는 점을 명심하자.

경매 정보 무료사이트 '리치옥션' www.richauction.com

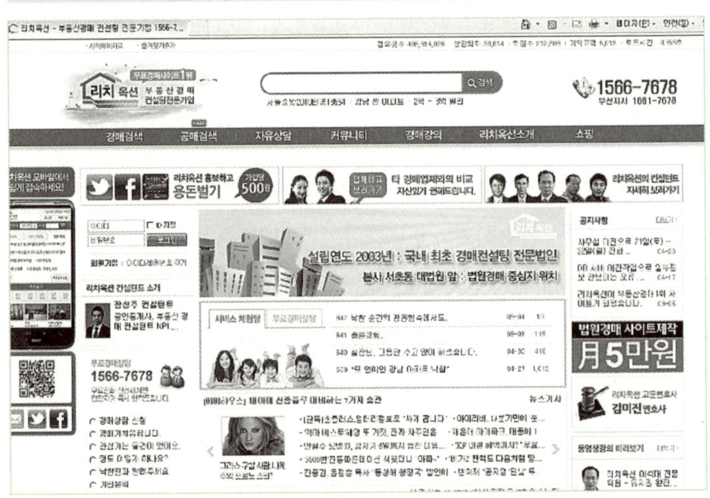

　　국내 최대 회원 수를 자랑하는 경매 컨설팅 전문업체이다. 약
50여명의 경매 각 분야의 전문컨설턴트들이 활동하고 있다. 최근
에는 경매와 부실채권(NPL)을 결합한 컨설팅으로 영역을 확장하
여 고객들에게 이전과는 다른 차원의 서비스를 제공하고 있다.

누군가의 도움을 받아야 할 때는
확실히 받아들이자.

2_ '1,000명 100억 부자 만들기' 프로젝트 스타트!

185페이지의 최근 낙찰 사례를 보신 분들은 놀라 입이 다물어지지 않을 것이다. 35억 원 투자해서 75억 원에 매각했다. 가지고 있던 자기 자금은 10억 원 채 되지 않았다. 수익을 따져보자. 10억 원 자기 자금 동원해서 40억 원 더 받았다. 나머지 계산이나 그림은 직접 해보시기 바란다. 그러나 문제는 그 사례가 남의 이야기라는 것이다. 나하고는 아무런 관계가 없다는 것이 문제다. 투자 금액이 크다고 염려하는 분들도 계시다. 그거야 간단하다. 규모를 줄이면 된다. 줄여보자. 1/10로 줄이자. 3억 5천만 원 투자해서 7억 5천만 원에 매각했다고 하자. 1억 원 내 돈 동원해서 4억 원 더 받았다고 하자.

이런 사례가 지금 내게도 장차 일어날 수 있을 것인가, 오로지 그것만이 문제다. 얼마든지 가능하다. 제대로만 배운다면 말이다. 그리고 제대로 된 멘토를 만나면 말이다. 서두르지 말고 차근차근 하나씩 준비해보자. 경매에 입문하는 분들이 고수들로부터 아낌없는 자문을 받는 공간으로 동호회만 한 것도 찾기 어렵다. 경매는 처음에는 혼자보다는 누군가의 도움이 절대 필요한 부분도 있다. 남들과 어울리면 더 높은 시너지 효과를 얻을 수 있다는 말이다. 내 것이 소중하고 귀하지 않는 사람이 어디 있을 것인가. 그러나 더 많은 것을 이루고 싶고, 더 멀리 가려면 소중하고 귀한 내 것부터 먼저 내 놓을 줄 아는 지혜가 필요하다. 세상에는 너무나 많은 눈들이 있다. 물론 그런 인식이나 남의 시선을 의심해서 가짜로 나누자는 말이 아니다. 진심이 가면 진심이 온다. 자기 혼자만 잘 살 수 있는 사람은 세상 어디에도 없다. 누구에게도 예외 없이 적용되는 진리다. 경매박사라는 필자도 지금 소개하는 인터넷 동호회에 회원으로 가입해서 세상의 경매 흐름을 살펴보고 있다. 또한 직접 동호회를 운영하고 있다. 이 공간을 통해 필자가 경험한 15여년의 경매투자와 부실채권투자 세계를 아낌없이 펼쳐보이겠다. 독자 여러분들도 잘 살펴서 가입하시면 많은 도움을 받을 것이다.

북극성주의 경매 재테크 초보자 특강

- **참가 대상** : 실전 경매 재테크에 막 입문했거나 입문할 예정인 분들로, 북극성 회원이라면 누구나 참여하실 수 있습니다.

- **특강 내용**
  ① 경매 재테크 초보자에게 전하는 북극성주의 팁!
  ② 2000만원 미만의 소액으로 셀프 경매하는 노하우
  ③ 2010~2011년 낙찰 실전 사례를 통한 수익성 있는 경매물건 접근 방법

- **특강 시간**
  - 오전반
  - 오후반

- **특강 장소**
  북극성 교육장 : 지하철 2호선 낙성대역 8번 출구 바로 앞 현대자동차 2층

- **특전**
  - 북극성주의 사인이 담긴 '친절한 경매(1만3천원)' 무료증정
  - 특강을 들으신 후 (강의공지 & 후기)에 후기를 남겨주시면 특별등업을 해드립니다. 정회원은 우수회원으로, 우수회원은 최우수회원으로!

- **회비** : 3만원
- **인원** : 선착순(입금순) 40명
- **신청방법**
  아래의 〈입금 계좌〉로 수강료(3만원)을 입금하신 후, 게시물 하단에 꼬리말(댓글)을 달아주세요
  〈입금계좌〉
  〈입금금액〉 3만원
  〈댓글 양식〉 오전반 또는 오후반 / 이름(입금자명) / 연락처 / 기타 하고 싶은 말

  기타 문의사항은 북극성 02-886-8655로 연락바랍니다.

운영자 : 북극성주(아낌없이 경매 지식을 나누는 카페로 참 인간적이다).

야생화의 실전경매 – "실전경매 기초반" 13기 모집(마감되었습니다)

"실전경매 기초반" 13기 강좌

초보에서(병아리) 실전까지 속성으로 단기간에 완성하는 과정입니다.
교육비에 부담을 느끼시는 분들을 위해 경매 전 과정을 단시간에 완성하는 과정으로
마련하였습니다.

■ 일　　정 : 201*년 11월 12일(토).19일(토).26일(토) 3주간 총 24강
　　　　　매주 오후 2시~7시 50분까지
　　　　　법원 견학 추후 지정(주중 오전 10시~2시까지 4시간) 수강생은 무료

■ 장　　소 : 신촌 비즈토즈(신촌역 7번 출구)02-71*-01**

■ 강　　사 : 야생화(배중렬 교수)–"100배의 축복" 저자
　　　　　쾌걸조로(고정*) 법원 견학 담당

■ 수 강 료 : 15만 원 (교재비 1만 원 별도:강의장에서 납부)
　　　　　기초반 수료자 12만 원
　　　　　계좌번호 : 01120**–0*–1569** 국민은행 고**(야생화의실전경매)

■ 신청인원: 선착순 40명

■ 강의내용 : 이번 강의는 실전 사례를 중심으로 합니다

운영자 : 배중렬(독실한 크리스천으로 왕성한 활동과 함께 베푸는 행복을 아는 고수다)

『조재팔의 속성 경매 평일반』

안녕하십니까. 행동하는 부자 조재팔까페에서 공지 올립니다.

이번에 분당 수내역 인근에 자그마한 공간에서 공부도 하고 투자도 하면서 많은 얘기를 나누는 그런 모임을 한번 만들고자 합니다. 10명 내외의 소수 인원으로 진행합니다.

■ 교육 대상

- 경매 공부는 하였으나 실전 경험이 없는 분
- 경매 투자에 관심은 있으나 방법을 몰라 망설이는 분
- 실전 경험은 있으나 2%가 부족한 분
- 아파트·빌라는 이제 그만……. 토지 및 특수 물건에 도전하실 분
  그 외 실전 투자를 원하는 카페 회원 누구나…….

■ 강사진 및 강의 내용

- 조재팔 (20년 경매 경력, '한방에 끝내는 부동산 경매' 저자)
- 투자 중심의 실무 위주 교육
- 소수의 인원으로 효율적인 공부
- 현재 진행하는 물건 위주의 수업
- 법정지상권, 지분 물건, 토지경매 위주 수업
- 경매 투자물건 수시 상담 가능, 교육 기간 중 투자물건 추천

■ 일정 및 기타 사항

- 개강일자 : 201*년 **월 : **일(*요일)
- 교육기간 : 201*년 **월 **(목) ~ 201*년 **월 *8일(목) 5주간 매주 목요일
- 교육시간 : 오후 7:00~오후 10:00 : 3시간
- 교육인원 : 선착순 10명
- 수 강 료 : 30만 원
- 교재 무료 제공, 교육기간 중 우수 물건 추천
- 교육장소 : 성남시 분당구 수내동 23*-1* 로얄팰리스하우** (분당선 수내역에서 200 미터)

운영자 : 필명 조재팔(꼭 한번 만나보고 싶은 초절정 고수로 임야, 전답이 주특기다)

그동안 지신(地神) 카페 시즌1을 아껴주신 회원 여러분 대단히 감사드립니다.

지신은 그동안 여러 회원님들의 많은 관심과 사랑으로 어느덧 4만 명이 넘는 카페가 되었습니다. 회원님들의 숫자가 많아 좋은 점도 많이 있었지만 요즘처럼 하루가 다르게 변화하는 부동산시장에 대응하기에는 조금 버거운 느낌도 없지 않았습니다.

좀 더 빠른 업데이트와 발 빠르게 시장에 대응하고 또 새로운 정보들을 회원님들과 공유하고자 지신 카페는 기타 카페 및 개인 블로그, 기업 홈페이지 등에 전면 개방하기로 하였습니다.

이렇게 해서 얻을 수 있는 효과는 좀 더 다양한 정보와 빠르게 변화하는 시장의 트렌드를 회원님들께서 쉽게 파악할 수 있는 장점과 각각의 회원분들께 맞춤 서비스를 제공해드릴 수 있는 기회가 될 것 입니다

지신 협력 게시판에 입주하시면 게시판지기 권한을 드리며 지신 회원님들께 다양한 생각과 정보를 올려주시는 조건으로 입주한 게시판 내에서는 모집, 홍보, 영업 행위를 포함한 모든 내용들을 아무런 제한 없이 하실 수 있도록 하였습니다.(단 미풍양속을 해치지 않는 범주) 입주 가능한 게시판으로는 부동산, 보험, 세무, 금융, 법률 등과 모든 재테크 및 커뮤니티 성향이 있는 게시판입니다.

지신과 함께 성장할 신생 카페 및 블로그도 환영합니다.

또한 지신 협력 부동산 업체도 모집하고 있습니다.

각 지역에서 현업으로 하고 계시는 부동산 사장님들과 여러 회원님들과 네트워크를 구성하기 위한 방법으로 실시간 실거래 및 부동산 동향 등을 올려주실 협력 부동산 사장님들을 모십니다. 지신 협력 부동산은 최우수 회원님들의 맞춤 부동산 컨설팅과 기타 회원님들과 부동산 사장님들과의 연결하는 연결 고리가 될 것입니다. 많은 관심 부탁드립니다.

운영자 : 필명 다누(경매 카페의 원조 격에 해당하는 동호회로 최근 대대적인 정비를 마쳤다)

2011년 행복재테크 가을 정모 마감

오랜만에 정모가 진행되고 카페 회원분들의 참여로 공지 3시간 만에 80여 명이 초과되어 신청 마감되었습니다. 정모 공지 글은 회원분들의 정보 노출 위험이 크기 때문에 운영진 게시판으로 이동되었습니다. 대기자분들에게는 공석이 생기면 순차적으로 연락드리도록 하겠습니다. 행복재테크의 큰 관심과 참여 감사드리며 이번 정모도 알찬 가을 정모로 만들겠습니다^^

〈★★부제 : 행크 KR클럽 공개특강★★〉

1. 정모 상세 내역

    장   소 : 송내역(북부) 부근 복사골 문화센터(약도 참조)

    일   시 : 20**년 10월 **일 토요일 오후 4시~7시(시간 엄수!!)

    마감인원 : 80명(입금순으로 선착순 마감)

〈강의 pm 4:30 – 6:30〉

오후 4시 입장하여 KR클럽 회원 및 카페 칼럼니스트 소개 후 4시 30분부터

<u>특강1 월천*님의 "직장인의 부동산 경매(유치권 해법 찾기 및 다가구와 맞벌이하기)"를</u> <u>주제로 강의가 예정되어 있고, 10분 휴식 후</u>

<u>특강2 너바*님의 "초보 투자자를 위한 경매 투자 전략"</u>을 주제로 이어서 강의가 진행됩니다. 두 분은 카페 칼럼니스트로 카페에서도 왕성한 활동을 하시는 분들로, 부동산과 경매 투자 전반에 대한 고수라는 건 칼럼을 읽어보신 분들이라면 아실 겁니다.

유용한 강의이기에 회원님들께서 부동산 및 경매에 투자를 하실 때 많은 도움이 될 거라 생각합니다.

《강의실 입장 시간은 반드시 엄수해주시기 바랍니다》

〈저녁 식사 pm 7:30 – 8:00〉

운영진, 카페 칼럼니스트, 전문가 칼럼분 참석하십니다.

〈2차 간담회 pm 8:00 ~ 〉

2차 모임은 호프집에서 진행되고, 참석자에 한하여 추가로 1/n 비용이 발생합니다.

특강을 해주신 월천*님과 너바*님도 참석하시고, 또한 카페의 고수님들, 칼럼니스트, 운영진과 함께 좋은 시간을 보낼 예정입니다.

운영자 : 행복지키미(막강한 필진을 자랑하는 카페로, 송 사무장의 실전 경매는 언제나 흥미롭다)

국유재산 공매 및 각 기관 공매 교육 시간표

매주 토요일 오전 10:00~13:00(권오현 박사)

교육일자	과 목	강 의 내 용	비 고
11월 19일	개강 공매의 정의 공매 기관	과정 안내. 경매 배경 공매 집행 기관의 설명 공매 기관 설명	다양한 공매 기관 물건 소개 분석
	한국자산관리공사의 공매	유입재산의 설명 해설 수탁재산의 설명 해설 공매지 해설 온비드 입찰 방법	KAMCO 물건 소개 양도소득세 감면 인터넷 가입 방법 공인인증 가입 방법
26일	예금보험공사의 공매 정리금융공사 공매 금융권 공매	예금보험공사의 공매의 해설 정리금융공사 공매의 해설 금융권 공매의 해설	파산재산의 소개 파산재산 공매 물건 소개
	신탁재산 공매	신탁재산 공매의 해설 신탁재산 공매물건의 분석	신탁재산 물건 소개
	공매경매물건 분석 권리분석	경매, 공매 우량물건 소개 권리분석, 물건분석	관심물건 분석 경매 공매 비교 분석
12월 3일	관세청. 경찰청. 복지보훈공단 동산공매 자동차 공매	동산 공매 취득 방법 공매지 분석 공매사이트 검색 요령 각 기관별 자동차 공매	동산공매를 통한 재산 취득 공매 명도 방법 자동차 공매의 입찰 절차 방법
	지방자치단체 공매	지방자치단체의 공매	체비지 매각 설명
10일	공매 국유재산	국유재산의 의의 국유재산의 역사 국유재산의 해설	국유재산의 이용 국유재산을 통한 인허가 기법
17일	국유재산법 해설 취득 요령	국유재산 임대 해설 국유재산 취득 절차 국유재산 이용 및 전용 방법	국유재산 임대 활용 방법 잔지 활용 기법
24일	공매 경매 비교 권리분석	물건별 권리분석 추천 물건 소개 및 해설	국내 유일의 경공매 비교 분석
31일	공매 경매 비교 낙찰 후 사후 대책 경공매 물건분석	낙찰 후 공매 취소 방법 인도 명도 방법 경공매 우량물건 선정 분석	공매 취소 방법 송달 방법 물건권리 물건분석
	토지공매	국공유재산 토지해설 시유지 투자 요령 및 해설 도로 공매 농지 해설	토지의 특성 공매와 토지 거래 농취증과 농지원부

운영자 : 권오현 박사(필자도 존경하는 대한민국 최고의 공매 실전 전문가, 공매 교육에 열심이다)

아기곰 동호회 연합 세미나 안내

동호회원 여러분 안녕하세요?

시절이 하수상(?)합니다. 8월 초 불어닥친 해외발 악재로 국내외 상황이 어수선합니다. 이런 와중에서도 지방 등 일부 지역은 오름세를 보이고 있고, 일부 지역은 오름세를 타다가 주춤하고 있고, 또 다른 지역은 오름세는커녕 집을 보러 오는 사람조차 없는 혼조세가 이어지고 있습니다. 그런 와중에서도 전세난은 극에 달하여 집이 없는 분이나 집이 있는 분 모두 혼란스러운 시절을 보내고 있을 것입니다. 국제 경제 상황도 인플레이션과 더블 딥 사이에서 외줄타기를 하고 있고, 정부 정책은 우왕좌왕하고 있습니다. 더구나 내년에는 두 개의 큰 선거를 앞두고 있기에 부동산시장이 영향을 받지 않을 수 없습니다.

시장에 영향을 주는 변수가 많고 그 변수들이 급변하다 보니, 전문가분들도 제각각 의견을 내놓으면서 투자자의 혼란만 부추기고 있지요. 이런 고민을 해결해드리기 위해 세미나를 개최하고자 합니다. 올해 처음 열리는 아기곰 동호회 연합 세미나입니다.
이번에 열릴 세미나의 제목은 '2012년도 부동산시장 전망' 입니다.
그러면 세미나에 대해 소개를 해드리겠습니다.

- 일시 : 2011년 10월 **일 (토) 오후 1시 ~ 6시
- 장소 : 코엑스 4층 대강당
- 강사 및 주제 :
  - 1부 아기곰 (2시간 강의) 2012년 부동산시장 전망
  - 2부 유영* 원장 〈나는 경매로 월세 2천만 원 받는다〉 저자
  - 3부 ㈜지산세법연구소 전성* 소장 (1시간 강의)
    최근 개정된 임대주택 세무 해설 및 경매 투자의 절세 포인트
  - 4부 질의 응답 (아기곰)
- 주관 : 아기곰 동호회, 후원 : **일보
- 참가비 : *만 원 (일반인 기준), *만 5천 원 (동호회원, 조기 등록 시)

운영자 : 아기곰(대한민국 최고 경제–부동산 동호회, 막강한 운영진과 글쟁이들의 정평은 이미 높다)

이 카페는 필자가 운영자다. 현재 우리 카페 대문 사진이다. 이 사진의 주인공인 빌딩의 절반이 잘려나간 것을 볼 수 있다. 서울 서초동 대법원 앞 빌딩의 대지를 낙찰 받아 소유권을 취득한 낙찰자들이 건물 소유자와 지료 협상이 제대로 되지 않자, 소송을 제기하여 승소판결을 받은 다음 멀쩡했던 건물의 절반을 실제로 철거해버렸다. 이 사진을 대문 사진으로 사용하는 행간의 의미를 읽어주시면 행복하겠다.

'1,000명 100억 부자 만들기' 프로젝트 스타트

'1,000명 100억 부자 만들기' 프로젝트 대장정을 선언한다. 내가 아는 경매세상은 위험과 행복이 공존한다. 산전수전 겪으면서 체득한 경매세상을 여러분들과 함께하려고 신발 끈을 조인다. **이곳은 경매병아리 인큐베이터다.** 모이로는 필자의 경매 지식을 아낌없이 내놓을 작정이다. 경매로 팔자를 한번 바꿔보고 싶은 분, 누구 눈치 더 이상 보지 않고 세상을 개척하려는 사람들과 함께하겠다.

- 죽어라 해보고 싶지만 기회가 주어지지 않는 88만원 청춘!
- 남편 월급만으로는 갈수록 마이너스여서 서빙이라도 해야 하는 주부!
- 몇 푼 월급에 개목줄이 걸려 피곤에 쩔은 인생을 이제는 그만하고픈 월급쟁이!
- 청춘을 다 바쳐 충성해온 조직에서 하루아침에 자의 반 타의 반으로 떠밀려 나온 애국자!
- 있는 것 다 말아먹어 이제는 어떤 선택도 하기 힘든 곤경에 처한 허울뿐인 사장님!'

이들이 가입 대상이다.

북풍한설 몰아치는 황량한 겨울 벌판에서 찬바람에 홀로 맞서고 있는 분들은 더 환영이다. 구체적으로 다음과 같은 꿈을 행동으로 실천하겠다.

◈ 병아리 양성(주중-주말-야간-일요강좌, 부동산 특강)도 하고,

◈ 실전 연습하러 경매법정도 견학도 가게 해주고,

◈ 법정에 혼자 가기 무서운 병아리 응원전도 펼쳐주고,

◈ 하자 있는 경매물건 권리분석도 도와주고,

◈ 복잡해 보이지만 돈 되는 우수 물건 패스도 하고,

◈ 배고프다고 삐악거리는 병아리는 모이도 주고,

◈ 출출하다고 시간 맞춰 찾아오시면 밥도 함께 먹고,

◈ 축하할 구실 생기면 술도 한잔 얻어먹고,

◈ 전문가 동원해서 시의적절하게 특강도 개최하고,

◈ 싹수 보이는 병아리는 경매 전문가(강사)로 키우고,

◈ 잔금 모자라 헤매는 사람은 잔금 융자 알선도 해주고,

◈ 명도하다 헤매면 대신 전쟁도 한 번씩 해주고,

◈ 부동산과 경매 관련 각종 법률문제도 도와주고,

◈ 누군가를 조용히 만나서 그의 고민도 들어주고,

◈ 후배들에게 전하고자 책을 써보고 싶은 분도 적극 돕고,

◈ 인생을 돌아보고 사색할 수 있는 공간도 제공하고,

◈ 山 좋아하는 사람들과 당일치기 등산도 하고,

◈ 최근 이슈가 되고 있는 ‘부실채권(NPL)’도 함께 공부하고,

◈ 돈 되는 물건 소개도 하고,

◈ 인수하여, 처분하는 과정까지 함께 하려고 한다.

원스톱, 토탈서비스

이 모든것을 통해 경매에 관한 원스톱, 토탈 서비스를 제공하려고 한다. 희망 사항을 한 장에 겹쳐보니 병아리를 모아서 Six팩 복근의 경매 전사를 양성하겠다는 그림이 보인다. 1,000명이 목표다. 미리 정해놓은 1,000명은 없다. 여러분들이 1,000명의 후보다. 일인당 목표는 100억이다. 목표가 한 사람당 100억이란다. 허풍이 심하다고 눈총을 날리는 분들도 계실 것이다. 호흡 길게 하고 시작해보자. 목표를 크게 잡고 서두르지 않고 묵묵히 가다 보면 이루지 말라는 법도 없다. 세상은 꿈을 믿고 그 꿈을 이루려고 행동하는 자의 몫이다. 혼자라면 외롭겠지만 함께라면 든든하다. 필자 주변에는 우리나라 둘째가라면 서러워할 부동산 전문가들이 포진해 있다. 세상살이라는 것이 어차피 사람 장사다. 무슨 일을 하나 당했다고 해보자. 어떤 사람은 주변 사람들의 도움을 받아 별 힘 안 들이고 수월하게 척척 해결해가는 반면, 어떤 이는 죽어라 매달려도 끝내는 죽 쑤고 마는 경우를 본다. 그 차이가 뭘까. 주변에 얼마나 발 벗고 도와줄 전문가들과 시스템이 갖춰져 있는가가 포인트이다.

필자 주변에 포진해 있는 투자 인프라를 소개해보겠다.

| 부동산 전문가 |
- **부동산 공법**(이정*교수 건국대 부동산대학원-자타가 공인하는 대한민국 소
  法 일인자)

- 지역 분석(각 지역별로 다수 있음)
- 시골 땅(각 지역별로 다수 있음)
- 재개발 · 재건축(전영* 예스하우스 대표)
- 부동산 세금(정진* 세무사-부동산학 박사-부동산 전문)
- 공매 상담(김동* 교수 『남들 경매할 때 나는 공매한다』 베스트셀러 저자)(권오* 박사 "공매배우기" 카페 회장)
- 중개 상담(각 지역별로 다수 있음)
- 부동산 일반(박상* 『나는 주식보다 연금형 부동산이 좋다』 베스트셀러 저자)
- 부동산시장 전망(박원* 팀장 - 부동산학 박사, 9시 뉴스에서 만나는 부동산 엔터테이너)
- 건축 · 시공(김성* 대표이사 건축사, 건축시공기술사)
- 부동산 금융 · 자금 조달(제1, 제2금융권 담당자 다수)
- 경락잔금(이언* 선생님 - 필자와 10년 이상 거래해온 양심적인 경락잔금컨설턴트)
- 설계-도시정비사업(장무* 건축사 - 부동산학 박사)
- 시행사(다수 있음)
- 임대 관리(다수 있음)
- 건물 관리(다수 있음)
- 법률자문(이기* 변호사, 김한* 변호사 - 부동산학 박사 수료)
- 경매 상담(김웅*법무사, 조영* 법무사-경매계장 출신)
- 도시형 생활주택(양은* 대표이사 - '도시계획 전공' 박사)
- 리모델링, 용도 변경(고종* 대표이사 - 부동산학 박사)
- 경매 공동투자(도와줄 전문가 너무 많음)
- 인테리어(신우* 한일인테리어 대표 - 필자와 10년 이상 거래하고 있는 양심적인 업체)
- 부동산 양택풍수(동방대학원 대학교 풍수 전공 교수)
- 수익형 부동산(다수 있음)

| **부동산 관련 석·박사 과정** |

- 강원대학교 대학원(부동산학 석·박사 과정)
- 건국대학교 부동산대학원(부동산학 석사 과정)
- 한성대학교 대학원(부동산학 석·박사 과정)
- 명지대학교 부동산대학원(부동산학 석사 과정)
- 상명대학교 부동산대학원(부동산학 석사 과정)
- 전주대학교 대학원(부동산학 석·박사 과정)
- 동방대학원 대학교(풍수학 석·박사 과정)

| **부동산 관련 출판사** |

고려원북스, 원앤원 출판사, 부연사, 중앙일보 조인스랜드, 매일경제 출판부

| **유료 경매 정보회사** |

지지옥션, 굿옥션, 옥션나라, 리치옥션

우리가 경매세상을 수월하게 살 수 있도록 도와주는 사람들과 기관이다. 자랑이 아니다. 모든 영역에서 도와줄 사람들이 주변에 포진해 있다는 말이다.

혼자서 큰 성공은 어렵다

험한 세상을 향해 혈혈단신 나 홀로 맞선다는 게 쉽지 않다는 것은 이미 절감들 하셨다. 그래서 제안을 하나 드린다. 대한민국 경매판에 처음으로 드리는 제안이다. 필요한 인맥들을 필자가 동원할 테니 여러분들은 힘을 모아달라. 여기에 소개한 사람

들로부터는 도움을 받을 수 있다. 더없이 소중한 내 인적 자산
이다.

물론 일방적인 도움만을 받는 것은 아니다. 여러분도 자기 밥
값은 해야 한다. 그래야 오래간다. 서설이 길어졌다. 내 자산에
여러분들이 무임승차할 수 있는 기회를 제공하겠다. 필자의 영역
을 벗어나는 사항은 이들의 도움을 받아서라도 동호회 내에서 완
벽하게 해결하겠다. 경매를 나 홀로 하지 말고 제대로 된 경매를
한번 해보자는 말이다. 제대로 된 조직을 구성해서 서로의 역할
을 정해서 경매 조직을 한번 만들어볼 것을 제안한다.

이 정도의 인적 자원이라면 경매 관련 One-Stop-Total 서비
스가 가능하다는 말을 신뢰할 수 있을 것이다. 이 책에서 소개한
선배 동호회와는 협력 관계를 형성하여 상호 건강한 발전을 이루
겠다. 이를 통하여 우리나라 최고 수준의 경매 동호회를 만들어
보겠다는 포부다. 힘을 합한다면 1,000명, 100억 프로젝트 가동
이 가능하다. 일단 '우형달 경매카페'에 가입해주시면 된다.

제대로 된 경매 결사체(조직=회사=당)
한번 만들어보자는 것이 필자의 오랜 생각이다.

▌부동산 경매로 함께 10억 만들기 10회차 프로그램[1]

	강의주제	담당 강사
1회차	개강식, 상호 소개, 부동산과 법원 경매 현황, 특별법 해설	김** 교수
2회차	대항력, 우선변제, 확정일자	김** 교수
3회차	주택 및 상가건물 임대차 분석, 관련 판례 해석	조** 법무사
4회차	권리분석, 낙찰 사례, 물권 해설	조** 법무사
5회차	금융기법 활용과 수익률 분석 및 수익 극대화 전략	강** 교수
6회차	물건 선정, 임장 활동, 시세파악, 낙찰물건 뒷조사	강** 교수
7회차	법원 견학, 응찰 연습, 실제 응찰	강** 교수
8회차	실전 투자 사례, 우수 물건 선정 노하우	우형* 교수
9회차	명도 사례, 하자 치유, 배당표 작성 연습	우형* 교수
10회차	실전 특강, 낙찰 사례 발표, 수료(시상)식, 다과회	수료생 + 강사 전원
특 강	경매물건과 생활 풍수	고** 원장

※ 철저한 현장 중심, 실제 투자 및 낙찰 사례 중심의 강의가 되도록 하겠습니다.
※ 강사진 : 우형*, 김**, 강**, 조**, 고**
※ 수강료 : 50만 원(식사비, 강사료, 간식 및 음료수비로 사용)
※ 장　소 : 역삼동 GMRC 전용 강의장(주소 및 약도 참조)
※ 요　일 : 토요일(오후 2~7시(5시간), 강의 후 저녁 식사 및 2차 – 전원)
　(원하는 분에 한해서 교육 기간 중 3건까지 무료 물건 선정 및 입찰 지원)

3_ 이 책을 집어 든 여러분의 특징 10가지+10가지

초보 투자자에게 흔한 버릇 10가지

대학과 현대백화점 문화센터를 비롯해서 여러 곳에서 투자 사례와 수익률 분석을 여러 해 강의하고 있다. 그러는 동안 부동산으로 큰돈을 번 사람들을 만나보았고, 부동산 초보자들도 많이 보았다. 이를 통해 부동산 초보자들이 가지고 있는 특징을 찾아볼 수 있었다. 대략 아래와 같이 정리할 수 있다.

1. 맹목적이다

초보자들의 가장 큰 특징 중의 하나다. 자신의 투자 원칙보다는 남의 말에 귀가 크다. 부동산으로 돈을 벌었다는 사람들의 행태를 따라하려는 사람들이다. 간혹 필자가 투자한 종목을 일정 기간을 두고 따라하는 사람을 만난다. 이런 분들은 100점은 못 받더라도 100점에 가까운 점수라도 받자는 심정으로 따라하는 것으로 추측된다. 이해는 가지만 언제까지 따라쟁이로 남을 것인가. 초보자들은 싸고 좋은 물건을 고르기보다는 실패를 줄이는 법부터 터득해야 한다. 자신의 상황에 맞는 부동산 투자 원칙을 개발하자.

2. 투자 목적이 불명확하다

초보자들은 투자 목적이 분명하지 않다. 목적이 시세 차익인지, 장기 개발인지, 임대인지, 실수요인지 구분을 못 하는 경우가 있다. 상황 변화에 따라 목적이 바뀐다. 투자 용도마저 바뀌어 무슨 용도로 투자하는지 모르는 전천후 투자자가 된다. 매각 기회가 왔을 때 매도 타이밍을 놓치는 우를 범한다. 모든 일에는 적당한 시기가 있다. 부동산 투자도 역시 타이밍이다. 타이밍을 놓치지 않아야 한다. 그러기 위해서는 명확한 투자 목적을 설정하고 난 다음 투자에 임해야 할 것이다. 물건이나 지역 역시 마찬가지다.

3. 남의 말에 잘 현혹된다

부동산이나 주식에 투자한 사람들에게는 공통점이 있다. 자신의 실패 경험보다는 성공한 경우를 부풀려서 말하는 경향이 그것이다. 수익을 보았다 하더라도 세금 등을 공제하지 않고 뭉뚱그려 수익률을 말하는 경우도 있다. 초보자들은 오판하게 된다. 성공했던 사람들과는 모든 상황이 다른데도 동일한 성공을 확신하게 된다. 어떤 투자도 동일한 성공을 보장하지 않는다. 투자 환경은 성공과 실패를 결정하는 중요한 요소다.

4. 자신감이 결여되어 있다

초보자들은 부동산시장 환경 변화에 매우 민감하다. 때문에 초보자들이 가장 좋아하는 투자 종목은 아파트다. 인터넷이나 부동산 중개소를 통하여 상승과 하락을 바로 알 수 있다. 이를 바탕으로 투자 결과를 알 수 있기 때문이다. 초보자들은 아파트 매입 후에 가격이 떨어지면 괜히 잘못 산 것 같아 잠 못 이룬다. 매도 후에 가격이 오르면 좀 더 기다리지 못한 자신을 후회한다. 자신감이 결여되었기 때문이다. 자신감을 갖기 위해서는 자신의 주 종목을 선택하는 것이 바람직하다.

5. 경험 부족으로 인해 결단력이 부족하다

초보자들의 특징 중 결단력 부족을 들을 수 있다. 신중함과는 당연히 구별되는 것이다. 어떤 아파트를 매입한다고 하자. 자기가 원하는 지역과 평수가 결정되었으면 과감히 매입 결정해야 한다. 또 다른 곳을 더 찾아다니다가 거래 타이밍을 놓치는 우를 범한다.

여러 의견을 듣고 투자 결정을 하는 것은 권할 만하다. 그러나 우물쭈물하는 사이에 좋은 물건은 이미 다른 사람의 손에 가 있다. 자기가 좋다고 생각한 종목은 남들도 동일한 생각을 갖는다.

6. 상황 변화에 대처가 늦다

상황과 환경이 변하는 것이 부동산이다. 어디에도 동일한 부동산이란 존재하지 않는다. 달리 부동산인가. 상황 역시 마찬가지다. 어제, 오늘, 내일이 똑같지 않다. 과거에는 유효했던 해결책이 별다른 도움이 되지 않을 수도 있다. 결국 투자란 미래를 엿보기인 것이다. 과거와 현재 상황을 바탕으로 끊임없이 노력하지 않으면 헛다리 짚기 일쑤이다.

7. 현장 학습과 교육이 절대 부족하다

부동산 학습의 기초는 현장을 보면서 시작된다. 눈과 귀 그리고 오감을 통하여 부동산의 기(氣)를 느끼는 것이 핵심이다. 현장을 통해서만 가능하다. 필자가 10년이 넘도록 현장 학습을 중시하고 같은 지역이라도 다시 가보는 이유가 바로 여기에 있는 것이다. 이론에 밝은데 현장의 이해력이 떨어지는 분들을 간혹 만난다. 상가 하나를 예로 보자. 같은 상권이라도 업종에 따라 가게 규모나 위치에 따라 전혀 판이하다. 특히 경매당한 상가는 귀신 나올 것 같은 모습으로 있는 경우도 있다. 낙찰 후 활용방법은 현장에

서 찾아야 한다. 부동산 투자시 현장확인의 중요성은 아무리 강조
해도 과하지 않다.

8. 정부 정책을 무시한다

부동산 수익률은 정부 정책과의 싸움이라고 해도 과언이 아니다.
정부의 부동산 정책은 부동산을 황금 덩어리에서 돌멩이로 전락
시키기도 한다. 반대도 마찬가지다. 정책을 알지 못하고 부동산
투자는 무모하다. 훈련하지 않고, 무장하지 않고 전장에 나가는
것과 같은 어리석은 행위다. 정부 정책에 너무 민감하게 반응하
는 것은 문제다. 하지만 전체 흐름은 놓치면 안 된다. 「규제 강
화—규제 완화—규제 강화—규제 완화」가 시차를 두고 반복된다.
경기가 「활황 국면—불황 국면—활황 국면—불황 국면」의 사이클을
그리는 것과 겹쳐서 생각해보면 이해가 빠르다.

9. 투자 타이밍을 못 잡는다

부동산 초보 투자자들은 분위기에 따라 투자하는 경향이 높다.
2-3년 정도의 앞도 보려고 하지 않는다. 현재 시점에 인기가 높
은 종목에만 투자하려고 한다. 따라서 당장 인기가 없는 종목에
는 관심이 적다. 이러한 경향을 좇다 보면 막상 매도할 타이밍에
는 인기가 사그라졌든지, 아니면 상투를 잡은 경우가 많아 시세
차익을 바라보기가 어려울 때가 많다. 부동산 초보자는 투자 시

점보다 이익 창출 시점을 보고 투자하여야 한다. 장기적인 관점에서 투자하는가에 따라 성패가 갈린다. 남들이 모두 동쪽으로 간다고 아무 생각 없이 나도 따라가지 말자. 남을 열심히 따라가는 식의 투자는 하루빨리 그만하셔야 한다.

10. 모의 투자를 하지 않는다

부동산 초보자들은 경험이 부족하여 투자하는 데 주저하기 십상이다. 이를 극복하기 위한 방법이 현장 학습을 기초로 하는 모의 투자다. 상당한 학습 효과가 있다. 특히 모의 투자가 경험이 쌓이게 되면 더욱 효과적이다. 이는 실제 투자 시 도움을 준다. 투자에 따르는 위험을 줄이려면 모의 투자를 자주 실행해야 한다. 법원 경매는 대법원에서 그동안 자료를 통계화하여 무료로 공개하고 있다. 연도별, 법원별, 지역별, 용도별로 구분하여 활용하기 편리하도록 서비스를 제공하고 있다. 세부 항목으로는 『경매건수, 감정가, 매각률, 매각건수, 매각가, 매각가율』과 『처리건수, 진행 중인 건수』 등이 있다. 또한 경매 정보 업체에서 유료로 제공하는 통계 정보도 있다. 여기에는 물건별, 지역별 평당 낙찰 가격을 확인할 수 있다. 이를 '모의 투자'의 기초 자료로 효과적으로 활용할 수 있다.

초보 경매 투자자를 위한 조언 10가지

1. 선순위 저당(채권) 금액이 적은 부동산은 조심하라!

채무자가 빚을 갚아 경매가 취하되는 사례가 의외로 많다. 상당 기간 공을 들여 조사하고 분석한 것이 입찰 당일 법원에 가서 취하된 사실을 보면 힘이 쭉 빠진다. 또한 낙찰 받은 다음에 취하 신청이 들어오면 더욱 맥이 풀린다. 낙찰을 받은 것이 한순간에 물거품이 되는 셈이다. 처음부터 지나치게 높은 수익은 기대하지 않는 것이 바람직하다.

2. 잔금을 납부해도 소멸되지 않는 권리에 주의하라!

선순위 지상권, 가처분, 가등기, 대항력 있는 임차인의 임차권등기는 낙찰 받아도 권리가 없어지지 않는다. 소유권 분쟁이나 저당권의 원인 무효와 관련해 소송 중인 경우가 많아 재판 결과에 따라 소유권이 바뀌거나 저당권이 소멸될 수 있다. 또한 전 소유자의 가압류도 경우에 따라서는 말소되지 않을 수도 있다.

3. 감정 평가 금액을 맹신하지 마라!

감정 가격은 대체로 시세의 90% 선에서 결정되지만 이보다 높은 경우도 있고, 반대로 시세보다 훨씬 낮게 감정되는 경우도 흔하다. 경매 실행되기 몇 년 전에 경매(매각)가 들어간 물건은 현재 시세보다 훨씬 저평가되어 있는 경우도 많다. 법원 감정 가격은 참고 자료로 활용해야 할 자료다. 입찰 전에 현지 부동산 업소를 2~3곳 이상 방문하여 시세는 어떤지, 향후 전망은 어떤지도 확인해야 한다.

4. 법정지상권 있는 물건은 피하라!

토(대)지 경매물건에서 자주 볼 수 있다. 건물과 토지 소유자가 다르거나 건물만 입찰에 부쳐지는 경우로, 낙찰자는 건물의 사용권이 없고 지료를 받을 수 있다. 해당 부동산 소재지 관청에서 건축물관리대장과 토지대장 등을 발급받아 소유자가 일치하는지 따져봐야 한다. 경매지에는 지상에 "소유자미상의건물있음" 또는 "입찰외건물있음", "법정지상권성립여지있음" 등으로 표시된다. 경매에 익숙하지 않은 단계에서는 가급적 입찰하지 말 것을 권한다.

5. 임야나 전답은 지번을 잘 찾아야 한다!

지방에 있는 땅의 경우 해당 지번을 찾는 것이 쉽지 않다. 현장에 가서도 엉뚱한 곳을 보고 와서 낙찰 받았다가 뒤늦게 보증금을 포기하는 경우도 흔하다. 또한 농지취득자격증명원이 필요한 경우에는 법원이 정한 기일 내에 증명원을 받을 수 있는 방안을 미리 확보한 후 입찰해야 한다. 농지취득자격증명원을 제출하지 못하

면 매각불허가가 나며, 이 경우 입찰보증금을 몰수하는 법원도
있다.

6. 선순위 세입자가 있는 물건은 신중히 입찰하라!

선순위 세입자는 최초 저당권 등 소멸 기준 이전에 주민등록 전입
신고를 하고 점유하여 주택임대차보호법상의 대항력을 확보하고
있는 세입자다. 물건 조사 시 선순위 세입자가 배당 요구를 하지
않고 있는 물건의 경우, 세입자의 임차 금액이 확인되지 않으면
물건이 욕심나도 입찰하지 않아야 한다. 잔금 납부 후 낙찰자에
게 대항하는 경우, 낙찰자가 일방적(?)으로 불리할 뿐이기 때문이
다. "도사"들은 이런 경우에는 쳐다보지도 않는다.

7. 형질 변경이 가능한지 따져봐라!

도로에 접했더라도 낙찰 후 원하는 대로 용도 변경이 안 돼 애를
먹는 경우가 있다. 지방의 임야나 농지를 구입할 때는 지자체를
방문하여 형질 변경이 가능한지 확인해야 한다. 또한 원하는 대
로 개발 허가 등을 받을 수 있는지도 사전에 충분히 검토해야 한
다. 자신의 힘만으로는 그 가능 여부를 판단하기 어려운 경우에
는 토지 전문가에게 사전에 자문을 구한 다음 투자 여부를 결정해
야 한다.

8. 공유지분 경매는 일반 경매와 다르다!

건물이나 토지의 일부만이 경매로 나오는 수가 있다. 대개는 상속이나 증여로 인해서 부모·형제끼리 지분을 확보하고 있는 경우로, 시세보다 상당히 저평가되어 경매가 시작되는 것이 일반적이다. 값이 싸다는 측면만 보고 응찰했다가는 낭패를 당할 수 있다. 여러 번 유찰된 경우에도 어떤 이유가 있는지 알아봐야 한다. 입찰 당일에 공유지분권자가 우선매수청구권을 행사하면 입찰보증금이 묶일 수 있다. 해당 부동산과 특별한 관계가 없는 경우라면 응찰에 보수적으로 임하는 것이 바람직하다. 지분경매는 양날의 칼이다. 벨 수도 있고 베일 수도 있다.

9. 잔금을 내고 바로 활용하겠다는 생각은 버려라!

법원 경매가 일반 매매와 가장 다른 점이다. 매매의 경우는 매도자나 세입자와 이후의 입주 등의 일정을 협의하면서 진행하게 된다. 경매는 잔금 지불일 전에는 이해관계인의 항고가, 잔금 지불일 이후엔 명도 절차가 남아 있다. 민사집행법에서는 경매사건에 대한 항고 시 모든 항고인에게 입찰보증금만큼을 항고 공탁금으로 공탁하게 하여 항고가 남발될 여지를 줄이고 있다. 항고가 제기되면 경매의 진행은 중지된다. 당초에 짜놓은 스케줄이 흐트러질 수밖에 없다. 또한 임차보증금을 날리게 되는 세입자가 있는 경우에는 명도가 쉽지 않다. 법원 경매에서 모든 명도 책임은 낙찰자 부담이다. 소유자나 보증인 또는 세입자와 분쟁 소지가 있을 경우 법원에 인도명령 및 명도소송이라는 강제 집행 절차를 밟아야 한다. 전세금을 날린 세입자의 저항도 감안해야 한다. 생각하지 않았던 추가 비용이 발생하는 수도 허다하다.

10. 반드시 현장을 확인하라!

부동산 투자의 기본은 임장 활동이다. 입찰에 응하기 전에 현장을 가보고, 해당 서류를 발급받아 자신의 목적대로 이용할 수 있는지 확인해야 한다. 주변 부동산 중개업소에 들러서 감정 가격이 정확한지, 현재 전세 시세는 어느 정도인지, 이후에 개발 여지가 있는지 등도 파악해야 한다. 주택이 경매로 넘어가면 1~2년 사이에 급속도로 노후화가 진행된다. 보일러는 얼어 터져 있고, 쓰레기는 산을 이루고, 각종 공과금은 연체되어 있기 일쑤다.

 이 정도만이라도 극복해보자.
애쓰면 얼마든지 가능하다.

4__ 내가 가진 종잣돈으로 뭘 낙찰 받을 수 있나?

관점을 달리하면 다른 세상이 보인다

부동산 투자에 대한 편견 중 쉽게 고쳐지지 않는 것 중 하나가 돈 없어서 투자하지 못한다는 것이다. 일반 매매를 통한 부동산 투자와 낙찰을 통한 경매 투자의 차이가 뭘까. 여러 가지가 있겠지만 큰 차이 중 하나는 "종잣돈" 크기일 것이다. 경매 투자에 관심을 가지는 분들은 종잣돈이 많지 않다는 특징이 있다. 상관없다. 종잣돈이 작다고 기죽을 일은 아니다. 이 책의 기본 방향은 '종잣돈 많지 않은 병아리 투자자에게 구체적으로 어떤 도움을 줄 수 있을까' 에 맞추어져 있다. 빚 없이 내 돈 1억 원이 있다고 해보자. 일반 매매라면 서울과 수도권에서 자신 있게 투자할 수 있는 종목이 그리 많지 않다. 경매 투자라면 다르다. 지방으로 눈을 돌리면 상황은 더욱 차이가 난다. 매매라면 종잣돈 1억 원이라면 중소형 아파트 한 채 구입하기도 어렵겠지만, 경매라면 같은 평형의 아파트 4채 구입도 가능하다. 경매는 하고 싶은데 종잣돈이 없어서 못 하겠다는 분들이 있다.

"듣기 싫다."
"좋은 말만 듣고 싶어서가 아니다."
"사실이 아니기 때문이다."

지금부터 소개하는 사례를 보면 경매 투자의 세계에서 종잣돈은 절대 변수가 아니라는 것을 알게 될 것이다. 소극적으로는 내 집 마련이고 적극적으로는 부동산 경매를 통한 부자의 꿈을 이루는 인생 전환의 등대이고 싶다. 돈벼락을 끌어당기는 피뢰침이고 인생 2막의 강력한 무기가 될 수 있다는 것을 보여드리겠다. 경매가 말이다.

■ 내가 가진 종잣돈으로 뭘 낙찰 받을 수 있나?

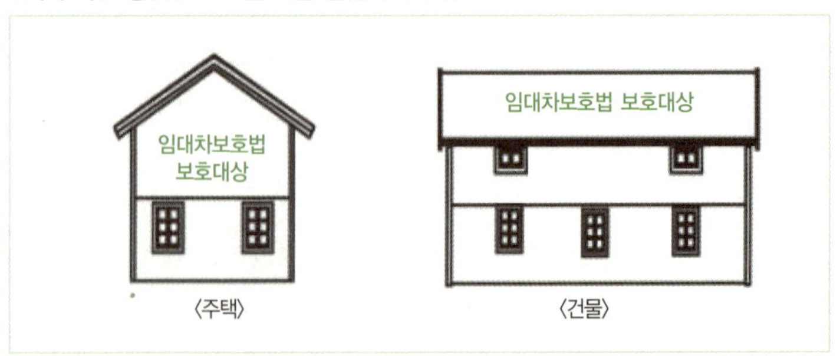

내가 가진 종잣돈이 1천만 원 전후일 때 경매 투자 전략

1천만 원으로 무슨 부동산 투자가 가능하냐고 고개를 갸웃거리는 분들이 있다. 종잣돈 1천만 원으로 매매를 통한 부동산 투자는 쉽지 않다. 요즘 시세로 서울과 수도권의 재개발 지역 물건이라면 대지지분 1평 사기도 힘들다. 그러나 경매라면 완전히 이야기가 달라진다. 감정 가격 1억 원짜리 주택이 하나 있다고 하자. 이 물건의 평균 낙찰 가격이 이전 비용 포함해서 65% 선이 적정 낙찰 가격이라고 한다면 대강 6,500만 원 전후에 낙찰된다. 인수할 임차인의 보증금이 5,000만 원이라고 하자. 이를 지렛대로 활용한다면 내 돈 1천만 원으로도 1억 원짜리 경매물건의 소유자가 될 수 있다. 이런 물건을 소유권 취득과 동시에 1억 원에 매도한다면 1천만 원 투자로 이것저것 빼고도, 2천만 원의 수익은 얼마든지 올릴 수 있다. 1,000만 원 단타투자로 2,000만 원 수익이 실현된다. 진실이다. 그러니 돈 없어 경매 투자 못 한다는 말은 그만하자. 돈벼락을 맞고 난 뒤에는 감정 가격이 5억 원, 10억 원짜리 물건에 도전하여 도사들과 같은 물건 또는 비슷한 물건을 대상으로 경쟁하자. 고수들과 같은 물건에 응찰하여 긴장을 맛보는 날을 기다려본다.

종잣돈 1천만 원으로 돈벼락 맞은 사례

서울 신림동에 있는 대지 35평에 건물은 반지하 1층(20평), 1층(18

평), 2층(18평)에 옥탑에 방이 하나 있는 단독주택의 감정 가격이 1억 8,500만 원에 경매가 시작되어 한참 유찰되어 1,750만 원에 낙찰 받았다. 이렇게 여러 차례 유찰된 이유는 이 집에 총 5가구가 세 들어 살고 있었다. 낙찰 후에 낙찰자가 낙찰 대금과는 별도로 물어주어야 할 전세 보증금이 1억 원 정도가 있었다. 추가로 물어주어야 하는 임차인을 지렛대로 활용하여 소유권 이전 비용까지 포함하여 2천만 원 정도에 집을 하나 장만한 것이다.

추가로 물어준 금액까지 합하면 총 1억 2천만 원 정도이지만 낙찰자는 자신의 돈으로 물어준 것이 아니다. 새로 세 들어오는 사람들로부터 받은 돈으로 물어주었다. 이 점이 바로 경매의 핵심이자 매력이다. 본인 돈은 800만 원(1,200만 원은 은행융자)을 투자해서 시세가 2억 5천만 원 정도 집을 장만한 것이다. 낙찰자 본인이 2층에서 살고, 나머지는 모두 전세 주어 투자한 금액을 모두 회수하였다.(397페이지 '어떨 때는 배보다 배꼽이 클수록 GOOD이란다' 참고) 경매 지렛대를 이용하여 몸집의 19배 정도를 들어 올렸다.

내가 가진 종잣돈이 3천만 원 전후일 때 경매 투자 전략

경매에 관심을 갖는 사람들의 자금 규모를 보면 3천만 원 정도를 종잣돈으로 가지고 있는 사람들이 많다. 구시가지(뉴타운 예정지)의 대지지분 10평 내외의 빌라나 연립의 반지하층도 좋은 투자 대상이다. 선순위 임차인이 있어 인수하는 경우에는 이 정도의 자기 자본으로도 낙찰 받을 수 있는 물건이 많다. 지방이라면 웬만한 규모의 내 집 마련에도 어려움이 없다. 마찬가지로 추가로 인수해야 하는 선순위 임차인을 지렛대로 활용하는 방법이 있다. 경매와 매매의 장점을 절묘하게 활용하는 것이다. 매매 가격으로는 1억 원짜리 주택이고, 경매 가격은 이전 비용을 포함해서 6,500만 원이라고 하자.

배당받지 못한 선순위 세입자가 5천만 원에 전세 살고 있다면, 낙찰 후 인수할 것을 감안하면 1,500만 원대까지로 유찰이 거듭된다. 만약 그 금액대까지 떨어지기 전에 누군가가 낙찰을 받는다면 손해가 나거나, 잔금 납부 포기로 인한 재경매로 법원에 다시 등장할 것이다(이전 비용 포함). 다시 말씀드리지만 중요한 것은 '감안' 하고 낙찰 받는다는 말이다. 매매로 산다면 세입자 보증금 5천만 원을 제하고 잔금을 치르지 않는가. 매매라면 꿈도 못 꿀 방법이지만, 경매니까 가능하다. 훌륭한 지렛대다. 소유권 이전 비용 포함하여 1,500만 원 정도면 소유권 취득이 가능하다. 소유권 취득 후 1억 원에 매각한다면 차액 3천만 원이 실현되는 것이다. 1,500만 원 투자하여, 3,000만 원에 매각하고 나온다. 수익률 계산은 직접 해보시면 좋다. 동시에 두 건 투자도 가능하다.

종잣돈 3천만 원으로 돈벼락 맞은 사례

종잣돈이 3천만 원이라면 감정 가격 3억 원짜리 물건에 도전하여 1억 원 수익 달성도 어렵지 않다. 기간은 6~9개월이면 충분하다.

개발 열기가 불었던 서울 성수동에 있는 연립의 투자 사례다. 대지지분이 14평, 건평이 24평인 물건의 감정 가격은 1억 4천만 원이었는데, 7천만 원을 물어줘야 하는 선순위 임차인이 있었다. 그 이유로 유찰을 거듭하여 1,620만 원에 낙찰 받아준 적이 있다. 이전 비용까지 2천만 원이 좀 더 들었고 인수 금액을 여기에 포함시키면 9천만 원 정도였다. 투자한 돈을 전세 보증금으로 모두 회수하고 있다가 2004년 봄에 1억 5,500만 원에 매각하였으니, 종잣돈 2천만 원 투자로 6,500만 원의 매각 차액이 발생하였다. 양도소득세 납부를 감안해도 5천만 원 정도의 이익을 남겼다. 선순위 임차인에게 추가로 물어준 인수 금액까지 매도 시 구입 원가에 포함된다. 따라서 양도소득세 계산 시 매입 원가는 2천만 원이 아니라 9천만 원이다.

내가 가진 종잣돈이 5천만 원 전후일 때 경매 투자 전략

종잣돈이 규모가 5천만 원 내외인 경우를 보자. 1억 원 내외의 공동주택, 소형 단독, 다가구 등의 내 집 마련이 가능하다. 지방의 경우는 웬만한 규모의 아파트까지도 바라볼 수 있다. 종잣돈이 소액일 때는 투자 전략도 단순해야 한다. 단순한 투자 전략으로 향후 개발 가능성이 높은 곳을 집중 공략하는 것도 방법이다. 주택과 지분을 확보하는 전략이거나, 매각 차익을 노리는 단기 전략으로 낙찰 받는 것도 바람직하다.

단기 투자 전략을 세웠다면 수도권 인근의 20평형대 아파트나 선순위 임차인이 많아 낙찰가격이 내려가 있는 물건이 대상이다. 서울의 단독(다가구)주택이나, 구시가지(뉴타운 예정지)의 빌라나 연립도 가능하다. 장기적인 관점이라면 그린벨트 해제 가능성이 있는 수도권 인근의 토지도 유망하다. 최근 불기 시작한 토지 열풍에 따라 낙찰 가격과 응찰자 수가 많이 올라갔다. 하지만 아직도 상당한 투자 가치가 있다. 권리상 하자가 있는 물건은 아직도 절반 가격대에서 소유권 취득이 가능하다.

종잣돈이 많지 않은 사람들은 단타로 처분해서 생긴 이익금으로 다음 물건에 다시 도전하는 것이다. 많은 독자들이 궁금해하는 사항 중 하나가 어떻게 하면 경매 고수가 되는가 하는 것이다. 경매 고수가 되는 지름길은 한 건이라도 더 경험하는 것이다. 경매 책 백 권 읽는 것보다 한 건 낙찰 받는 것이 더 공부가 된다.

종잣돈 5천만 원으로 돈벼락 맞은 사례들

필자가 서울 서부법원에서 마포구 공덕동 구옥 단독주택을 낙찰 받은 경우를 보면 대지가 24평이고 건평이 18평 정도였다. 감정 가격은 1억 1천만 원이었는데 2차 유찰로 감정 가격 대비 64%인 상태에서 7,700만 원에 응찰하였다. 낙찰 대금의 절반 정도는 잔금 융자로 해결하여 소유권을 취득하였다. 투자된 자금은 전세로 회수하여 자금 부담이 없는 상태여서 기다리기만 하면 된다. 2009년에 경매로 매각 처분하였다. 경매로 사서 경매로 처분하였다.

또 다른 사례다. 대지지분이 13평, 건평이 17평인 반지하층의 마포구 용강동의 빌라가 법원 감정 가격이 7,200만 원이었다. 2차 유찰 후 4,600여만 원의 최저응찰가격에서 4,800만 원에 단독 응찰로 낙찰된 사례다. 반지하 빌라의 투자 가치에 대해 부정적인 견해를 가질 수도 있다. 눈에 보이는 건물이 아니라 대지지분에 주목할 필요가 있다. 위치 또한 중요하다. 마포구 용강동의 이 위치에 매매로 대지를 12평 사려 한다면 최소한 평당 1,500만 원은 줘야 한다. 5천만 원짜리 전세를 살고 있다면 왜 전셋집만을 전전할 생각에 머물러 있단 말인가? 이런 물건 낙찰 받아 당분간 불편을 감수하고 직접 들어가 살면서 재개발 아파트를 노린다면 이야기는 달라진다. 시간은 땅을 가진 사람의 편이다. 이 물건의 경우 현재 전세 시세만 해도 낙찰 가격을 이미 넘어서 있다. 젊어서 하는 작은 고생은 감사히 즐기면서 받아들이자.

이번 사례는 건국대학교 부동산대학원에 다니던 후배에게 선물로 컨설팅해준 사례다. 부천 중동지구의 실평수 24평 아파트로 감정 가격 1억 7천만 원에 경매가 시작되었다. 2차 유찰에서 1억 2천만 원에 낙찰 받았다. 6,500만 원을 잔금 융자 받아 소유권을 취득하여 전세로 임대하고 있다가 2년 뒤 2억 1천만 원에 매각한 사례가 있다.

본인 돈 5,500만 원 정도 들었다. 다른 비용 감안해도 약 8천만 원 정도의 이익이 발생한 것이다. 다시 말씀드리지만 종잣돈 5천만 원 정도인 독자라면 당장 2배의 수익을 기대할 수 있는 물건은 도처에 깔려 있고, 1년에 두 건만 낙찰 받아 처분한다면 일 년에 1

억 원 수익 달성은 그리 어렵지 않다. 다양한 투자 사례를 경험할 수 있다. 너무 많은 투자 사례가 있다.

내가 가진 종잣돈이 1억 원 전후일 때 경매 투자 전략

실수요자라면 아파트에도 도전이 가능하다. 서울이나 수도권의 20평형~30평형대(부동산 경매물건 중 실수요자가 가장 선호하는 평형)의 아파트 낙찰 가격은 감정 가격 대비 75% 선으로 응찰 경쟁률도 3대 1 정도 수준으로 낮아졌다. 대형 평수는 지역에 상관없이 좀 더 낮아져서 3차 유찰로 51.2%에서 경매가 진행되어 58~60% 선까지 내려와 있다.

1억 원 정도 자금 규모라면 상당히 다양한 투자 전략을 구사할 수 있다. 여유롭게 묻어둘 수 있다면 환금성은 떨어져도 높은 수익을 기대할 수 있는 수도권이나 경기 서북부 쪽 임야나 전·답 등의 토지 낙찰에 도전할 수 있다. 그린벨트 해제 가능성이 있는 수도권 인근의 토지도 유망하다. 서울은 10년 안에 상전벽해가 일어난다. 특히 강북 지역은 10년 이내에 그렇게 될 것이다. 낙찰 받아 전세를 주어 투자금을 회수하고 나면 결국 순투자 되는(잠기는) 내 돈은 거의 없게 된다. 재개발·재건축에 포함되어 32평형 기준으로 입주권까지 확보된다면 3~4년 후에는 입주권 한 장당 최소한 4억 원대 이상 가격 형성은 충분히 예상할 수 있다. 10건 보유 중 2~3건만 개발 지역 안에 포함되어도 노년의 인생이 여유로울 수 있다. 수익률에 대해서는 직접 계산해보라는 말씀을 드린다.

종잣돈 1억 원 정도라면 1년에 3~4건 정도는 낙찰로 소유권 취득이 가능하다. 10채를 확보하는 데 5년이면 충분하다. 1년에 3건을 낙찰 받아 두 건은 처분하고 그 이익 분으로 한 건은 저축하고 가는 방법도 있다. 이렇게 버티기에 돌입한다면 시간은 누구의 편일까? 서울 시내 재건축·재개발은 시간문제일 뿐이다. 10년 안에 서울의 스카이라인은 완전히 바뀐다. 장담할 수 있다.

우수 물건이 너무나 많은 종잣돈 규모

우수 물건도 많고, 수요도 많은 가격대로 서울의 아파트나 강북 뉴타운 예정 지역의 단독주택 등이 추천 대상이다. 소액으로 부동산 경매를 통한 투자 목적으로 빌라나 연립 등에 투자하고 싶은 실속파 투자층이 가장 두꺼운 층이다. 물건 선정만 잘 하면 높은 수익을 달성할 수 있다. 감정 가격이 3억 원대 물건은 언제든지 경매 투자가 가능하고, 낙찰 받아 단기 처분(매매 등)이나 보유 등 다양한 전략을 구사할 수 있다. 현재 전국 법원 낙찰 상황을 보면 많은 물건의 양과 수요층이 두터운 가격대로 나타나고 있다.

종잣돈 1억 원으로 돈벼락 맞은 사례

많은 투자·낙찰 사례 중 대표적인 것 하나만 소개하기로 한다. 2·7호선 건대 전철역에서 도보로 10분 거리인 이 주택에는 경매

당시 6가구가 살고 있었다. 서울 지하철 2·7호선이 교차하고 건국대학, 세종대학과 편리한 교통으로 임대 수요는 무진장한 곳이었다. 낙찰 후 전체를 임대하는 데 2주일이 걸리지 않았다.

소유권 이전 비용까지 총 1억 4천여만 원이 소요된 이 물건 역시 전세 보증금으로 투자된 자금을 모두 회수하였다. 소유권 취득 후 7개월 만에 전세 보증금을 모두 인수시키는 조건으로 8,500만 원을 더 받고 매매하였다. 동원한 자금 내역을 보면 총 1억 4천만 원 중 경기도 성남의 모 새마을금고에서 잔금 융자로 6천만 원을 받았다. 실제로 소요된 돈은 8천만 원 정도였다. 수익률 계산을 해보면 8천만 원 동원하여 7개월 만에 8,500만 원의 수익이 발생한 것이다. 동원 가능한 자금의 규모가 1억 원대라면 선순위 임차인을 지렛대로 삼아 은행 융자를 적절히 활용한다면 감정 가격 5억 원대 물건까지도 소유자가 될 수 있다. 다만 권리관계가 복잡한 물건은 주의하자.

서울시 광진구 화양동 다가구주택

- ▣ 대지 : 33평
- ▣ 건평 : 55평(반지하층 18평, 1층 18평, 2층 17평)
- ▣ 감정 가격 : 1억 9,500만 원
- ▣ 낙찰 상황 : 2차 유찰
- ▣ 낙찰가 : 1억 3,300만 원

경락잔금 활용하여 잔금 납부하기

자기 자금만으로 부동산에 투자하는 사람이 별로 없다. 좋은 방법도 아니다. 설령 충분한 자금이 있더라도 적당한 규모의 은행 차입은 반드시 필요하다. 낙찰 후 잔금을 낼 때 활용할 수 있는 잔금 대출에 대해 알아보도록 하자. 금융기관에서 대출받아 잔금을 납부할 때는 다음이 필요하다.

잔금 대출은 경락잔금납부기한일 10~20일 전까지 경락잔금을 융자해주겠다는 금융기관에 직접 접촉하면 된다. 대출 한도는 낙찰 가격과 최초 감정 가격 중 낮은 가격이 기준이다. 금융기관에 따라서는 선순위 세입자 부분을 뺀 금액을 기준으로 정하는 경우도 있다. 사전에 확인하고 대출 가능 금액과 이자율을 협의하면 된다. 대출 알선업소를 이용할 경우나 보험회사를 통할 경우 추가 부담이 생긴다. 대출 절차와 대출 서류를 확인하고 빠짐없이 갖추는 것도 중요하다. 그러나 더 중요한 것은 투자할 만한 가치 있는 부동산을 선별할 수 있는 안목이다. 이를 위해서는 평상시에도 부동산에 지속적인 관심을 가져야 한다.

경매법원에서 만나는 대출 컨설턴트들과 친해져라

경매법원에 가면 가장 먼저 만나게 되는 사람들이 있다. 잔금 대출 알선 팸플릿을 나눠주는 경락잔금 대출 컨설턴트들과 당일 경매 정보지를 판매하면서 경매 정보지 구독을 권유하는 사람들이다. 무시해서는 안 될 유용(?)한 사람들이다. 이들하고만 친해져도 다른 법원의 입찰 분위기나 유찰률, 매각가율, 매각경쟁률, 매각률 등 경매의 핵심 정보를 어렵지 않게 알 수 있다.

이들은 서울 지역 법원 전부와 인천·수원 등 수도권 경매법원을 돌기 때문에 법원 현장의 분위기를 누구보다 훤히 알고 있다. 자판기 커피 한 잔 정도의 인심을 쓰면 몇천 배의 알뜰한 정보를 얻을 수 있다. 심지어는 좋은 물건의 추천과 함께 응찰하고자 하는 물건의 권리분석과 컨설팅까지도 야무지게 받을 수 있다.

어설픈 컨설팅업체 직원들보다 경매 실력이 몇 수 위다. 필자가 아는 사람 중에는 처음에 계약경제일보(지금의 지지옥션)라는 경매 정보 업체에 취직해 정보지 판매를 하면서 몇 건 낙찰 받다가 아예 전업 투자자로 전향한 사람도 있다.

대출받아 잔금 납부할 경우 필요한 것들

- 사건개요(낙찰 받은 경매지 출력)
- 입찰보증금 영수증
- 잔금납부기일소환통지서
- 등기부등본
- 낙찰자 주민등록등본
- 인감증명서
- 신분증
- 도장

또한 경락잔금을 안내하는 사람들과도 친해져야 한다. 은행에서도 가끔 잔금 대출 캠페인을 나오기도 하지만, 잔금 대출 팸플릿을 나눠주는 이들은 대부분 제2금융권이나 생명보험회사 영업 컨설턴트들이다. 예전에는 보험 가입도 권유하고 했는데 이제는 시중 은행과 거의 같은 조건으로 잔금 대출을 알선한다. 은행 등은 대출 조건이 자주 변하는 데 반해 이들은 비교적 일관성이 있다.

경락잔금 대출 규모와 이자율

경락잔금 대출을 해주는 곳은 먼저 은행을 들 수 있다. 대출 조건은 감정 가격과 낙찰 가격 중 낮은 것이 기준이다. 이는 모든 은행의 공통 사항이다. 대출률이 50%라고 하자. 1억 원짜리 물건이 7천만 원에 낙찰되었다면 3,500~5,000만 원 정도가 대출 가능 금액이다. 1억 2천만 원에 낙찰되었다면 감정 가격이 기준이 되어 5,000~7,000만 원 정도를 대출 가능 금액으로 보면 된다.

잔금 대출에 대한 이자율은 금융기관이나 물건, 대출 기간, 상환 방법 등에 따라 상당한 차이가 있다. 법정지상권이나 말소 안되는 권리가 있는 경우에는 대출이 불가능할 수도 있다. 따라서 사전에 금융기관에 문의해 여러 조건을 협의한 다음 응찰해야 한다. 서울과 수도권 아파트를 기준으로 은행은 이자율 6~6.5% 전후(변동할 수 있음)이다. 중도에 상환하면 중도상환수수료가 대출금의 1% 정도 발생하는 곳도 있다. 저축은행, 새마을금고도 조건은 은행과 거의 비슷하나 이자가 약 1% 정도 높다. 생명보험회사라면 이자율은 8~9% 정도다. 금융기관에 따라 중도상환수수료를 받는 곳도 있다. 경락잔금의 경우 이용 기간은 대부분 단기이므로 이자율에 얽매이기보다는 대출 조건이 어떤지, 중도상환수수료는 발생하는지 등이 더 중요할 수 있다.

개인금융(사채)은 워낙 다양해 언급하는 것이 별 의미가 없지만, 이자는 대략 1부에서 많게는 3부까지 받는 곳도 있다. 경락잔금의 경우 변수가 많고 대출 조건이 자주 바뀐다. 또 물건에 따라 대출 조건이 다르게 적용되거나 대출이 안 되는 부동산도 있는 등 일관성이 없다. 또한 금융회사에서는 취급하지 않는 물건들도 있다. 시골의 임야나 전·답, 그린벨트 지역, 군사시설 보호 지역 내의 물건 등이다. 학교용지나 공원용지 등도 사전에 대출 가능 여부를 확인해봐야 한다.

이처럼 잔금대출은 대출 기관과 물건에 따라 다르기 때문에 단골을 만들어놓을 필요가 있다. 경락잔금 대출 컨설턴트들과도 친해놓으면 유리한 점이 많다. 대출이 어려운 경우 인맥을 통해 대출 가능한 다른 회사를 소개해주기도 한다.

경락잔금 대출 신청 방법

낙찰(최고가매수인)받고 나면 낙찰일로부터 1주일 후가 매각허·부 결정일이 된다. 경매가 절차상 하자 없이 진행되었고, 경매 신청 채권자에게도 배당금이 돌아가는 것으로 판단하면 매각(낙찰)허가를 내린다.

매각허가는 낙찰자에게 따로 통지하지 않고 대법원 인터넷 사이트에 공고하므로 바로 확인할 수 있다. 만약 매각불허가가 나면 이에 대해 낙찰자가 1주일 내에 이의신청을 할 수 있고, 이의가 없으면 매각불허가일 1주일 후부터 입찰 시 제공했던 입찰보증금을 돌려준다. 매각허가가 나고 임차인 등 이해관계인의 항고가 없다면(민사집행법 시행 이후로는 항고가 거의 사라졌음), 매각허가일로부터 약 2주일쯤 후에 잔금을 납부하라는 '잔금납부기한일'을 결정한다. 잔금납부기한일 결정일은 통상 낙찰일로부터 30~40여 일 후가 되며, 잔금납부는 '잔금납부기한일결정일'부터 '잔금납부기한일' 사이에 하면 된다. 법원은 이 같은 사항을 낙찰자에게 통지해준다.

낙찰자는 자기 돈만으로 잔금을 납부한다면 잔금납부기한일까지 해당 경매계로 잔금납부통지서를 가져가 안내에 따라 납부하면 된다. 소유권이전등기를 직접 하는 것도 가능하다. 잔금 중 일부를 경락잔금 대출로 해결하고자 한다면, 매각허가 후 바로 대출받을 금융기관과 접촉해 대출조건, 대출 가능 금액, 잔금납부일자를 조율하면 된다.

모든 경매물건에 경락잔금 대출이 가능한 것은 아니다. 권리상 하자가 있는 경우이거나 선순위 임차인이 있는 경우, 또는 낙찰로도 말소 안 되는 권리(선순위 처분금지 가처분, 선순위 소유권이전청구권 보전가등기 등)가 있는 경우도 경락잔금 대출이 불가능하거나, 대출 가능금액이 줄어들게 된다. 등기부 외의 하자인 법정지상권, 유치권, 분묘기지권, 농지취득자격증명원, 맹지, 특수법인(종중, 학교법인 등)의 경매물건도 경락잔금 대출 대상이 아니다.

　주택이나 상가건물에서 배당받지 못한 선순위 임차인이 있는 경우 대출가능금액에서 그 임차인의 임차보증금액만큼을 공제하고 대출이 이루어지는 경우도 있다. 따라서 응찰하기 전에 신뢰할 수 있는 경락잔금 컨설턴트를 통해 경락대출의 가능경우와 금액 등을 협의하는 것이 바람직하다.

　금액과 조건이 확정되면 은행은 대출 작업을 진행하고, 낙찰자에게 몇 가지 서류(주민등록등본, 낙찰영수증, 잔금납부통지서, 인감증명서 등)를 요구한다. 잔금납부일 당일 오전이나 전날까지 은행 등이 요구한 차액을 해당 은행 계좌로 송금하고 나면 낙찰자는 더 이상 할 일이 없다. 잔금 납부 및 소유권 이전과 동시에 저당권 설정은 담당 법무사가 모두 진행한다. 약 1주일 후에 소유권 이전에 따른 등기권리증(소위 집문서)과 영수증을 받게 되는 것으로 잔금 납부 및 소유권 이전 작업이 끝난다.

경매 투자에서 종잣돈은 충분조건일 뿐이다.

5 _ 돈벼락 맞기 위해
   높은 피뢰침을 준비하자

유료 경매지 보기

경매법원의 매각목록명세서를 기초로 작성된 유료 경매지는 모든 경매 정보를 수록하고 있다. 이 유료경매지에 근거해 경매물건의 전반적인 사항을 살펴보자.

이 사건을 경매 진행시킨 채권자는 조흥은행이다. 1998년 11월 15일에 채무자 정미진으로부터 주거용 아파트를 담보로 제공받고 1순위로 2억 원을 대출해주었다. 채권최고액으로 대출금액의 120%인 2억 4,000만 원을 설정하고 있다. 채무자 정미진이 채무 이행을 하지 못하자 대출금을 회수하기 위해 경매를 신청하였다. 여기서 05-11534는 경매사건의 사건번호이다. 모든 경매 절

■사건/채권/채무/감정

1) 사건/채권 채무/감정	2) 물건내역 주소/면적(㎡)/ 특기사항	3) 감정평가액 (▼)최저경매가	4) 법원임대차현황 주민등록현황 /금액(원)	5) 등기내역 구분/등기일 /금액(원)
05-11534 아파트 조흥은행 정미진 한국감정 (05. 5. 4)	서울 동작 신대방동 345-11 여산스위트 120*호 대지 36.1/4,889(10.92평) 건물 129.5(전용 39.2평) (48평형, 방4, 화장실2) 토지감정 : 125,000,000원 건물감정 : 325,000,000원 물건층 : 12층/17층 보라매공원 동측 도시가스난방 계단식 1개동 총299세대 가구당 2대 주차 92. 6 입주	450,000,000 (▼)288,000,000 (64.00%) 유찰 05.12. 9 유찰 06. 1.13 낙찰 06. 2.21 **334,000,000원** 응찰자 7명	★김주희(방1) 전입 00.10.16/1,500만 확정 00.11.23 배당요구완료 ★박성현(방1) 전입 02.10. 3/2,500만 확정 02.10.26 배당요구완료 ★최정님(방2) 전입 96.12. 7/3,500만 확정 02.12.20 배당요구완료	저당 98.11.15 /2억 4,000만 조흥은행(보라매) 저당 98.12.24 /3억 6,000만 국민은행(신림) 가압 99. 2.17 /4억 200만 한국보증보험 압류 00. 2.17 역삼세무서 임의 2005. 4.11 /2억 4,000만 조흥은행(보라매)

차에서 이 사건번호로 관리 진행된다. 법원 기록을 열람하거나 응찰하고자 할 때 서울중앙법원 05-(타경)-11534를 검색하면 된다. 또한 한국감정이라는 감정평가회사에서 이 물건을 2005년 5월 4일에 감정 평가했다는 것을 알 수 있다. 낙찰이 이루어진 것은 2006년 2월이다. 감정 시점과 낙찰 시점 사이에 약 1년 정도의 시간적 갭이 발생하는 것이 보통이다.

즉 감정시점과 낙찰시점의 차이에 의해 부동산의 매매시세나 임대시세의 차이가 발생할 수 있다. 경매감정가격은 무시하라는 말이 나오는 이유가 바로 이 점이다.

해당 부동산의 전반적인 사항을 알 수 있다. 먼저 주소·층·향(向)·단지 수·대지지분·건평(방 개수와 화장실 수) 및 전체 단지의 크기(재개발·재건축을 염두에 두고 투자하는 경우 중요한 사항)를 알 수 있다. 일반적으로 토지 감정 가격과 건물 감정 가격(혹은 제시 외 부동산의 감정 가격)을 합산한 금액이 1차 감정 가격이 된다. 그리고 아래 사항들도 확인해볼 수 있다.

- 해당 부동산의 전반적인 환경
- 공법적 규제 사항
- 교통편
- 주요 편의 시설
- 관공서나 학교 등에 관한 대강의 정보
- 난방 공급 방식

아파트라면 전체 세대 수, 단지 총 동(棟) 수, 주차장 상황, 보존연도, 해당 부동산의 전체 층수 중 해당 층수 등도 표시되어 해당 경매물건의 전반적인 상황을 파악할 수 있다.

서울과 수도권의 재개발-재건축 대상 아파트 경매물건은 짧은 시간에도 가격 차이가 자주 발생한다.

감정평가액/최저경매가

해당 부동산의 최초 법사가격과 유찰 및 응찰 상황을 알 수 있다.
정리해보면 아래와 같다.

- 🏠 최초 법사 가격(1차 매각 가격=최초 감정 평가액) 토지 감정
  가격과 건물 감정 가격을 합산한 4억 5,000만 원이다.
- 🏠 1차 경매기일(2005년 12월 9일)에 응찰한다면 4억 5,000만
  원 이상으로 응찰 가격을 써야 한다.
- 🏠 2차례 유찰로 감정 가격 대비 64%(1회 유찰 때마다 당일 매
  각 가격의 20%씩 절감)로 떨어져 있다.
- 🏠 2번 유찰 후 3번째 매각일의 최저매각가격이 2억 8,800만 원
  으로 떨어진 2006년 2월 21일에 7명이 응찰해 3억 3,400만
  원을 쓴 응찰자가 최고가 매수인이 되었다.

법원임대차현황/주민등록현황/금액

주택임대차보호법이나 상가·건물임대차보호법의 보호 대상인
부동산에 응찰하고자 할 때 각별히 신경 써야 하는 것이 있다. 경
매 부동산에 임대차 계약을 하고 있는 임차인의 존재다. 여기서
는 임차인의 권리내용을 파악할 수 있다.

최정님

말소기준권리(등기부상 제1저당권 98.11.15. 2억 4,000만. 조흥은행)보다 먼저 전입한 선순위 임차인

- 주민등록 전입일 1996년 12월 7일
- 임차보증금 3,500만 원
- 확정일자 2002년 12월 20일
- 배당 요구 완료

김주희

말소기준권리보다 나중에 전입한 후순위 임차인

- 주민등록 전입일 2000년 10월 16일
- 임차보증금 1,500만 원
- 확정일자 2000년 11월 23일
- 배당 요구 완료

박성현

말소기준권리보다 나중에 전입한 후순위 임차인

- 주민등록 전입일 2002년 10월 3일
- 임차보증금 2,500만원
- 확정일자 2002년 10월 26일
- 배당 요구 완료

등기내역/구분/등기일/금액

경매 당시 부동산 등기부의 유효한 압류 내역을 권리설정 순서대로 정리한 것이다. 즉 갑구(甲區)의 권리와 을구(乙區)의 권리를 권리 성립시간 순서대로 기재해 통상 제 1순위 권리를 기준으로 인수주의와 말소주의를 판단할 수 있다. 제 1설정권리(말소기준권리)를 기준으로 해당 부동산에 먼저 전입한 선순위 임차인과 나중에 전입한 후순위 임차인을 판단할 수 있다.

1. 제1저당권 98.11.15/2억 4,000만/조흥은행(보라매)

조흥은행 보라매지점이 소유자 겸 채무자인 정미진을 상대로 2억 원을 대출해주고 그 담보 목적으로 채권액의 120%인 2억 4,000만 원의 (근)저당권을 설정한 것이다. 경매 개시 결정 현재 해당 부동산의 제1순위 저당권으로 이 물건의 말소기준권리다[2]. 즉 이 저당권을 기준으로 이후에 설정된 등기상의 모든 저당권이나 압류, 가압류 등은 배당 여부에 상관없이 말소된다.

2. 제2저당권 98.12.24/3억 6,000만/국민은행(신림)

제 2순위 저당권으로 국민은행 신림지점이 소유자 겸 채무자인 정미진을 상대로 3억 원을 대출해 주고 담보 목적으로 채권액의

120%인 3억 6,000만 원의 (근)저당권을 설정한 것이다. 제 1저당
권보다 후순위 저당권이며, 얼마의 배당을 받든 상관없이 잔금
납부로 소유권 이전 시 등기부에서 말소된다.

3. 가압 99.2.17/4억 200만/한국보증보험

등기부상 갑구의 제 1순위 압류등기로 한국보증보험이 채무자 정
미진을 상대로 4억 200만 원을 가압류한 것이다. 말소기준이 되
는 을구의 저당권보다 나중이어서 배당 여부에 상관없이 말소되
는 가압류등기다.

4. 압류 00.2.17/역삼세무서

역삼세무서가 취한 국세압류등기로 설정일자와는 상관없이 체납
국세가 발생한 날을 기준으로 순위배당이 실행된다. 을구의 저당
권보다 나중이어서 배당 여부에 상관없이 말소되는 압류등기다.

5. 임의 05.4.11/2억 4,000만/조흥은행(보라매)

채무자가 채무이행을 하지 못하자 등기부상 제 1저당권자인 조흥
은행 보라매지점이 담보로 확보하고 있던 해당 부동산에 대해 강
제 매각을 통한 채권 회수 목적으로 경매 신청을 했고, 법원이 이
를 허락해 등기부상 압류한 날짜다. 이 등기를 '경매개시결정기

입등기'라 한다. '임의'란 임의경매를 말하고, 해당 부동산에 기입등기가 경료된 날은 2005년 4월 11일이며, 채권자인 조흥은행 보라매지점이 경매사건을 통해 회수하고자 하는 실 채권 청구액은 2억 4,000만 원이다.

등기부상에 경매개시일이 기입된 이 날짜는 법원 경매에서 중요한 기준일이 된다. 주택이나 상가건물에 임차한 임차인은 이 날짜보다는 먼저 전입이나 사업자등록을 신청해야 한다. 이 날짜 이후에 전입이나 사업자등록을 완료한 임차인은 설령 정당한 임차인이라고 해도 주택임대차보호법이나 상가·건물임대차보호법의 보호 대상이 되지 못한다. 또한 경매개시결정기입등기일은 강제경매에서 말소기준일이 되기도 한다.

경매 정보지의 불편한 진실

유료 경매 정보지가 경매 투자자들에게 유용한 자료임에는 틀림없으나, 어디까지나 참고자료로만 활용해야 한다. 잘해서 누릴 과실이 있다면 온전히 누리게 되고, 잘못해서 책임져야 할 일이 있다면 그 역시 오롯이 낙찰자의 몫이다. 아래 내용을 읽어보고 마음 속에 담아두자.

🏠 기재돼 있는 내용에 대해 경매 정보지 회사는 책임이 없다.
🏠 유료 정보지의 기록에만 의존해서는 안 된다.

🏠 임차인의 임대차 사실이나 보증 금액이 사실과 다를 수 있다.

🏠 경매지에만 의존해서는 안된다.

🏠 나중에 땅을 치고 통곡할 일이 생길 수도 있다.

🏠 책임은 땅을 치고 통곡하는 사람 몫이다.

다음 경매 정보지를 보시고 스스로 경매 물건 전반을 파악해 아래 내용을 작성해보시기 바란다.

1) 사건/채권/채무/감정

2) 물건내역/주소/면적/특기사항

동부2계 2011-768 상세정보

출력일:2012-03

소 재 지	서울 송파구 문정동 8-6 동남빌라2차 [도로명주소]			
경 매 구 분	임의(기일)	채 권 자	우리은행	낙 찰 일 시	12.01.02 (종결:12.03.0
용 도	다세대	채 무/소유자		낙 찰 가 격	215,000,000
감 정 가	250,000,000	청 구 액	98,773,525	경매개시일	11.01.18
최 저 가	200,000,000 (80%)	토지총면적	36.98 ㎡ (11.19평)	배당종기일	11.03.30
입찰보증금	10% (20,000,000)	건물총면적	53.51 ㎡ (16.19평)	조 회 수 [조회통계]	금일1 공고후155 누적30

주 의 사 항	• 유의사항: 본건은 201호이나 출입문상에는 301호로 표기됨 • (지층을 101호, 1층을 201호, 2층을 301호로 표기하고 있음)

우편번호및주소/감정서	물건번호/면 적 (㎡)	감정가/최저가/과정	임차조사	등기권리
138-200 서울 송파구 문정동 8-6 동남빌라2차 ●감정평가서정리 -벽돌조경사슬래브위 기와지붕 -문정초교서측인근 -주위저층공동및단독 주택밀집된주거지역 -차량접근용이 -인근버스(정)및지하 철역(문정역)소재 -제반교통사정보통 -장방형토지 -북서측폭6m도로접함 -도로접함 -개별난방 -대공방어협조구역 (위탁고도:77-257m) -비행안전구역 (2구역,전술) -제한보호구역 (전술항공:5km) -과밀억제권역 -학교환경위생정화구 역 -2종일반주거지역 (7층이하) 2011.01.31 청학감정	물건번호: 단독물건 대지 36.9777/344 (11.19평) 344(39.45/367) 건물 53.51 (16.19평) 방3,발코니2 2층-88.08.04보 존	감정가 250,000,000 • 대지 100,000,000 (40%) (평당 8,936,550) • 건물 150,000,000 (60%) (평당 9,264,978) 최저가 200,000,000 (80.0%) ●경매진행과정 250,000,000 ① 유찰 2011-11-21 20%↓ 200,000,000 ② 낙찰 2012-01-02 215,000,000 (86%) - 응찰 : 1명 - 낙찰자: 허가 2012-01-09 납부 2012-02-14 종결 2012-03-09	●법원임차조사 전입 2007.03.09 확정 2007.03.05 배당 2011.03.18 (보) 75,000,000 주거/2층301호 점유기간 2007.4.20- 2011.4.19 *임차인점유. 임차인 주 문택 진술. 관할 동사무 소에 주민등록 등재 자를 조사한 바, 세대주 이 등재되어있음 ●지지옥션세대조사 세 07.03.09 동사무소확 인:2011.11.08	소유권 2007.03.09 전소유자: 저당권 우리은행 가락동 2007.03.09 108,000,000 저당권 2010.10.12 53,000,000 임 의우리은행 여신관리부 2011.01.18 *청구액:98,773,52 등기부채권 161,000,00 열람일자 : 2011.11.

3) 감정평가액/최저경매가

4) 법원임대차현황/주민등록현황/금액

5) 등기내역/구분/등기일/금액

이 판이 아름다운 것은
처음부터 끝까지
낙찰자의 주도로 진행된다는 것이다.

| 주석 |

1 필자가 운영자였던 옛날 동호회의 경매 강좌 시간표다. 총 7회 경매 강좌를 진행했었다. 많은 분들이 여기서 처음 배워서 여러 건 낙찰 받았다. 참고로만 하시라. 독자 여러분께 과거의 경험을 바탕으로 새롭고 알차고 운영하여 감사의 마음으로 보답하겠다. 물론 내용이나 형식은 완전히 달라질 것이다.

2 본격적인 경매 공부를 할 때에는 말소기준권리는 중요한 의미를 가지지만, 이 책의 성격상 더 이상 설명은 생략한다. 우리 수준에서는 이런 개념이 '있다'는 정도로 만족해주기 바란다. 필자도 더 이상의 설명을 하지 않는다.

CHAPTER 4

조금 어려운 이야기
아주 쉽게 이해하기

인생 2막의 강력한 무기로 여러분들이 실제 경매를 선택했다고 했을 때 경매가 구체적으로 어떤 의미가 있는가를 보여드린다. 시중 서점에 나가보면 경매 관련 서적들이 너무 많이 나와 있는 것을 보고 놀라실 것이다. 무슨 책부터 어떻게 공부를 시작해야 할지 판단이 안 서는 독자들로서는 너무 많은 책이 오히려 혼란을 주기도 한다. 경매는 이론으로 공부해서는 실력이 늘지 않는다. 공부는 어느 정도 했다면 한 건 하는 과정을 보자.

1) 경매 공부
2) 물건 검색 및 물건 선정
3) 권리분석(등기부상)
4) 물건분석(부동산 현장)
5) 수익률(성) 분석
6) 응찰
7) 최고가매수인
8) 매각허가 결정
9) 잔금 납부
10) 소유권 이전

11) 경매의 꽃 '명도'

12) 당초 목적대로 처분하기

위와 같이 이루어져 있는 경매 구조를 공부하고자 한다.

치유할 수 있는 하자와 치유할 수 없는 하자를 통해 약간의 하자를 활용하여 놀라운 수익을 올리는 방법도 보여드린다. 또한 잘못 입찰한 경우에서 정정당당히 한 수만 물러줄 것을 요청하는 비책도 살짝 공개하겠다. 아주 살짝이다. 여러분은 여기서는 맛만 보시면 된다. 이 방법을 사용하면 입찰보증금 회수 전쟁에서 백전백승이다. 필자가 우리나라 경매사상 처음으로 전격 공개하는 필살기다. 경매컨설팅 시장의 진실에 대해서도 살펴보도록 하자. 양심적인 업체와 관계자들까지 비난하는 것은 결코 아니다. 그러나 비난 받아야 마땅할 미꾸라지들이 있다. 좋은 경매물건을 왜 남에게 주겠는가. 좋은 물건을 내 것으로 하려면 실력 연마라는 당연한 스토리도 함께 보자.

1_ 입찰 전, 낙찰 후, 잔금 납부 후인 경매 3단계

1단계 준비 단계 : 「경매 공부에서 권리분석까지」

1. 경매 공부

시중 서점에 나가보면 경매 관련 서적들이 너무 많이 나와 있는 것을 보고 놀라실 것이다. 책은 많은데 정작 마땅한 책은 보기 어렵다는 독자들의 지적이 귓가를 윙윙거린다. 무슨 책부터 어떻게 공부를 시작해야 할지 판단이 안 서는 독자들로서는 너무 많은 책이 오히려 혼란을 주기도 한다. 부동산 경매를 처음 접하는 초보독자라면 두껍지 않고, 어렵지 않은 책을 선택하는 것이 현명하다.

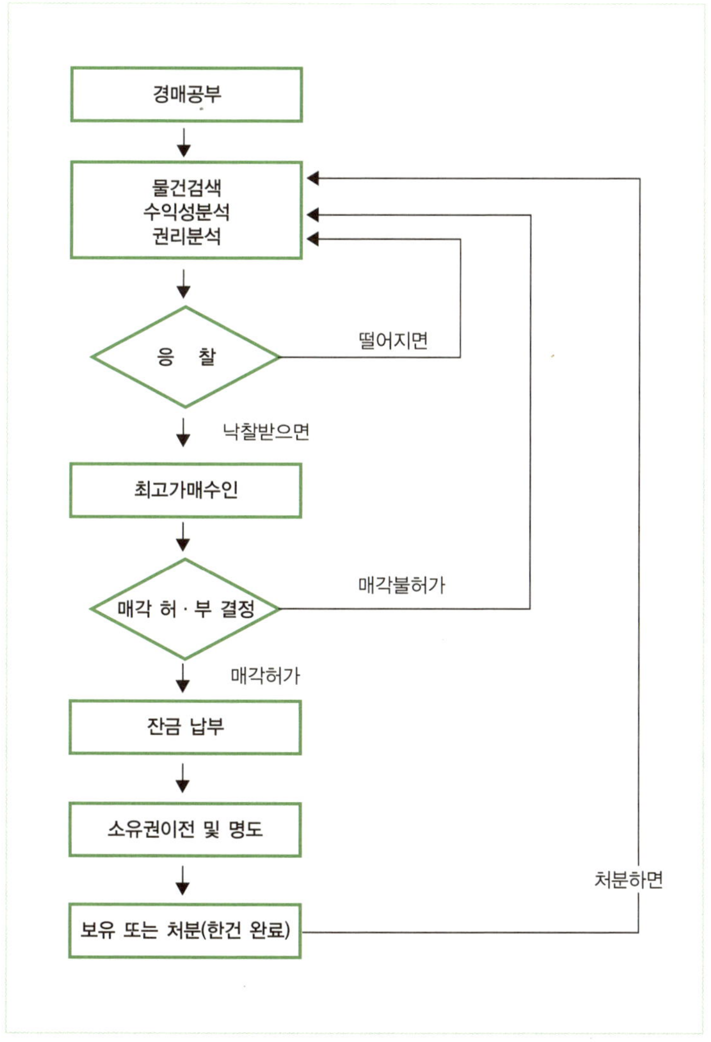
경매공부
물건검색
수익성분석
권리분석
응　찰
떨어지면
낙찰받으면
최고가매수인
매각 허·부 결정
매각불허가
매각허가
잔금 납부
소유권이전 및 명도
처분하면
보유 또는 처분(한건 완료)

🏠 초보 입문용 두세 권

🏠 권리분석 서적 두세 권

🏠 투자 사례용 서적 두세 권

🏠 난이도가 좀 더 높은 서적 두세 권

🏠 배당 관계용 서적 한두 권

이 정도면 충분하다. 처음에는 좀 쉽다고 느껴지는 책을 선택해서 여러 번 반복해서 읽을 것을 권한다. 아울러 '법률구조공단' 사이트(www.klac.or.kr) 활용도 기본이다. 또한 인터넷 동호회나 관련 동아리에도 가입하면 어떤 책에도 나와 있지 않은 실전에 관한 도움을 받을 수 있다.

2. 물건 검색 및 물건 선정

기본적인 공부가 끝나셨다면 관심 지역을 정하고 대법원 사이트나 유료 경매 정보 제공 사이트를 통해 물건을 선정하고 조사를 시작하면 된다. 이론 공부는 지속적으로 반복해야 한다. 처음부터 자신의 주 종목이 한둘은 반드시 있어야 한다. 경매물건 선정의 다섯 가지 원칙이다.

❶ 작은 물건부터 하라(투자 금액이 작은 물건부터 해야 잘못되었을 때도 충격이 덜하다).

❷ 사는 곳에 가까운 물건부터 시작하라(관리상의 문제를 고려했

을 때 그렇다).

③ 잘 아는 지역의 물건부터 투자하라(적정 가격이나 향후 개발 여지, 임대-처분 가격 등의 파악이 용이하다).

④ 권리분석이 간단한 물건부터 시작하라(권리분석이 복잡한 경우는 초보 시절에는 실수할 가능성이 있기 때문이다).

⑤ 명도 부담이 작은 물건부터 시작하라(길게 이야기할 내용이 아니다, 명도의 어려움에 관한 설명은 374페이지를 참고하시기 바란다).

초보의 경우에는 가능하면 권리분석이나 시세 파악 등이 간단한 아파트 물건이 처음에는 유리하다. 아파트 매매나 전세 시세는 전국적으로 매주 발표되고 있기 때문이다. 관련 사이트를 잘 활용하면 낙찰 가격과 시세와의 차이에서 수익률을 쉽게 따져볼 수 있다. 응찰 가격 결정할 때 실수할 가능성을 줄일 수 있다.

3. 권리분석(등기부상)

① 권리분석을 통해 등기부상 하자가 있는지를 파악해야 한다.

② 부동산등기부(등본)를 직접 발급받아 낙찰로도 말소되지 않는 권리가 있는지 확인해야 한다(등기부상에 최선순위로 등재되어 있는 처분금지 가처분권리나, 소유권이전청구권보전가등기 등이 있는 경매물건은 응찰하면 안 된다).

③ 낙찰대금과는 별도로 추가로 물어주어야 할 선순위 임차인이

있는지 등을 살펴보아야 한다(주택이나 상가 건물에 응찰하는 경우 경매 부동산에 임차인이 존재한다면, 그 임차인의 권리의 성격이나 임차보증금액을 정확하게 따진 후에 응찰해야 한다. 추가 부담 문제 때문이다).

등기부를 통한 권리분석을 혼자 하기 어려울 때는 고수나 전문가들의 도움을 받을 것을 권한다. 부동산 등기부는 인터넷을 통해 대법원 사이트에서 발급받을 수 있다.

4. 물건분석(부동산 현장)

부동산은 특성상 현장의 임장 활동이 무엇보다 중요시되고 강조된다. 책상에 앉아 하는 물건 선정이나 권리분석에서는 알 수 없는 여러 특성들을 현장에 가면 발견하게 된다. 법원 기록이나 경매지에는 나와 있지 않은 유·불리한 조건들과 향후 개발 계획 등 유용한 정보를 알 수 있는 귀중한 기회다.

- 단기 매각이나 임대료 수준을 파악한다.
- 장기 보유라면 어떤 장점이 있는지도 현장 조사를 통해 파악한다.
- 부동산 투자의 수익률 성패는 책상에서 나오는 것이 아니다.
- 현장을 더 많이 아는가에 따라 결과는 얼마든지 달라진다.
- 수익성을 체크하는 것도 임장 활동의 핵심 사항이다.

　법원 감정서에 나와 있는 감정 가격은 참고용일 뿐이다. 현장 조사 시 인근 부동산 중개업소를 통해 현재 시세를 꼼꼼히 파악해야 한다. 적정한 응찰 가격 산정의 자료로 사용하면 된다.

5. 수익률(성) 분석

　경매로 투자할 때 소요되는 자금을 보면 투입 가격은 다음과 같다. 이를 예상 처분 가격으로 나누어 보면 수익률(성)을 추정할 수 있다. 경락잔금 융자가 가능한지, 이자율이나 융자 기간, 조건 등도 어떤지 사전에 체크해 놓자. 수익률을 높이기 위한 경락잔금 융자 활용은 권장 사항이다. 다시 말씀드리지만 투자세계에서 가장 중요한 사항은 '수익(률)'이다. 어떤 경우에도 수익률은 반드시 고수하는 자세를 처음부터 몸에 익히는 것이 바람직하다. 원하는 수익률이 예상되지 않는 경우에는 과감히 포기할 줄 아는 용기도 필요하다. 그렇지 못하면 몸과 마음은 바쁜 데 비해서 실속이 없는 경우가 자주 발생한다[1].

총투자 비용＝보증금(응찰 가격의 10%)＋잔금(90%)＋명도 비용＋인수 비용＋이전 비용(취득세, 등록세 등)＋수리비＋기타 비용

2단계 응찰 단계 : 「응찰에서 매각허부결정까지」

1. 응찰 단계

수익률(성) 분석까지 마쳐서 자신의 목적(실수요나 목표 수익률 달성)에 부합하면 응찰하게 된다. 수익률은 보수적으로 잡는 것이 현명하다. 당일 입찰장에서 침착할 수 없는 병아리라면 입찰표를 미리 집에서 작성해서 소신껏 응찰하는 것도 방법이다. 초보 병아리가 경매법정에 가서 눈치작전을 편다는 것은 기본적으로 불가능하다. 떨어져도 좋으니 처음에 응찰하기로 했던 가격 이상으로는 응찰하지 않아야 한다. 초보자는 응찰 가격의 바닥에서 올라가고 고수는 천장에서 내려온다. 과욕으로 흥분한 나머지 실수하지 않기 위해서는 법원 분위기에 익숙해지는 것도 좋은 방법이다. 그러기 위해서 경매법정에 자주 가보는 것이 좋은 방법이다.

2. 최고가 매수인으로 선정

여러 건 응찰 끝에 처음으로 낙찰 받았을 때의 즐거움이란 말로 표현할 수 없다. 경매의 시작은 이제부터다. 낙찰 받고 나서 일주일 후에 매각(낙찰)허부결정일에 매각(낙찰)허가를 받게 되면 이해관계인이 된다. 이해관계인의 자격으로 해당 경매사건의 기록을 열람*복사할 수 있다. 낙찰 허가가 나면 법원의 해당 경매계를 방문해서 응찰 시 체크하지 못했던 사항을 확보해야 한다. 임차인 등의 인적사항, 전화번호 등을 메모해 와서 명도 작업에 대비한다. 또한 경락잔금 등을 이용할 경우에도 대비하자. 금융기관에 연락을 취해 잔금납부기일을 상의하여 결정하고 융자액, 기간, 이율 등의 조건과 융자에 필요한 서류 등도 사전에 준비해야 한다.

3단계 처분 단계 : 「잔금 납부에서 처분까지」

1. 잔금 납부

목돈이 들어가는 단계다. 현재는 잔금납부기한일까지만 잔금을 납부하면 되기 때문에 낙찰자에게 많이 유리해졌다. 잔금 납부 시 본인에게 잔금 납부 자금이 모두 있다고 해도 가능하면 잔금 융자를 활용할 수 있는 한 활용하는 것이 유리하다. 이유는 크게 두 가지다. 하나는 수익률을 극대화하는 지렛대 효과를 얻을 수 있다. 두 번째는 장기 투자할 때 발생하는 문제점을 극복할 수 있다. 통상 서울과 수도권의 아파트인 경우에 잔금 융자는 감정 가격과 낙찰 가격 중 낮은 것을 기준으로 약 60-70% 선까지는 융자가 가능하다.

응찰 가격이 5억 원이라면 3억 원 정도는 융자가 가능하다. 구체적인 것은 해당 금융기관과 상의하면 된다. 낙찰 부동산이나 낙찰자 개인의 신용 등에 따라 이율은 6%-8%로 금융기관마다 융자 조건이 다양하다. 납부일에 해당 경매계로 가면 잔금 납부에 필요한 서류와 절차를 안내받을 수 있다. 잔금은 법원 구내 은행에 납부하게 된다.

2. 소유권 이전

소유권을 이전하려면 아래의 절차를 따라야 한다.

- 낙찰로 인한 소유권 이전에 관한 서류를 작성한다.
- 해당 경매계를 찾아가면 잔금 납부에 필요한 안내를 받는다.
- 은행에 잔금을 완납한다.
- 다시 경매계로 가서 완납 서류에 직인 날인을 받는다.
- 관할 구청에 가서 소유권 이전에 필요한 작업을 한다.

법원 경매로 낙찰 받은 경우 잔금만 납부하면 사실상 소유자다. 등기부상 소유권 이전을 비록 하지 않았다고 해도 실질적으로 소유권을 취득하게 된다. 잔금 납부 60일 이내에 소유권 이전을 완료해야 한다. 그렇지 않으면 취득세 등이 가산된다. 따라서 가능하면 잔금 납부 후 바로 소유권 이전하는 것이 바람직하다. 인터넷 등기 사이트의 도움을 받거나, 주변에 경험이 있는 사람의 도움이 있다면 혼자서도 소유권 이전 작업이 가능하다. 초보라도 공부삼아서라도 도전해 볼 것을 권하다. 소유권 이전 작업이 끝나면 등기부등본을 발급받아 확인해야 한다. 잘못된 부분이 있을 수 있다. 말소되어야 할 권리 등이 말소 안 된 경우 바로 추가 작업을 해야 한다. 소유권 이전 약 2주일 뒤 해당 경매계에서 등기권리증을 찾아오는 것도 잊지 말자.

3. 경매의 꽃 '명도'

법원 경매에서 가장 어려운 난관은 명도다. 달콤한 향기와 길고 날카로운 가시를 함께 가지고 있는 장미 넝쿨과도 같다. 다른 부분은 혼자서 처리가 자신 있는데 '명도' 부분에 와서는 어려움을 호소하는 분들이 많다. 전세보증금을 다 못 받아가는 임차인 등을 상대로 집행관을 동원하는 강제집행은 하지 말자. 임차인은 채무자와는 다르게 대접하자.

"채무자는 냉정하게, 임차인은 따뜻하게!"

임차인에게는 명도에 소요되는 범위 내에서나 조금 더 양보하자. 인간적으로 해결하는 것이 현명하다.

명도 대상자는 다음으로 구분된다.

- 망한 소유자
- 물상보증인
- 세입자(선순위 세입자, 후순위 세입자)
- 단순 점유자

법은 낙찰자만의 편이라고 우기지 말자. 오로지 버티기만 하는 후순위 임차인은 아무런 법적 권리는 없다. 그러나 '역지사지'를 잊지 말아야 한다. 또한 소유권을 취득하고도 명도 작업을 차일 피일 미루는 분들이 간혹 계신다. 심정이야 이해하지만 상황을 악화시킬 뿐이다. 호미로 막을 일을 가래로도 막지 못하는 상황의 도화선이 될 수 있다. 아무런 득이 되지 않는다. 잔금 납부 당일로 낙찰 부동산을 찾아가서 명도 작업을 시작하자.

4. 당초 목적대로 처분하기

명도 작업을 통해 부동산을 넘겨받았다면 당초 목적대로 활용하면 된다. 실수요자라면 이사, 투자용(전·월세로 임대 처분), 단기 처분으로 나눌 수 있다.

상황에 맞게 대처하면 된다. 수익을 목적으로 낙찰 받았다면 원하는 수익이 나올 때까지 진득하게 기다릴 줄도 알자. 투자자에게 요구되는 덕목이다. 부동산 투자는 얼마나 더 오래 버틸 수 있는가가 관건이다. 이에 따라 수익률이 달라지는 경우를 자주 보았다. 경험한 일이기도 하다. 경매의 특징은 부동산을 넘겨받는 시기를 정확히 예측할 수 없다는 점이다. 명도에서 의외로 시간이 걸리는 경우가 발생할 수 있다. 실수요자라면 충분한 시간적 여유를 가져야 한다. 그래야 명도에서 고생하지 않는다. 명도가 완료되기 전까지는 자신이 살고 있는 공간을 처분해서는 안 된다. 시간 불일치에서 오는 곤란을 경험할 수 있다. 심한 경우 여관살이나 친척집에 더부살이하는 경우도 발생하게 된다. 기존의 공간은 비워주어야 하는데 들어갈 공간은 해결이 안 되면 말이다.

부동산과 소유자의 궁합

경매 투자를 하는 사람은 크게 두 부류다. 첫 번째 그룹은 '실수요자' 그룹이다. 내 집 마련하는 데 모자라는 자금을 경매를 활용하자는 그룹이다. 낙찰 가격을 올리는 주범들이다. 다른 한 그룹은 경매물건을 철저하게 '투자'로만 생각하는 그룹이다.

필자는 부동산과 소유자의 궁합(宮合)이 궁금해서 이 관계를 공부하고자 '풍수(風水)' 공부를 새롭게 하고 있다. 부동산과 소유자 사이에는 일정한 궁합 관계가 있다는 생각이다. 사람 사이에 궁합이 있듯이 말이다. 부동산에는 지기(地氣)라는 것이 있다. 어떤 땅(지기)은 주인을 해(害)하는 반면, 어떤 지기는 흥(興)하게 한다. 종교적으로 안 믿는 분들도 계시겠지만 말이다. 안 믿는 것은 자유지만 나쁘다는 것은 피하는 것이 현명하다. 경매를 시작하고 나서 많은 경매물건을 보면서 어느 날부터 들기 시작한 의문이 하나 있었다. 부동산과 소유자 사이에도 궁합이 있는 것 아닌가 하고 말이다. 이것이 부동산 학위 취득 후 다시 공부를 시작하게 된 이유다.

소유자의 기(人氣)와 토지의 기(地氣)

여러분들이 경매를 본격적으로 시작하여 경매물건을 조사하러 다니다 보면 유독 경매물건은 기의 흐름이 막히거나 원활하지 않는 경우가 있는 것을 경험하시게 될 것이다. 예를 들어보자.

🏠 막다른 골목에 위치하고 있다.

🏠 대로에 바짝 붙어 있다.

🏠 대지의 형상이 심하게 부자연스럽다.

🏠 지붕 위로 고가도로가 지나간다.

🏠 지붕 위로 고압선 철탑이 지나간다.

🏠 마당에 서 있는 키 큰 고목이 지붕 높이보다 훨씬 높다.

위의 조건들은 모두 자연스럽지 못하다. 사람끼리는 궁합이 있다고 믿는 분들도, 부동산과 소유자와의 궁합(?)에 대해서는 고개를 갸우뚱하는 분들이 계신다. '정말 그럴까' 하고 말이다. 지금까지 임장하면서 만났던 그 많은 경매 부동산을 통해 전해져 오는 느낌이 있다. 자연적이든 인공적이든 부동산의 기가 센 경우 그 기를 감당할 만한 강한 팔자의 소유자가 아니라면 지기(地氣)에 눌

지기(地氣)와 인기(人氣)의 상관관계

- 약한 지기(弱地氣) ⇔ 약한 인기(弱人氣)
- 약한 지기(弱地氣) ⇔ 중간 인기(中人氣)
- 약한 지기(弱地氣) ⇔ 강한 인기(强人氣)
- 중간 지기(中地氣) ⇔ 약한 인기(弱人氣)
- 중간 지기(中地氣) ⇔ 중간 인기(中人氣)
- 중간 지기(中地氣) ⇔ 강한 인기(强人氣)
- 강한 지기(强地氣) ⇔ 약한 인기(弱人氣)
- 강한 지기(强地氣) ⇔ 중간 인기(中人氣)
- 강한 지기(强地氣) ⇔ 강한 인기(强人氣)

려 사업도, 가정도, 건강도 잘못될 수도 있다. 지기(地氣)를 누를 수 있는 주인이라면 땅으로부터 기를 얻는다는 것 말이다. 지기(地氣)와 인기(人氣)의 상관관계를 나누어 살펴보자.

'어떤 조합이 가장 피가 튀는 결과를 가져오게 될까'는 여러분들의 판단에 맡긴다. 꽤나 재미있는 해석이 가능해진다는 것을 느끼게 된다. 인생 100세까지 건강하게 장수하면서 주변 사람들에게 크건 작건 해악 끼치지 않고 무난하게 살다가 이 세상 떠나가는 것도 그리 나쁘지 않을 것이다. 장삼이사든 필부필부든 말이다.

여러분도 살기(殺氣)를 경험하셨다

토지에서 살기(殺氣)라니 무슨 뜬금없는 소리냐고 고개를 절레절레 흔드시는 분들에게 묻자. 종교적으로 미신 나부랭이라고 치부하며 도저히 동의하지 못하는 분들은 더더욱 한 번 생각해주기 바란다. 여러분이 처음 가는 어떤 길(고속도로든 지방 국도든 상관없다)을 운전하고 있다고 하자.

"조금 전에 커브 돌 때 기분이 조금 이상하지 않았냐?"

"자기도 느꼈어?"

"응~! 뭔가 갑자기 이상했는데 뭐지~? 갑자기 등골이 서늘하고 머리칼이 쭈뼛 서는 듯한 느낌이 기분이 아주 안 좋았는데 이상하네, 나만 느꼈나!"

"아니~ 이상하네. 나도 비슷했는데. 기분이 안 좋고 등골이 서늘했는데!”

“뭐야, 갑자기 으스스해지네?”

“엄마야~!”

“아이고 놀라라! 이러다 사고 나겠다, 괜찮아, 아무 일 없어.”

이런 경험 한두 번은 다들 있을 것이다. 이상하지 않은가. 처음 운전하는 길이라고는 하지만 백주대낮에 등골이 오싹할 정도로 어떤 기운(氣運)을 느낄 일이 뭐 있겠는가. 운전 오래 해서 피곤해서 오는 신경과민인가 정도로 생각하시는 분들이 대다수다. 그러나 그곳에는 분명하게 살기가 서려 있는 곳이다. 이전에 교통사고로 사망자가 발생한 지역이라는 것이다. 나쁜 기운이 서려 있는 곳(장소=택지)은 분명하게 있다. 전 소유자가 지기를 이기지 못해 망해 나갔다면 주의하는 게 나쁘지 않을 것이다.

내 가족이 사는 공간까지 나쁜 기(氣)가 드셀지도 모르는 망한 부동산을 끌어들이지 말자는 것이다. 경매 부동산은 간단하다. 어떤 이유로든 누군가는 망해서 나갔다는 것이다. 부동산 탓일 수만은 없지만 그 터는 흉한 터일 수 있다. 흉한 터는 주인을 해한다. 잘못하면 들어가 살다가 나도 당할 수 있다. 경매는 철저히 투자로만 고민하자. 기준이 이중적이라고 흉 보셔도 상관없다.

인정할 건 인정하고 기본을 먼저 충실히
익히는 것이 현명한 학습방법이다.

2_ 경매물건 요리와 복어 요리의 공통점

경매물건의 독 (치유 가능한 하자)

경매물건 요리와 복어 요리는 몇 가지 공통점들이 있다. 주의해야 할 독이 있다는 것이다. 솜씨 좋고 경험 많은 요리사가 끓여주는 복어탕의 시원함은 일품이다. 복어 요리할 줄 모르는 얼치기 요리사가 만들어주는 복어 요리는 안 먹는다. 복어 한 번 맛보고 죽고 싶은 마음은 없기 때문이다. 잘못 요리한 복요리는 먹는 사람의 목숨마저도 위태롭게 할 수 있다. 독을 완전히 제거하지 않고 만들어진 요리를 먹고 위험한 상태에 빠진 유명 연예인의 기사도 있다[2]. 경매물건에도 잘 요리하면 높은 수익을 올리게 해주는 독(하자)이 있는 반면, 어떻게도 제거할 수 없는 독이 있다. 우선

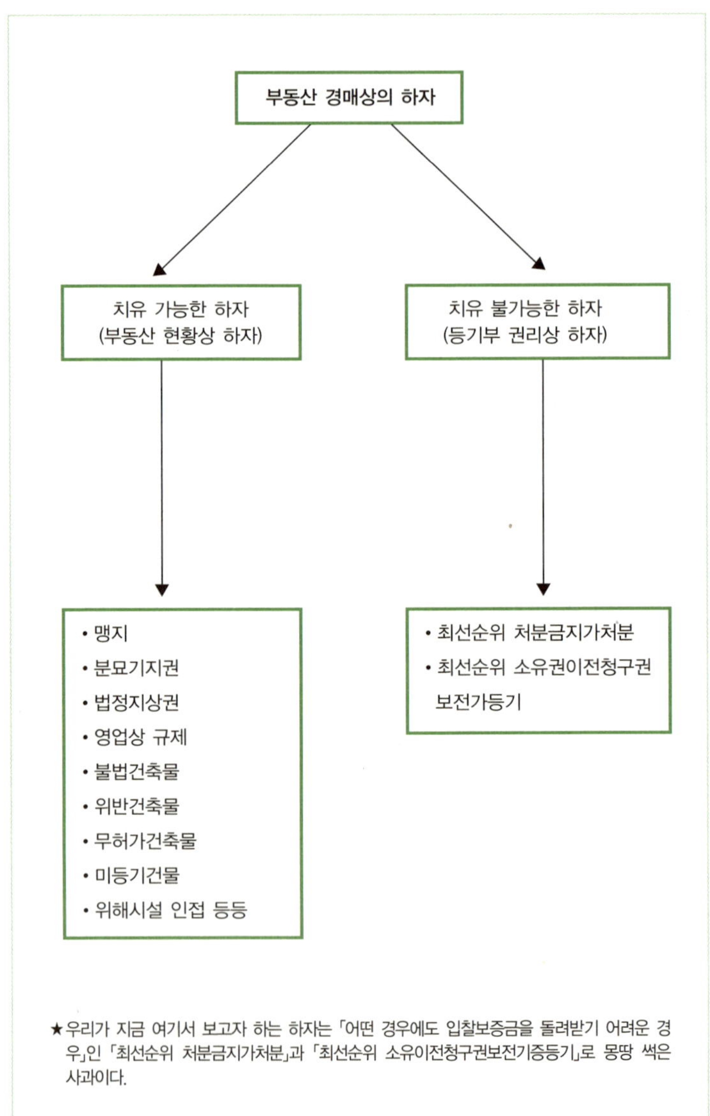

★ 우리가 지금 여기서 보고자 하는 하자는 「어떤 경우에도 입찰보증금을 돌려받기 어려운 경우」인 「최선순위 처분금지가처분」과 「최선순위 소유이전청구권보전기증등기」로 몽땅 썩은 사과이다.

경매물건의 대표적인 독(毒) 중 제거할 수 있는 독을 살펴보자.

치유 가능한 하자 10가지(부동산 현황상 하자)

① 맹지일 때 투자 체크포인트

- ✔ 수용 가능성
- ✔ 도로 개설 가능성
- ✔ 인접 필지 추가 구입 가능성
- ✔ 개발 가능성
- ✔ 목표 수익률 실현 가능성

맹지는 해당 필지가 도로에 접하지 않은 땅을 말한다. 활용에 많은 제약이 따른다. 낙찰 가격 역시 주변 시세에 비해 많이 낮다.

② 분묘기지권 성립 여지 있을 때 투자 체크포인트

- ✔ 분묘기지권 성립 가능성
- ✔ 분묘기지권 해소 가능성
- ✔ 향후 개발 가능성
- ✔ 향후 수용 가능성
- ✔ 목표 수익률 실현 가능성

분묘기지권 성립 여지 있는 땅일 때는 당초 목적대로 사용하기 어려운 것이 보통이다. 따라서 응찰하고자 하는 목적이 뚜렷하거나 해당 토지의 장래 전망이 확실해야 한다.

③ 법정지상권 성립 여지 있을 때 투자 체크포인트

- ☑ 법정지상권 성립 가능성
- ☑ 법정지상권 해소 가능성
- ☑ 토지를 낙찰 받았다면 건물을 추가로 구입할 수 있는지 여부
- ☑ 건물을 낙찰 받았다면 토지를 추가로 구입할 수 있는지 여부
- ☑ 토지를 낙찰 받았다면 처분할 수 있는지 여부
- ☑ 건물을 낙찰 받았다면 처분할 수 있는지 여부

법정지상권 성립 여지 있는 물건일 때는 이를 지렛대로 삼아 높은 수익을 달성할 수 있기도 하지만, 반대로 법정지상권이 하자로 작용하여 위험한 경매로 귀결될 가능성도 있다. 이 역시 양날의 칼이다.

④ 유치권 신고 있어 성립 여지 있을 때 투자 체크포인트

- ☑ 유치권 성립 가능성
- ☑ 유치권 해소 가능성
- ☑ 유치권이 성립하면 추가 부담 정도
- ☑ 유치권이 성립하지 않을 때 명도 전략

유치권도 법정지상권 성립 여지 있는 물건과 투자 전략이 흡사하다. 이를 지렛대로 삼아 높은 수익을 달성할 수 있기도 하지만,

반대로 유치권이 하자로 작용하여 위험한 경매로 귀결될 가능성
도 있다. 유치권 역시 양날의 칼이다.

⑤ 농지취득자격증명원이 필요할 때 투자 체크포인트
　　☑ 농지취득자격증명원을 제때에 발급받을 수 있는가

　　농지취득자격증명원이 필요한 농지(전·답·과수원 등)를 낙찰
받았을 때 매각허가기일까지 해당 경매계에 제출하지 못하는 경
우 매각은 불허가되고, 농지취득자격증명원을 제출받지 못한 사
유로 매각이 불허가되는 경우 입찰보증금은 몰수 대상이다.

⑥ 공법상 규제일 때 투자 체크포인트
　　☑ 도시 지역인가?
　　☑ 관리 지역인가?
　　☑ 농림 지역인가?
　　☑ 자연환경 보전 지역인가?

　　위의 기준에 따른 개발행위 허용 및 규제 범위와 내용을 사전
에 충분히 파악한 다음 응찰해야 한다.

⑦ 불법 건축물, 위반 건축물, 무허가 건축물일 때 투자 체크포인트
　　☑ 불법 위법 사항이 해소 가능한가?
　　☑ 원상 복구 대상인가?

☑ 강제이행금은 어느 정도인가?

고수라도 가장 주의해야 하는 하자다. 관할 관청에서는 위반의 정도에 따라, 묵인, 원상 복구 명령, 강제이행금 부과, 형사고발 등의 조치를 내린다.

⑧ 미등기 건물일 때 투자 체크포인트
　☑ 미등기 사유가 무엇인가?
　☑ 장기 미등기인가?
　☑ 정상화될 가능성 여부
　☑ 실제 면적과 미등기 대장에 등재된 면적과의 차이

불법 건축물이나 위반 건축물과는 달리 비록 등기부는 없지만 합법적인 건축물이다. 따라서 고발이나 강제이행 부과 대상이 아니다. 재산세 납부 대상으로 정상적인 부동산이다.

⑨ 공유자우선매수청구권 신고 있을 때 투자 체크포인트
　☑ 공유자우선매수권 행사 여부
　☑ 공유자들의 재정 상태
　☑ 공유물 분할의 가능 여부
　☑ 낙찰 가격의 적정선 여지

부동산 경매에서 공유지분은 높은 수익을 올리는 데 걸림돌이라고 하지만, 대지지분권은 오히려 지렛대의 역할을 할 수 있다.
공유지분물건도 경매 투자에서 양날의 칼이다. 투자 지렛대로 활
용하면 높은 수익을 안겨주지만 섣불리 접근했다가는 상처를 입
을 수도 있다.

⑩ 유해 시설 인접 지역일 때 투자 체크포인트

   ☑ 청소년 출입 금지 구역인가?

   ☑ 공해 물질 배출 시설 인접 지역인가?

   ☑ 주유소, 가스충전소가 인접해 있는가?

   ☑ 이전 가능한 유해 시설인가?

유해 상업 시설이나, 유해 물질을 발생하거나 다루는 시설물이
인근에 있는 경우 부동산 가격이나 개발에 제한을 받게 된다.

경매 하자가 위험하다는 불편한 진실(치유 불가능한 하자)

"복 요리 좋아하시죠?"

"그럼요~! 술꾼치고 복 요리 좋아하지 않는 사람 있을까요?"

"복어 요리는 요리사에 따라 맛이 다르다고 하더라고요."

"부위 조절하는 솜씨 차이라고 그러잖아요!"

"박사님, 정말 경매가 복어 요리에 비유될 만큼 위험한가요?"

"어떻게 생각하세요?"

“글쎄요, 모르니까 물어보는 거죠!”

“복어랑 마찬가지로 누가 칼을 잡는가에 따라 다른 것 아닐까요?”

“그러면 그다지 위험하지 않다는 말씀이세요?”

“적어도 복어 요리 자격증 따는 것보다는 경매물건 요리하기가 쉽습니다!”

“내 생각도 그래요!”

“뭐가요?”

“최악이라도 경매물건 잘못 낙찰 받았다고 해도 목숨이 잘못되지는 않잖아요.”

“그렇죠.”

“복어 요리 잘못 먹고 반신불수 되는 사람 봤어요!”

“저도 어렸을 적에 시골에서 동네 아저씨들 복어 요리 먹다가 병원으로 소달구지 타고 가는 것 본 적 있어요!”

“옛날에는 소달구지가 응급차 구실 했네요!”

“그때 죽은 사람은 없었는데, 아저씨 한 명이 골골하다 얼마 못 살고 죽었어요!”

“경매 하자가 사람을 죽일 만큼 치명적인가요?”

“상대적이죠!”

“복어 독에 비할 바가 아니라는 말씀이죠?”

“문제가 없는 것은 아니지만 한글만 읽을 줄 알면 요리할 수 있는 것이 경매죠.”

“그런데 왜 자꾸 치명적인 하자가 있다는 말을 하나요?”

“앞에서 예로 든 사항들은 본인이 확인하는 수고 정도면 해결이 되

는데 다음에서 보여드리는 등기부상 권리들은 정말 손대면 안 되거든
요!"

"그게 전부인가요?"

"똑같은 물건이라도 경험 많은 고수가 훨씬 더 수익을 높게 내는 방
법을 알고 있죠!"

"그건 복어 요리하고 똑같네!"

"복어 요리하고만 같은 게 아니고, 다른 것과도 마찬가지 아닐까
요?"

"무슨 말씀이세요?"

"같은 재료라도 누가 요리하느냐에 따라 맛이 확 차이가 나잖아요!"

"맛의 차이지, 위험은 아니라는 말씀이세요?"

"그렇지만 누구라도 당초 손대면 안 되는 하자들은 있기는 합니다."

매년 약 10만여 건의 경매가 진행되고 이 중 주인을 찾아가는
매각률[3]은 약 42~45% 선이다. 약 4만 5천여 건이 낙찰되고 이 중
7천여 건이 입찰보증금을 날리는 재매각 물건으로 나타나고 있
다. 그러나 이는 매각대금을 날리는 재매각 물건만이 통계에 잡
힌 것이고, 잔금 납부한 다음에 골병드는 물건까지 합하면 5건 중
1건은 문제가 있는 물건으로 추정된다. 독을 요리하지 않고 통째
로 먹으려다 사망에까지 이르는 경우가 생각보다 많은 것도 사실
이다.

치유 불가능한 하자(등기부 권리상 하자)

최선순위로 설정되어 있는 '처분금지가처분권리'와 최선순위 '소
유권이전청구권보전가등기'는 누구라도 손대면 안 되는 하자다.
낙찰로 취득한 소유권에 문제가 생길 수 있는 치명적인 하자다.
복어 요리라면 먹고 죽게 되는 독(하자)이다. 경매 투자자를 칼날
앞에 서게 하는 하자다. 여기서 열거하지 않은 다른 권리도 있음
은 당연하다.

"치유할 수 없는 하자는 구별해내기가 쉽습니다."
"등기부등본만 제대로 볼 줄 알면 된다는 말씀이시죠!"
"그렇죠, 날짜만 정확하게 따질 줄 알면 어려울 것 없습니다."
"그런데도 사고가 끊이지 않는 이유가 뭘까요?"
"글쎄요 정말 이해 안 되는 부분입니다. 억지 논리를 붙이라고 하면
'욕심' 말고는 따로 의심할 대목이 없는 거죠."
"기본 중의 기본인데도 입찰보증금 날리는 사람들이 끝이 없어요."
"맞는 말씀이세요, 말도 안 되는 일이 벌어지는 거죠!"
"갑구, 을구 따져봐서 두 개 권리보다 말소기준권리가 나중이면 응
찰하면 안 된다는 기본만 지키면 아무 일 없는데도 그걸 시험해 보는
사람들이 있어요!"
"재매각 사유를 보면 선순위 가처분, 가등기 권리가 의외로 많은 것
같아요."
"권리분석이 경매 공부의 전부라고는 할 수 없지만 중요한 대목인

것은 분명합니다.”

“기본 중의 기본이라는 말씀이시죠?”

“그렇습니다. 기본 우습게 알다가 코피 제대로 터져봐야 무서움을 깨달게 되죠.”

“무서운 이야기네!”

“경매 투자 독 중에서 최고 치명적인 독이라고 할 수 있죠.”

“복어 독에도 즉사에 이르게 할 정도로 맹독이 있다고 하잖아요!”

“복어 독이나 경매 독이나 형태만 다르지 사람 망가뜨린다는 점에서는 똑 같습니다.”

“독배(毒杯)를 원샷하지 않을 비책(秘策)은 뭘까요?”

“간단합니다. 비책까지는 아니고, 기본에 충실하고 서두르지 않으시면 됩니다.”

“기본에 충실 하라는 말 명심하겠습니다!”

경매물건 선정 시 확인해야 한다. 5건 중 한 건은 치명적인 하자를 내포하고 있어 낙찰자를 회복 불능으로 몰아갈 수도 있는 것이 경매물건이라는 것도 부정할 수 없다. 복어는 치명적인 독이 있어 맛있고, 경매 역시 치명적인 하자가 있어 맛있다.

투자에서 수익과 리스크는 동전의 양면과 같다.

3_ 엎어졌다 일어나면서 떡 물고 일어나기

입찰보증금 날리는 위험한 경매

잔금 납부 포기로 입찰보증금을 날리는 '망한 경매' 구도다[4].

매각불허가 신청

"입찰 한 번 잘못했다가 수천만 원 날리게 생겼습니다."

"잘못 낙찰 받으셨다는 말씀이세요?"

"선순위 임차인이 두 명 더 있어요!"

"확인 안 하셨나요? 입찰 전에 했어야 했는데!"

"이런저런 이유로 일단 매각불허가 신청을 한번 해보려고요."

▌입찰보증금 날리는 기존의 구도

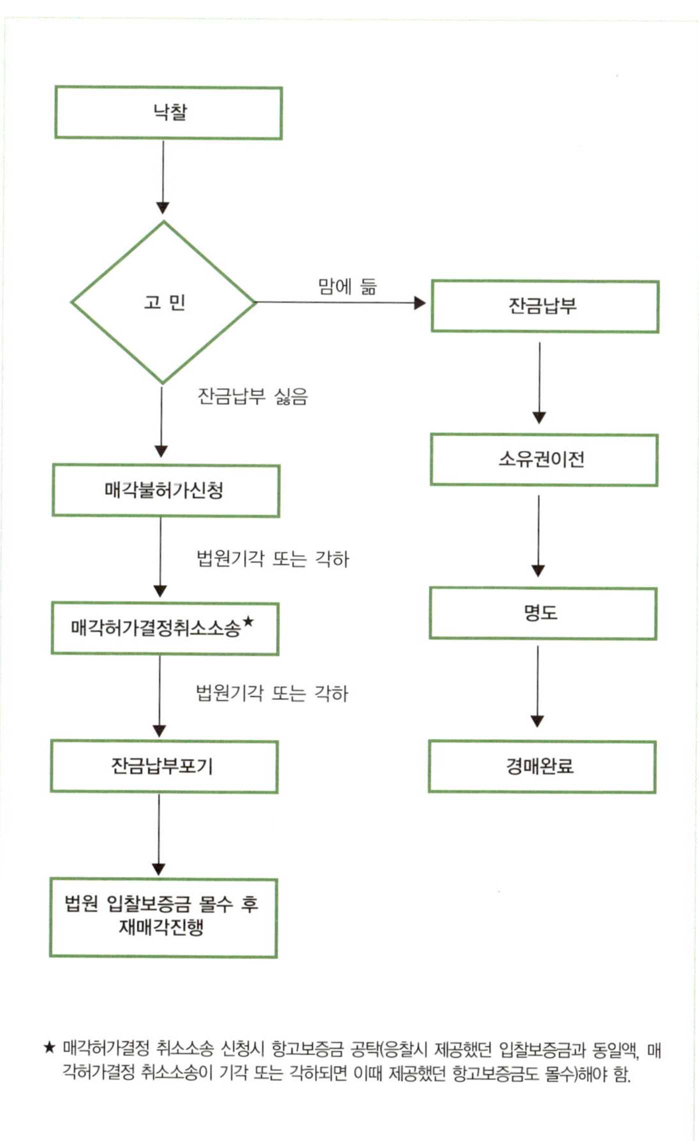

★ 매각허가결정 취소소송 신청시 항고보증금 공탁(응찰시 제공했던 입찰보증금과 동일액, 매각허가결정 취소소송이 기각 또는 각하되면 이때 제공했던 항고보증금도 몰수)해야 함.

“글쎄요~! 신청 사유가 되기는 하지만 이런 정도로 받아줄까요?”

“기록을 면밀히 검토해본 결과, 대강 3가지 문제점이 추려졌어요.”

“글쎄요, 이 정도로 받아들여 줄까 걱정이 되는데요~!”

“이 정도면 충분하지 않을까요?”

“약한 것 같아요. 응찰자가 사전에 조사하고 응찰해야 한다고 보거든요.”

“감정평가사가 정확하게 조사해서 감정평가서를 작성해야 하는데도요?”

“당연한 이야기지만 현실적으로 여러 가지 이유로 인해서 한계들이 있는 거죠.”

“참 어렵네요!”

“감정 가격하고 시세가 차이나는 것으로 해서 한번 신청해보세요.”

“그래야 할 것 같습니다.”

“이유가 황당하지 않으니까 잘 정리해서 ‘매각불허가 신청’ 을 해 보세요.”

“판사가 직권으로 불허가 결정을 내리는 기준이 뭔가요?”

“판결이라는 게 그렇잖아요! 비슷한 사유라도 어떤 법원에서는 받아들여 주는, 어떤 법원에서는 배척하고.”

“안 받아줄 거라고는 미리 예단은 하지 말라는 말씀이네요?”

“네~! 매각불허가 신청은 인지대만 납부하면 돼서 비용 부담도 없고, 소장을 따로 쓰는 것도 아니라서 간단합니다, 그러니 한번 해보세요.”

“좀 도와주세요, 한 번 해 볼게요!”

입찰보증금 포기로 방향을 잡은 낙찰자

"어찌되셨나요?"

"도대체 뭘 근거로 받아주고 안 받아주는지 알 수가 없네요!"

"자기 입장으로만 판단해서는 안 됩니다. 객관적으로 누가 봐도 '그렇구나' 할 정도의 이유나 논리를 동원해야죠."

"남의 돈이 수천만 원이 왔다 갔다 하는 판국인데!"

"재판이라는 것이 감정싸움은 아니니까, 지금부터 어떻게 할까를 천천히 고민해보세요."

"신청이 기각 당했는데, 비슷한 사유로 '매각허가결정취소소송'을 한다고 해서 승산이 있을 것 같지도 않고 해서 포기해야 할 것 같습니다."

"하기는 그래요!"

"안 되는 거 붙잡고 징징거릴 바에야 차라리 입찰보증금 3,282만 원[5]을 포기하고, 빨리 잊어버리는 것이 낫다는 생각도 듭니다. 답답하고 막막합니다!"

"시세보다 대략 얼마 정도 더 비싸게 받았다고 그러셨나요?"

"낙찰 가격이 4억 원이고, 현재 시세가 대략 3억 원이니, 1억 원은 비싸게 받았다고 봐야 되지 않나요?"

"그렇다고 3,200여만 원을 허무하게 포기하는 것도 마음이 아프네."

"아무튼 대강 결정했습니다!

필자는 이미 『위험한 경매』와 『더 위험한 경매』라는 책을 통해 경매세상의 무서움을 말씀드렸고, 『행복한 경매』를 통해서는 위험에 빠졌을 때 살아 나오는 방법을 말씀드렸다. 다음은 경매신청권리 인수로 날릴 뻔했던 입찰보증금을 돌려받는 '행복한 경매' 구도다. 경매도 어차피 사람이 하는 일이다. 답이 있다는 말이다. 무모해서는 안 되겠지만, 위험에 빠졌을 때 그 수렁에서 빠져나오는 방법도 분명히 있다.

입찰보증금 되돌려 받는 행복한 경매

역전을 통한 완전한 한판승

소송을 통한 입찰보증금 회수 방법들이 수포로 돌아갔다고 해보자. 즉 법원이 받아들여 주지 않았다고 해보자. 여기까지는 일단 '매각불허가 신청'이나 '매각허가결정취소소송' 정도를 염두에 두고 말씀드렸다. 이런 정도는 시중의 많은 책들에서도 소개되고 있다. 민사집행법에서는 최고가매수인이 된 다음, 경매 절차에 대해 이의를 제기하려면 입찰(매각)보증금에 상응하는 금원(현금이나 보증보험증권)을 제공하도록 하고 있다. 따라서 '매각허가결정취소소송'은 소송 그 자체도 쉽지 않다. 소송을 제기할 수는 있지만 패소하면 공탁했던 항고보증금도 몰수당한다.

전투가 벌어질 때 두 차원 정도 높은 고차원의 수를 동원해서 순식간에 싸움을 끝내버리는 것도 나쁘지 않다. 오래 끌어서 도

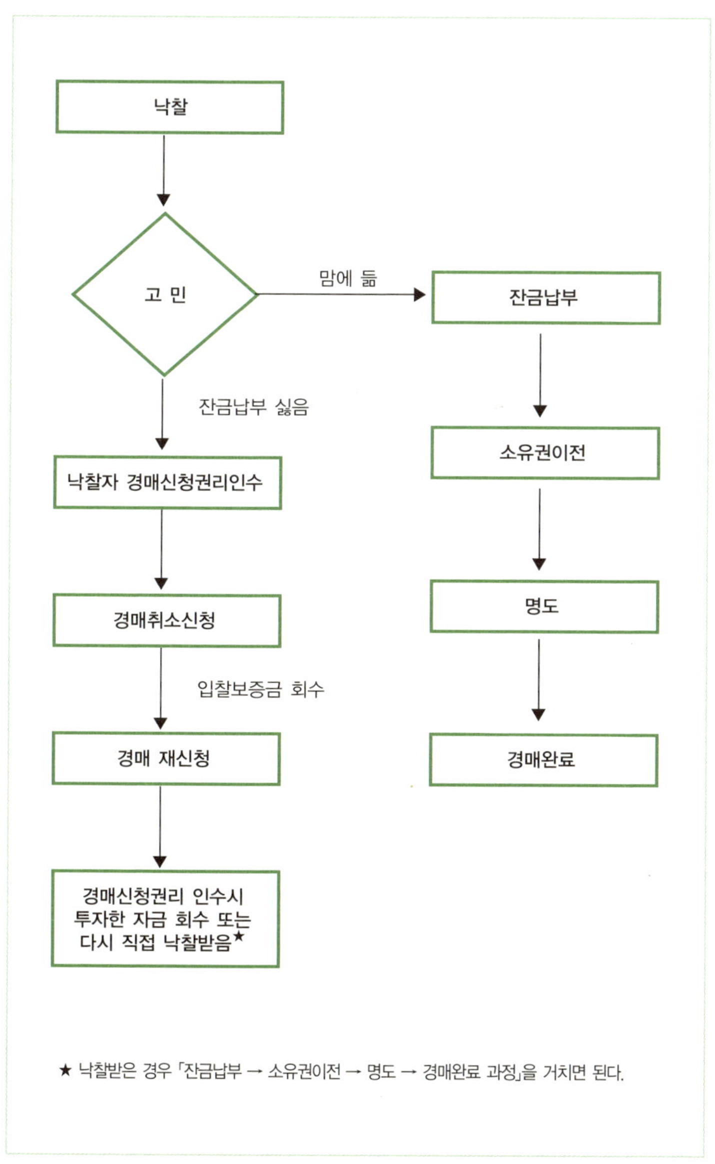
낙찰
고 민
맘에 듦
잔금납부
잔금납부 싫음
낙찰자 경매신청권리인수
소유권이전
경매취소신청
명도
입찰보증금 회수
경매 재신청
경매완료
경매신청권리 인수시
투자한 자금 회수 또는
다시 직접 낙찰받음★
★ 낙찰받은 경우 「잔금납부 → 소유권이전 → 명도 → 경매완료 과정」을 거치면 된다.

움이 되지 않을 싸움이라면 말이다. 그러나 이보다 더 중요한 것
은 싸우지 않고 이겨버리는 것이다. 지금 이 방법처럼 말이다. 입
찰보증금 돌려달라는 기본 구도는 '매각불허가 신청'이나 '매각
허가결정취소소송'과 같지만 동원되는 기술이 전혀 다르다.

이 방법을 알기 전까지는 낙찰자는 경매 진행 과정에서 정확하
게 乙이었다. 여기에서 소개되는 결정적인 한 수를 구사함으로써
입찰보증금 회수 전쟁에서 밀리기만 했던 모든 전세는 역전된다.
乙에서 甲으로의 화려한 대변신이 완성되는 것이다. 필요한 펀치
는 두 방도 필요 없다. 딱 한 방이다. 한판승이다. 역전도 이런 역
전이 따로 없다.

풍납동 아파트로 공부하기

🏠 매각보증금이 10%인 신매각 물건 경우라면
 -4억 원짜리 경매물건에 응찰한다면 10%인 4,000만 원을
 매각보증금으로 제공했다고 가정해보자.
🏠 매각보증금이 20%인 재매각 물건 경우라면
 -4억 원짜리 경매물건에 응찰하면서 20%인 8,000만 원을
 매각보증금으로 제공했다고 가정해보자.

이 같은 상황에서 매각보증금이 날아갈 상황에서 '행복한 경
매'가 소개하는 방법을 구사했다고 가정해보며, 지금부터 고민

지지옥션 www.ggi.kr 동부3계 2009-664 상세정보

출력일:2012-03

소 재 지	서울 송파구 풍납동 508 한강극동 　　　　　 도로명주소				
경 매 구 분	임의(기일)	채 권 자	예가람상호저축	낙 찰 일 시	10.04.05 (종결:10.06.2
용　　도	아파트	채무/소유자		낙 찰 가 격	550,500,000
감 정 가	670,000,000	청 구 액	431,089,064	경매개시일	09.03.18
최 저 가	428,800,000 (64%)	토지총면적	57.83 ㎡ (17.49평)	배당종기일	09.06.23
입찰보증금	20% (85,760,000)	건물총면적	114.76 ㎡ (34.71평)[42 평형]	조 회 수 조회통계	금일1 공고후377 누적1,
주 의 사 항	· 재매각물건				

우편번호및주소/감정서	물건번호/면 적 (㎡)	감정가/최저가/과정	임차조사	등기권리
138-040 서울 송파구 풍납동 508 한강극동 　　 ●감정평가서정리 -서울아산병원북측인 근 -인근한강시민공원,병 원,학교,관공서,상가, 은행등제반편의시설 등소재 -주변아파트,빌라,주 택등혼재 -버스(정)및8호선강동 구청역도보이용가능 -올림픽대로이용용이, 제반교통여건무난 -도시가스개별난방 -평탄한대단위토지,외 곽도로정비 -3종일반주거지역,도 로(접함) -비행안전제2구역(전 술) -비행안전제3구역(전 술) -대공방어협조구역(위 탁고도54-236m) -학교환경위생정화구 역 2009.03.27 현대기업 감정	물건번호: 단독물건 대 지 57.83/40676.7 (17.49평) 건물 114.76 (34.71평) 방4,욕실겸화장 실2,창고 18층-95.10.12 보존 남서향,계단식	감정가　670,000,000 ·대지　201,000,000 (30%) (평당 11,492,281) ·건물　469,000,000 (70%) (평당 13,511,956) 최저가　428,800,000 (64.0%) ●경매진행과정 　670,000,000 ① 유찰　2009-09-14 20%↓　536,000,000 ② 낙찰　2009-11-02 　680,700,000 (101.6%) - 응찰: 3명 - 낙찰자:　 허가 2009-11-09 　536,000,000 ② 유찰　2010-02-08 20%↓　428,800,000 ③ 낙찰　2010-04-05 　550,500,000 (82.2%) - 응찰 : 9명 - 낙찰자:　 허가 2010-04-12 종결　2010-06-25	●법원임차조사 　전입 2005.10.14 확정 2005.10.14 배당 2009.06.23 (보)200,000,000 주거/전부 점유 2005.10.11- 2년 *소재지에 출장한 바,문 이 잠겨있고 거주자가 부 재중이여서 조사하지 못 하였음.관할 동사무소에 주민등록등재자를 조사 한 바,세대주　　이 등재되어있음 총보증금:200,000,000 ●지지옥션세대조사 　05.10.14 동사무소확 인:2009.09.04	소유권　 2006.12.29 전소유자: 저당권 예가람상호저 2007.08.06 520,000,000 가압류 2008.11.17 160,000,000 가압류 한국상호저축 2008.12.26 100,000,000 임 의예가람상호저 2009.03.19 *청구액:431,089,0(등기부채권 780,000,0(열람일자 : 2009.04.

속으로 들어가보자.

　이미 알려진 효과 없는 방법 말고 효과 만점인 방법을 소개하겠다. 자료의 동부3계 2009-664*번으로 경매 진행된 사건에서 2009년 11월 02일에 당일최저매각가격 5억 3,600만 원일 때 6억 8,070만 원(감정 가격 대비 101.6%)에 응찰하여 다른 경쟁자 두 명을 물리치고 낙찰 받았다. 이날 제공했던 입찰보증금 5,360만 원(당일 최저매각가격 5억 3,600만 원의 10%)을 날리게 생긴 박정* 씨의 다급한 상황을 재구성해보았다.

누구나 할 수 있는 하나마나 한 소리

　"내 돈 좀 찾게 해주세요!"
　"뜬금없이 무슨 말씀이세요?"
　"아파트에 입찰해서 보증금으로 5,360만 원을 걸었는데 날아가게 생겼어요. 무슨 방법이 없을까요?"
　"무슨 말씀이세요? 좀 천천히 말씀보세요!"
　"천천히나 마나 죽게 생겼다니까요, 방법 좀 알려줘 봐~ 무슨 방법이 좀 없을까요?"
　"숨 안 넘어가니 제발 천천히 말씀해보시라니까요!"
　"재건축한다고 해서 극동아파트 42평형에 응찰했는데 너무 비싸게 응찰한 거 같아요."
　"시세는 얼마나 하는데요?"

“대략 6억 원 전후라고 하고, 급매는 이보다는 약간 더 싸게도 살 수 있다고 하고!”

“얼마에 응찰했는데요?”

“6억 8천만 원!”

“네~~에~~? 뭐라고요~!? 보증금은 5,360만 원 걸었다면서요?”

“그날 최저매각가격이 5억 3,600만 원이었거든요.”

“최초 감정 가격은 얼마였는데요?”

“6억 7,000만 원이요!”

“그러면 시세보다 7,000만 원 정도 비싸게 감정했네, 매각불허가 신청을 한번 해보세요!”

“정말 그 방법밖에 없을까요? 그리고 받아들여줄까요?”

“아니면 낙찰자에게 무슨 다른 방법이 있을 수 있나요?”

“울며 겨자 먹기로 그거라도 한번 해보는 방법뿐인가.”

씨도 안 먹히는 낮은 한 수

시세보다 약 7,000여만 원 비싸게 감정된 것을 이유로 매각불허가 신청을 해보라고 권유하고 있다. 그러나 이런 사유로는 법원이 매각불허가 신청을 받아줄 가능성은 희박하다. 입찰보증금 날리고 재매각 시장에 등장하는 것은 시간문제일 뿐이다. 그림 파일에서 보시는 것처럼 경매법원은 매각허가일로부터 약 3개월 뒤에 다시 경매를 진행하고 있다. 아마추어에게 이 정도 이상의 처방전을 기대하는 것이 무리다.

만약 2009년 11월 6억 8,070만 원에 낙찰 받아 잔금 납부 포기를 고민하던 박정* 씨가 필자를 찾아와서 문의를 했다면 다른 해답을 얻을 수 있었을까. 다른 처방에 의한 다른 결과를 만나게 해드릴 수도 있었을 것이다.

경매법원도 어쩔 수 없이 입찰보증금을 돌려주어야 할 필살기 한 방을 선물할 수도 있었다. 보증금을 날릴 비참한 처지에 빠진 '최고가매수인' 에서, 경매판을 쥐고 흔들 수 있는 '경매신청채권자' 로 대변신하는 필살의 카운터펀치 한 방 말이다. 마치 피고인 신분에서 판사의 신분으로의 대변신이 가능한 방법이 있다. 처지가 완전히 달라지는 방법을 알려주었을 것이라는 말이다.

경매신청권리 인수라는 두 차원 높은 필살기

매각 불허가 신청의 한계

"날아가는 내 돈 좀 잡아주세요!"

"돈이 어떻게 날아갑니까, 날개라도 달았다는 말씀이세요?"

"농담하지 마시고 좀 도와주세요!"

"자초지종을 말씀해보시라니까요."

"흥분되고 가슴이 떨려서 숨 쉬기 어렵네!"

"고정하시고 물 한 잔 마시고 천천히 말씀하세요, 누가 안 쫓아옵니다."

"아파트에 입찰해서 보증금으로 낸 5,360만 원 돌려받을 방법 좀 찾아주세요."

"'매각불허가 신청'은 해 보셨어요?"

"하기는 했는데 기각 당했어요."

"그러면 '매각허가결정취소소송' 하시면 되잖아요?"

"승소한다는 보장도 없고, 또 항고보증금 걸어야 되고 난감하네!"

"그래도 한번 해보시지요."

"박사님~! 무슨 방법이 없을까요?"

"세상일이라는 것이 문제가 있으면 답이야 있죠!"

"정말이세요? 그러면 매각불허가를 받을 수 있는 무슨 묘수라도 있다는 말씀이세요?"

"판을 한 번에 확 뒤집을 수 있는 기막힌 방법이 있습니다."

"그게 무슨 말씀이세요~~! 누가 무슨 판을 어떻게 확 뒤집어요?"

"경매신청권자가 경매판을 확 뒤집는 거죠. 경매신청권자가 경매를 취하시킨다는 말이죠."

"그런데 내가 경매신청권자가 아니라는 것이 문제잖아요."

"될 수 있어요."

"어떻게 가능한가요? 합법적으로 입찰보증금만 찾을 수 있다면 열 번이라도 하겠습니다."

"완전히 합법적입니다."

"네~에, 정말이세요? 그러면 말씀해주세요!"

"입찰보증금 5,360만 원을 돌려받을 수 있습니다."

"아무도 말해주지 않았는데?"

"매각허가결정취소소송 해봐야 별 의미 없어요. 경매신청권자가 되어서 해결하는 것이 더 빨라요."

"'경매신청권자' 라뇨? 어떻게 그럴 수 있나요?"

"그럼요~! 얼마든지 가능한 이야기죠."

"이 물건에서 경매신청권자는 '예가람상호저축은행' 이라는 것은 아시죠?"

"그거야 저도 알죠. 그런데 어떻게 제가 경매신청권자가 된다는 말씀이세요?"

기존의 방식과는 전혀 다른 방법으로 날릴 위험에 빠진 입찰보증금을 회수 할 수 있다.

경매권리 인수로 경매신청권자 되기

"시골집 사면 마당에 있는 감나무 누구 건가요?"

"당연히 새로 집을 산 사람 거겠죠!"

"그러면 그 감나무에 달려 있는 감은 누구 건가요?"

"당연히 새 감나무 주인 거죠!"

"그러니까 이 경우라면 '예가람상호저축은행' 을 찾아가서 저당권을 인수하세요."

"보증금 날아가게 생긴 마당에 저당권은 또 왜 인수하라는 건지 알수가 없네!"

"그런 정도 실력으로 어떻게 수억 원짜리 부동산에 응찰을 하시고 그러시나요?"

"야단은 그만하시고, 제발 해결책을 말씀 좀 해주세요."

"싸게는 안 되는데~~!"

"장난치지 마시고~, 5,360만 원이 왔다 갔다 한다니까요?"

"그러니까 내 말대로 경매신청권자인 '예가람상호저축은행'을 찾아가세요."

"거기를 뭐하러 찾아가라고 그러는지 이해가 안 된다니까요."

"담당자를 찾아가서 자초지종을 이야기하시고 책임자를 만나게 해달라고 하세요."

"무슨 자초지종을 어떻게 말하라는 말씀이세요?"

"예가람저축은행이 가지고 있는 저당권을 팔라고요."

"왜 자꾸 무슨 저당권을 누구한테 팔라고 부탁하라는 말씀이세요?"

"예가람저축은행이 가지고 있는 2007년 8월 6일 자 채권최고액 5억 2천만 원짜리 근저당권을 선생님이나 아니면 사모님한테 매각해달라고 부탁을 해보세요."

"박사님~! 지금 제정신이세요~? 무슨 득이 있다고 근저당권은 뭐하게 사요?"

"있지요, 있다마다요~!"

"모르겠다니까요?"

"더 이상 일절 다른 말 하지 마시고, 가서 부탁하세요~! 채권청구액이 4억 3천여만 원이니 집행비용 예납한 것까지 합하면 4억 4천만 원이면 근저당권을 살 수 있을 겁니다!"

"무슨 말인지 갈수록 태산이네~~!"

"아니~ 정말~! 그 정도 실력으로 무슨 경매를 하신다고 수천만 원, 수억 원씩을 동원하고 그러시나요?"

"죄송하지만 진짜 이해가 안 돼서요."

"예가람저축은행에 가서 경매 신청 원인 채권인 근저당권을 선생님 앞으로 이전해달라고 부탁해보세요. 경매 신청 비용까지 다 물어준다고 말하면 흔쾌하게 들어줄 것입니다."

"무슨 말을 하는지 도대체 이해가 가질 않아요."

"저당권을 사 오시라는 말씀입니다. 선생님한테 팔라고 말씀하라는 말입니다."

"그러니까 그게 무슨 말씀이세요? 미치겠네, 정말~!"

손에 쥐어드려도 이해 못 하는 낙찰자

"미치기는 내가 미칠 판입니다. 미치지는 마시고 천천히 잘 생각해 보세요!"

"그럴게요. 박사님도 좀 더 쉽게 설명을 좀 해주세요!"

"내 말대로 이 물건의 경매신청권자인 예가람저축은행이 선생님한 테 저당권을 팔았다고 합시다."

"좋아요~, 예가람저축은행이 나한테 저당권을 팔았다고 뭐가 달라 지나요?"

"선생님이 저당권 인수하면 선생님이 근저당권자가 되고, 그러면 당 연히 경매신청권자가 되는 거지요!"

"그러니까 그런다고 무슨 실익이 있느냐 이거죠."

"근저당권자가 경매신청권자잖아요!"

"아이고~~!!! 정말 그러네~~!!! 그건 그런데~! 박사님, 그런다고 뭐가 달라지나요?"

"경매사건에서 근저당권자는 경매신청도 할 수 있고, 반대로 또 뭐도 할 수 있나요?"

"경매신청권자는 경매취하[6]도 할 수 있죠."

"좀 쉽게 예를 하나 들어볼게요,"

"해주세요."

"새끼(경매신청권)를 밴(가진) 암소(저당권)를 한 마리 샀어요, 나중에 새끼를 낳으면 송아지는 누가 주인인가요?"

"당연히 암소 주인이 송아지도 주인이죠."

"바로 그거죠!"

"재미는 있는데 무슨 말인지 알 듯 모를 듯 합니다!"

"근저당권을 인수한 선생님, 아니면 사모님이 일단 경매를 취하하면 어떻게 되죠?"

"누가 경매를 취하하죠? 그리고 왜~요!"

"누구긴 누구예요, 근저당권을 인수한 선생님이 취하하는 거지요. 아니면 사모님이 하시든가."

"그러니까 왜 멀쩡한 경매를 취하하느냐 이 말이죠!"

"정말 모르시네~! 더 들어보세요. 내가 저당권을 인수해서 경매신청권자가 되었으니, 내가 경매를 취하하는 데 아무런 문제가 없다는 것은 일단 이해가 되시죠?"

"그거야 그렇겠네~!"

"잔금 납부까지 경매가 진행되지 않고 도중에 취하 등으로 깨지는 경우, 그 사건에서 입찰보증금을 몰수당한 낙찰자가 있으면 날렸던 입찰보증금은 물론이고 법원이 보관하고 있던 동안의 은행 이자까지 다 돌려줍니다."

갈수록 정신 못 차리겠다는 낙찰자

"점점 복잡해지네~, 정신 못 차리게~!"

"한 물건에 보증금을 몰수당한 사람이 두 사람 이상일 수도 있어요, 그쵸?"

"그럴 수 있겠네요."

"재매각 물건이 도중에 경매가 깨지면 몰수해놓은 입찰보증금을 법원이 어떻게 처리할까요?"

"글쎄요, 거기까지는 생각을 안 해봤는데!"

"천천히 생각해보세요."

"법원이 가져버리나요?"

"에이, 무슨 말씀이세요?"

"그러면 어떻게 처리하나요?"

"이런 조건(재매각)의 경매물건이 경매 진행 도중 취하되면 입찰보증금을 몰수당했던 사람이 두 명이든 세 명이든 인원수에 관계없이 몰수 금액을 전 낙찰자 모두에게 돌려준다니까요."

"정말이세요? 처음 듣는 이야긴데요?"

"그러게요, 아주 중요한 이야기인데 지금까지 말해주는 전문가나 책이 없었다니까요?"

"우~와, 놀라라~! 우 박사님, 정말로 감사합니다."

"그~~쵸~ 고맙죠~!"

"정~~말~ 정~~말~ 큰절이라도 한 번 하고 싶습니다."

"저당권을 인수해서, 일단 경매를 취하해서 입찰보증금 돌려받고 난 다음, 그다음에는 처음부터 경매를 다시 신청해서 예가람저축은행 저당권 인수 당시 들어갔던 돈을 회수하면 산뜻하게 끝나는 거죠."

"우~와, 정말 그러네~!!!! 이제야 알겠네요~! 감사합니다, 정말 감사합니다!"

"이제야 이해가 되시나요?"

"너무 고마워 눈물이 다 나오려고 합니다!"

"그동안 맘고생 한 거 생각하면 눈물이 나오는 것도 무리는 아니겠지만 지금은 참으세요!"

"그런데 그래도 조금은 걱정도 되네!"

"뭐가 걱정이 된다는 말씀이세요?"

"이래도 되는가 싶어서요."

"경매채권자가 경매를 취하한다는데 못 하게 할 사람이 누가 있어요? 천하에 누구도 막을 수 없습니다."

"그렇게 보이기는 하지만."

"어떤 꼼수도 없습니다. 한 치의 오차도 벗어나지 않고 오직 법대로 하는 것입니다."

"잘 알겠습니다!"

"이 방법을 동원하면 입찰보증금은 깨끗이 회수할 수 있습니다."

"내일이라도 당장 말씀대로 실행하겠습니다."

"궁금하면 언제든지 다시 물어도 됩니다."

같은 상황에서도 어떤 전문가에게 해답을 구하는가에 따라 결과는 확연히 달라진다. 필자가 처음으로 공개한 이후로 대한민국 경매판이 한 번 뒤집어지고 있다. 더 자세한 것은 필자의 다른 책 (행복한 경매)을 참고해주시기 바란다. 또한 저당권 인수는 부실채권 투자와도 연결된다.

우리가 잘 아는 우화 한 자락

어릴 적 누구나 한 번 정도는 읽었거나 들어본 적 있는 "3년 고개" 이야기를 아실 것이다. 옛날 산골 어느 마을 입구에 3년 고개라는 고개가 있었다. 이 고개에서 한번 넘어지면 3년밖에 더 못산다는 우화 이야기를 말이다. 그래서 마을 사람들 모두가 조심해서 이 고개를 넘어 다녔다. 그런데 어느 날 그 마을에 살고 있던 한 영감님이 다른 마을의 잔치에 참가하여 술을 거나하게 드시고는 기분이 좋아져 그 고개를 넘다가 그만 넘어져버리셨다. 정신을 차려보니 3년 고개였다. 그날부터 영감님은 몇 날 며칠을 한숨만 쉬고 하늘만 쳐다봤다. 자신의 운명을 3년 고개에 맡겨버린 채 말이다.

"아버지, 무슨 일 있으세요?"

“아니다. 아무 일 없다!”

“아버님, 무슨 일 있으신가요?”

“아무 일 없다니까 그러네!”

한숨만 거푸 쉬면서 날이 갈수록 눈에 띄게 쇠약해져가고 있었다. 그런데 영감님에게는 귀여운 손자 녀석이 하나 있었다. 똑똑하고 야무져서 영감님의 귀여움을 독차지했다. 이 녀석의 눈에도 할아버지가 이상해져가고 있는 것이 느껴졌다. 하루는 손자가 퉁명스럽게 물었다.

“할아버지, 왜 요즘 나랑 놀아주지도 않고 만날 한숨만 쉬고 그래? 어디 아파?”

“아니다~!”

“아픈 것 같은데?”

영감님은 눈물을 글썽이더니 내뱉듯 한마디를 했습니다.

“이 할애비가 3년 고개에서 굴러 살날이 이제 얼마 남지 않았단다.”

그러자 손자가 아무렇지도 않다는 듯이 한마디 했답니다.

“에이, 할아버지는 바보네. 그럼 한 번 더 구르면 되잖아. 그러면 6년 살지, 또 한 번 더 구르면 9년 살고, 그렇게 되잖아?”

“어, 정말 그러네!”

영감님은 그 말을 듣고는 미친 듯이 달려 나가 구르고 또 굴렀다.

“에고 좋아라, 에고 좋아라~ 에고 좋아라~~♬~♬~♩~♬.”

그리고는 근심걱정 털어버리고 오래오래 건강하고 행복하게 잘 사셨다는 이야기다.

발상의 전환을 말없이 들려주는 수준 높은 우리나라 ‘우화’ 이고, '전설'이다. 옛날이야기는 이쯤에서 멈추고 최신 이야기로 돌아와 보자. 오늘날 인기 있는 최신 이야기들 중에도 '3년 고개'와 맥이 통하는 이야기들이 상당히 많다.

'블루오션 전략'과 경매신청권리 인수

'3년 고개' 이야기는 모르는 독자들이라도 '블루오션 전략'을 모르는 분들은 많지 않을 것이다. 현재 존재하지 않거나 알려져 있지 않아 경쟁자가 없는 유망한 시장을 가리킨다. 블루오션에서는 시장 수요가 경쟁이 아니라 창조에 의해 얻어지며, 여기에는 높은 수익과 빠른 성장을 가능케 하는 엄청난 기회가 존재한다. 그리고 경기 법칙이 아직 정해지지 않았기 때문에 경쟁은 무의미하다. 선도업체가 룰을 만드는 것이다. 따라서 블루오션은 아직 시도된 적이 없는 광범위하고 깊은 잠재력을 지닌 시장을 비유하는 표현이다. 우리가 오늘날 당연하게 받아들이는 많은 형태의 제품들이 왜 그런 모습으로 상품으로 등장했을까를 따져볼 일이다. 도대체 당연하다는 근거가 뭘까. 그런 근거가 누가 만들었고 무엇 때문에 유포했을까. 그리고 우리는 별다른 의식 없이 당연하게 받아들이고 불편해하지 않는 걸까. 지금의 것이 최선인가. 다른 각도, 다른 시각으로 살펴보면 안 될까.

블루오션 전략을 한마디로 정의한다면 '뒤집어 고민하기'가 아닌가 한다. 블루오션 전략은 기업들이 발상 전환을 통해 산업혁명 이래로 끊임없이 거듭해온 경쟁 원리에서 벗어나 고객에게 차

별화된 매력 있는 상품과 서비스를 제공하여 누구와도 경쟁하지 않는 자신만의 독특한 시장을 만들어야 한다는 것이다. 주체자가 기업일 필요만은 없을 것이다.

당연하다고 여겨왔던 기존의 인식과 기준을 뒤집어 보는 습관을 가져보자. 당연한 것처럼 받아들이고 있는 것은 당초에는 존재하지 않았다. 그 판에 먼저 뛰어든 선구자가 자기 편익을 위해 인위적으로 만들어 놓은 것에 우리가 적응해 살아가는 경우가 많다.

누군가가 그어 놓고, 만들어 놓은 관념의 틀을 벗어나면 거기에는 전혀 다른 큰 세상이 존재한다. 경쟁이 치열한 기존의 시장에 진입하기 보다는 새로운 시장을 만들어내는 것이 더 효율적일 수 있다. 경매투자판에도 적용될 수 있는 마인드다.

경매시장에서 입찰보증금을 돌려받는 방법으로 '경매신청권리 인수'를 통하면 기존의 방법보다 훨씬 수월하고 비용이 덜 든다면 이 역시 '3년 고개' 이야기고, '블루오션 전략'과 맥이 통할 것이다.

문제가 있는 곳에는
반드시 답도 있더라.

4_ 입찰보증금 회수 전쟁에서 백전백승

백전백승 전략

큰 고비는 일단 잘 넘기기

앞 이야기에 이어 경매신청권리 인수가 어떻게 진행되었는지, 다음 상황에서 자세히 살펴보기로 하다.

"어떻게 잘 되셨나요?"

"저당권자한테 가서 사정을 이야기했더니 이해해주시더라고요."

"은행이야 대출금 회수하는 것이 목적이니 안 해줄 이유가 없죠!"

"경매 집행 비용도 절반 부담한다고 했더니 흔쾌히 승낙하더라고요."

부동산 경매 취하서

사건번호 : 2010타경12345

채권자 : 홍 길동(017-341-****)

채무자 : 이 길동

　　위 당사자간의 귀원 2010타경12345호 부동산경매사건은 당사자 사이에 원만한 합의에 의해 별지목록부동산에 대한 경매신청을 취하하고자 합니다.

* 첨부서류 : 채권자 인감증명서 1통

201*년 **월 **일

채권자 : 홍 길동(인)

"저도 예전에 신용금고에 있을 때 가끔 경험했었죠!"

"'매각불허가 신청'이나 '매각허가결정취소소송' 보다는 훨씬 효과적인 것 같아요!"

"그렇습니다, 맞습니다."

"박사님~! 덕분에 죽었던 자식 살아 돌아온 느낌입니다!"

"에이, 과장이 심하시네요."

"아니라니까요 그동안 마음고생을 얼마나 했다고요!"

"잘~ 하셨네요, 등기부 저당권은 이전하셨어요?"

"확인했습니다. 집사람 앞으로 저당권 이전 등기 완료했어요!"

"실무적으로 이제 다 끝나셨네요."

"경매계에 경매취하서만 접수하면 다 되는 거죠?"

"저당권이 이전된 등기부등본 하나하고, 사모님 신분증과 인감증명서 하나, 인감도장 지참하시고 가시면 됩니다."

"접수하고 나서 한번 찾아뵙겠습니다!"

"경매취하서 접수시키고, 입찰보증금을 찾는 일부터 마무리 잘 하세요!"

"알겠습니다!"

"경매 취하하러 가실 때 최고가매수인의 취하동의서도 하나 필요하다는 거 아시죠?"

"네~~! 그건 알고 있습니다. 내가 최고가매수인이니 그거야 아무것도 아니죠."

"참으로 다행입니다."

"이런 기막힌 방법을 알려주셔서 너무 감사합니다."

"그렇게 생각해주시니 나도 즐겁습니다."

"다시 말씀드리지만 정말 감사합니다."

"참, 빠진 것이 하나 있는데요, 경매취하서 접수시킨다고 바로 입찰보증금 돌려주는 것은 아닙니다!"

"시간이 오래 걸리나요?"

"아마 약 2주일 정도가 지나야 찾을 수 있습니다."

"그거야 아무것도 아니죠, 보증금 때문에 지옥을 몇 번이나 왔다 갔다 했는데요."

"그러셨을 겁니다. 잘 마무리하고 나서 연락 한번 주세요."

"고대하고 계세요, 맛난 밥에 술대접하겠습니다~!"

"취하서를 접수하고 나서 대법원 사이트에 접속하셔서 취하서가 접수되었나를 확인하시고, 접수된 것으로 확인되면 다 되신 겁니다."

"취하되고 나면 입찰보증금 찾아가라고 연락해주나요?"

"아뇨, 취하가 확정되어도 전화 한번 하시고 가시는 것이 좋습니다."

"왜 그런가요?"

"확정기준을 다르게 적용하는 법원도 있거든요!"

핵심은 간단하다. 경매신청권리를 인수해서 경매신청권자가 된 다음, 경매를 취하시켜 입찰보증금을 회수하는 것이다. 경매를 하는 분들에게 많은 도움이 될 것이 분명하다.

부동산 경매 취하서 동의서

사건번호 : 2010타경12345

채권자 : 홍 길동(017-341-****)

채무자 : 이 길동

    위 당사자간의 귀원 2010타경12345호 부동산 임의(강제) 경매 사건에 관하여 최고가매수인 김길동은 채권자가 경매신청을 취하함에 동의합니다.

* 첨부서류 : 최고가매수인 인감증명서 1통

201*년 **월 **일

최고가매수인 : 김 길동(인)

서울 중앙법원 귀중

누군가에게 도움이 된다는 것

몇 줄의 지식으로 누군가를 돕는다는 것은 즐거운 일이다. 입찰 보증금을 날릴 처지였던 낙찰자는 카운터펀치 한 방을 날리고 나서 필자에게 감사하다며 점심을 샀다.

"아주 산뜻하게 마무리되었습니다."

"잘 하셨다니 나도 기분이 아주 좋습니다."

"♫~♪~♩~♪~♭~♪~♪~♫~♫~♩~♪~♪~♫."

"정말 신 나고 좋으신가 봐요."

"그럼요, 박사님~~! 너무너무 감사합니다."

"잘 마무리되어서 다행입니다."

"우 박사님 코치가 없었다면 두 눈 뻔히 뜨고 5,360만 원 날릴 뻔했습니다. 발만 동동 구르면서 말입니다."

"그래도 선생님의 경우는 다행입니다. 운이 좋았다고도 볼 수 있고요!"

"친구 중에 대학병원에서 교수하는 암 전문의가 하나 있어요."

"아~ 그러세요~!"

"그 친구 말로는 환자가 전문의를 언제, 어떻게 만나느냐에 따라 치료 결과가 많이 달라진다고 하더라고요."

"그렇겠죠!"

"그런데~ 이번에 그 친구가 했던 말이 빈말이 아니라는 것을 확실히 깨달았습니다."

"무슨 말씀이세요?"

"이번 이 건으로 우 박사님 코치 못 받았다면 영락없이 입찰보증금을 날렸을 판이어서 드리는 말씀입니다!"

"아~~~네."

"많이 배운 것 같아요."

"보증금은 잘 찾으셨죠?"

"네~~에 ~~! 은행 이자까지 다 받았습니다."

"잘 하셨어요!"

"'인생 역전' 이라는 말은 알았지만 이런 식으로 경매판을 좌지우지 할 수 있을 줄은 몰랐습니다!"

"이제는 저당권 실행해서 경매를 다시 신청하시면 됩니다."

"무슨 말씀이세요?"

"저당권을 인수하면서 들어간 돈 찾으셔야죠."

"그건 아직 급하지 않으니 숨 좀 돌리고 난 다음에 하려고요!"

"서류나 절차는 확인해보셨죠?"

"이미 알아보고 다 확인했습니다."

"급한 불은 잘 껐으니, 지금부터는 천천히 하시면 됩니다."

"박사님~! 제 평생에 가장 비싼 설렁탕을 먹고 있는 것 같아요."

"그렇네요, 나도 소화가 안 될 것 같아요."

"많이 드세요!"

"이런 방법이 있다는 거 모르셨죠?"

"그러게요, 몰랐습니다."

"제가 비싼 밥값 한 거 맞죠!"

"그럼요. 5,360만 원짜리 드실 자격 충분합니다!"

"저도 즐겁습니다!"

"감사해요 ♬~♬~♩~♬."

정리해보면 다음과 같다. 입찰보증금 날릴 위기에서 경매신청 권리를 인수한 다음 경매를 취하시켜서 입찰보증금을 회수하는 구도다. 깔끔하고 완벽하다.

지피지기(知彼知己) 전략

여러분들도 경매 투자를 하시다 보면 원하지 않는 방향으로 흘러 갈 때가 있게 된다. 그때 사용할 수 있는 비법 하나다. 경매신청 권리를 인수해서 경매를 입찰보증금을 날릴 위기에 처한 전 낙찰 자 의지대로 얼마든지 「취하시킬 수 있다」는 내용을 읽고 놀라 입 을 다물지 못하는 많은 분들의 모습이 눈에 선하다. 충분히 이해 가 되지만 여기서는 기본적인 사항만을 말씀드렸다. 놀라움으로 가득했지만, 입찰보증금 회수가 주된 타깃이다.

성공 경매 투자자가 되려면 카멜레온이 되어야 한다. 어떤 돌 발 상황이나, 예상하지 못한 상황에서도 완벽하게 적응할 수 있 어야 한다는 것이다. 현장 적응 능력이 떨어지는 것에 비례해서 수익률도 떨어지는 것이 경매이며, 경우에 따라서는 목숨까지도 위태로울 수 있는 것이 법원 경매다.

여러분은 혹시 도깨비나 귀신의 존재를 믿으시는가. 대명천지 21세기에 부동산학 박사라는 사람이 웬 뜬금없이 도깨비, 귀신 타령이냐고 눈총을 날리는 분들도 계실 것이다. 믿거나 부정하는 건 자유다. 필자 역시 믿거나 부정하거나를 확실하게 하지는 못한다. 그런다고 도깨비, 귀신 타령을 하자는 말이 아니다. 경매판에도 형체는 없으면서 존재하는지 아닌지 명확하지 않은 녀석들이 있다는 말이다.

경매에도 게릴라전이 있다

"싸움이라는 것이 전선이 명확해지면 쉬운데, 경매 전쟁 중에는 마치 게릴라전 같은 전투도 있다고 하던데요?"

"좋은 말씀이세요, 비정규전이 있어요!"

"연탄가스 같겠네요?"

"도깨비보다는 어찌 보면 연탄가스가 더 적절한 비유가 될 수도 있겠네요."

"형체는 없으면서도 치명적이잖아요?"

"연탄가스처럼, 경매 게릴라들은 냄새는 분명하게 납니다."

"주의하면 실체는 확인할 수 있다는 말씀이신가요?"

"그렇죠!"

"대표적인 게릴라들이 어떤 녀석들이 있나요?"

"대표적인 귀신이 '법정지상권' 하고 '유치권' 이라는 녀석입니다."

"실체는 없으면서 권리는 있다는 말씀이시죠?"

"그렇죠!"

"잘못하면 돈을 더 물어주게 되나요?"

"일차 피해는 그렇고, 최악의 상황에는 낙찰자가 맘대로 사용하거나 처분하는 데까지 문제가 생길 수 있어요."

"그렇게 심각한가요?"

"경매도깨비 중에 난이도가 상당히 높다고 봐야죠!"

"퇴치할 방법은 없나요?"

"아뇨, 그렇지 않습니다."

"그러면 물리칠 방법이 있다는 말씀이세요?"

"그렇죠, 사실은 이들의 피해가 조금은 과장되어 유포된 측면이 있기도 해요."

"무슨 말씀이세요? 생각보다 덜 무섭다는 말씀이세요?"

"그런 말은 아니고, 제대로 살펴보면 피해를 입을 일이 별로 없다는 이야기입니다."

"그럴 방법이 있나요?"

"오히려 지렛대로 삼아 경매 수익률을 높이는 도구로 삼는 고수들도 많이 있어요!"

"무슨 말인지는 이해가 잘 안 되지만, 양날의 칼로 이해해도 될까요?"

"적절한 비유네~!"

"물건마다 비슷한 모습인가요?"

"아~뇨~! 경매물건마다 조건이나 금액, 그리고 모양이 다릅니다. 그래서 병아리들은 실체 파악이 어려워 도전을 못 하거나 잘못 판단해서 도전했다가 당하고 하죠!”

“정형화되지 않아서 실체 파악이 어렵고, 그래서 잘못 판단할 수 있다는 이야기시죠?”

“그렇게 이해하시는 것이 지금 단계에서는 정확합니다.”

“내 이야기하고 비슷하네!”

“네~에? 갑자기 무슨 말씀이세요?”

“우리 집사람하고 결혼하게 된 사연하고 비슷해서요!”

“혹시 약주하시고, 밤에 맞선 보셨나요 ㅎ ㅎ ㅎ!”

“어떻게 아세요~! 음주맞선까지는 아니고 밤에 만나서 화장발에 넘어갔죠!”

“비유는 재미있는데 그러시다가 사모님한테 야단맞아도 제 책임 아닙니다.”

싸움이라는 것이 실체가 명확하면 전선이 쉽게 확실해지는 반면, 실체가 파악되지 않으면 어려운 싸움이 되고 만다. 지피(知彼)가 안 되기 때문이다. 그렇게 되면 백전백승(百戰百勝)은 고사하고 싸울 엄두조차 내지 못하게 된다.

누구로부터 자문을 얻는가에 따라 결과도 달라진다.

5_그렇다!
세상은 결국 내 힘으로 뚫어야

부동산 경매 컨설팅의 진실

경매하는 사람들이 경매 컨설팅업체에 컨설팅을 의뢰하는 타입은
대체로 두 가지다. 하나는 낙찰 받고자 하는 물건을 구체적으로
지적해서 그 물건을 얼마에 낙찰 받고 명도까지 해줄 것을 요구하
는 경우고, 다른 하나는 얼마의 여유 자금이 있으니 그 금액에 적
당한 물건을 낙찰 받아주었으면 하는 식이다. 다음 광고지는 법
원 근처 전봇대에 붙어 있던 것이다. 이런 광고 전단을 보고 컨설
팅을 의뢰하는 사람들은 초보 투자자다.

3등이 1등이다

컨설팅업체의 입장에서 보면 자기 고객이 낙찰 받아야 수수료를 받을 수 있다. 명도 과정에까지 개입할 수 있어야 수입이 크기 때문에 무리(?)해서라도 낙찰 받으려 한다. 금액을 많이 써서 수익이 줄어들더라도 그것은 낙찰자의 입장일 뿐 컨설팅업체의 관심 사항은 오로지 자기 의뢰인이 낙찰 받는 것 자체가 목적이다. 이러다 보니 무리수를 두는 경우가 가끔 발생한다. 대표적인 방법이 '바지' 다.

무슨 말인가 하면 홍길동이라는 의뢰인이 평균 낙찰 가격이 3억 원인 아파트를 하나 낙찰 받아달라고 의뢰를 했다고 하자. 그러면 컨설팅업체는 이번 낙찰 가격이 3억 원이라고 판단되면 혹시나 해서 3억 3천만 원까지 응찰하게 한다. 그리고 바지에게는 가짜로 3억 2,800만~3억 2,900만 원 정도에 응찰시켜 의뢰인에게 실력을 확인시킨다.

이래야 수수료를 수월하게 받을 뿐만 아니라 명도 등 다음 단계의 일도 확보할 수 있기 때문이다. 의뢰인은 자신이 바가지 쓴 사실을 모른 채 마냥 즐겁기만 한 것이다. 컨설팅업체가 개입하는 경우 낙찰 가격이 수억 원이라고 해도 1등과 2등과의 가격 차이는 100~200만 원 이상 나지 않는다. 1등과 2등과의 차이가 아니라 1등과 3등과의 차이가 중요하다.

1등과 2등과의 차이는 100~200만 원에 불과하지만, 1등과 3등 차이는 2~3천만 원 이상 차이가 난다. 심지어 5~6천만 원 이상 차이가 날 때도 있다. 말할 필요도 없이 1등과 3등의 응찰 가격 차이가 진실이다.

경매 컨설팅은 부동산 컨설팅과는 다른 구조다

실력이 날로 높아지고는 있지만 부동산 경매 컨설팅은 가야 할 길이 멀다고 본다. 컨설팅이라는 것의 기본 구도가 고객을 중심에 두고 업무가 진행되는 것이 당연하다. 부동산 경매 컨설팅은 그러지 않다는 데 문제가 있다. 수익률이 좋은 물건과 수익률이 낮은 물건이 있다고 가정해보자.

컨설팅업체의 입장에서 보면 수수료 몇 푼 받자고 좋은 물건을 고객에게 소개하겠는가. 자금이 모자란다 해도 사모펀드 등을 구성하면 웬만한 물건은 직접 요리할 수 있다. 개념 없이 수수료 몇 푼 던져주면서 말 많이 하는 고객 눈치 보고 컨설팅하는 것보다 백배 달콤하다. 그렇다면 컨설팅업체는 어떤 물건을 고객에게 오픈하는가? 다 그렇지는 않겠지만 '계륵' 같은 물건을 소개하는 것이 보통이다. 먹기에는 마땅치 않고 버리기에는 아까운.

컨설팅업체를 이용하는 사람들을 어떤 사람들일까. 경매 공부를 하기는 했는데 막상 직접 하려니 겁나고, 경험을 하기는 해야겠고 할 때 한두 번 업체를 이용한다. 컨설팅업체 하는 것을 보고 일이 어떻게 진행되는지 어깨너머로 배워보자는 사람들이 대부분이다. 업체가 한두 건 하는 것을 보고는 그 다음은 직접 뛰어든다. 사정이 이렇다 보니 업체 입장에서 보면 불가피한 측면이 있다. 부동산 경매 컨설팅이라는 것이 업체의 입장에서 보면 고객과는 어차피 오래갈 이유가 많지 않다. 때문에 현재 수행하고 있는 건이 항상 마지막이라는 생각으로 작업(?)을 한다.

수익 1억 원과 수수료 2,000만 원

현재 서울 및 수도권에서 활동하고 있는 경매 컨설팅회사 및 법인

■ **경매 컨설팅과 직접 투자의 단순비교**

		경매 컨설팅	직접 투자
투자 규모		5억 원	5억 원
기 간		6개월	6개월
자금 동원	자기 자금	2억 원(40%)	2억 원(40%)
	경락 잔금	3억 원(60%)	3억 원(60%)
수 고		상대적으로 적음	상대적으로 많음
스트레스		상대적으로 많이 받음	상대적으로 덜 받음
즐 거 움		적다	아주 크다
수 익		1억 원	1억 원
수 익 률		50%	50%
수 수 료		2,000만 원	–
만 족 도		☆☆	☆☆☆☆☆

(변호사나 법무법인) 수가 약 600여 개다. 전국적으로는 약 1,100여 곳이 영업 중이다. 다만 이는 드러난 수이며, 등록이나 허가 없이 경매 컨설팅을 수행하고 있는 숫자는 파악조차 되지 않고 있다. 기존의 젊은 변호사들은 물론이고, 로스쿨 출신 젊은 변호사까지 대거 가세하기 시작하고 있는 것이 경매 컨설팅시장이다.

이 대목에서 경매 컨설팅에 대해서 한번 진지하게 고민해보자. 입장을 바꾸어 여러분이 경매 컨설팅회사를 운영한다고 해보자. 투자 가치가 우수하고 위치가 좋은 물건이라면 수수료 몇 푼 받자고 손님에게 패스하겠는가. 아니면 직접 응찰하여서 달콤한 꿀단지를 통째로 즐길 것인가. 5억 원 투자해서 1억 원 정도의 수익을 올릴 수 있는 경매물건이 하나 있다. 어떤 선택을 하실지 불을 보듯 훤하다. 이는 필자라도 마찬가지다.

앞의 표를 보면 금방 이해가 된다.

직접 투자를 하면 수익 1억 원을 몽땅 차지하지만, 컨설팅을 하면 수익의 20%인 2,000만 원을 수수료로 받기로 했다고 하자. 컨설팅을 해야 할 이유가 전혀 없다. 자기 만족도를 보면 컨설팅을 수행했을 때는 별 두 개(100점 만점에 40점-낙제점)이고, 직접 투자일 때는 별이 다섯 개(100점 만점에 100점-최우수)다.

컨설팅업체 입장에서 보자. 직접 낙찰 받아 처리해버리면 수익의 1억 원을 독식한다. 반면 컨설팅을 수행하면 수익의 2/10에 불과한 찌꺼기로 만족하게 된다. 컨설팅업체는 스스로 반문할 것이다.

- 자금이 없는가? NO!
- 조직이 없는가? NO!
- 경험이 없는가? NO!
- 업무가 바쁜가? NO!
- 명도 자신은 있는가? YES!

설령 자금이 조금 부족하다고 해보자. 잔금 융자 받으면 되고, 사설 펀드를 조성해 투자해 버리면 그만이다. 뭐가 아쉬워 수수료 몇 푼 받자고 이상한 소리 들어가며 굽실거리겠는가. 그럼에도 경매 컨설팅업체가 성업을 계속하는 비밀은 무엇일까. 거기에는 그럴 만한 충분한 이유가 있다. 일반 의뢰인은 상상도 할 수 없는 감쪽같은 방법으로 바가지를 흠뻑 씌우는 재미가 쏠쏠하다.

부동산 경매 컨설팅에 속지 않는 방법

경매업계에도 여느 시장처럼 일반인들이 알아듣기 어려운 그들만의 은어가 있다. 그중 '핫바지'는 대표적인 은어 중 하나다. 다음은 일부 질 나쁜 경매 컨설팅업체가 개입하면 자주 듣게 되는 대화다.

"이번 물건은 꼭 먹어야 하니 '바지 좀 서주라!'"

"품앗이죠?"

"당연하지!"

"아래로 설까, 아님 위로 설까, 위아래 동시로 서줄까?"

"위로 쓸 때는 7,000만 원 더 써주고, 아래로는 100만 원만 차이 나게 들어와! 덩어리가 크니까 수수료도 커. 그러니 확실히 수고 좀 해줘!"

핫바지를 세우는 방법 3가지

핫바지를 세우는 방법에는 윗바지, 아랫바지가 있는데, 더 대담한 컨설팅 업체는 위아래 핫바지를 동시에 세우고 들어간다. 입찰 가격이 5억 원을 넘는 물건은 거의 예외가 없단다. 그렇다면 왜 이런 무리수를 두는 것일까. 이유는 간단하다. 어떻게든지 의뢰인이 낙찰을 받아야만 먹고살 수 있는 대한민국 경매업계의 비극적인 모순이다.

낙찰 받지 못할 경우 컨설팅업체에는 계약금 외에는 추가로 국물 한 방울, 떡고물 하나 떨어지지 않는다. 악질 의뢰인은 주었던 계약금마저 돌려달라는 저질도 있단다. 그러니 혈안이 될 수밖에 없지 않겠는가. 방법은 합법을 가장한 무리수다. 부드럽게 의뢰인(자기 고객)들에게 터무니없는 고가 응찰을 유도한다. 당하는 동안 의뢰인은 죽었다 깨어나도 알 수가 없다. 들이마실 때 아무 고통 없는 연탄가스와 비슷하다. 결과 역시 비슷하다. 연탄가스 들이마시고 나면 피해 양상은 아래와 같이 크게 세 가지로 구분할 수 있다.

- 1단계 피해 : 2박 3일 속이 메슥거리고 머리가 깨질 듯 고통스럽다.
- 2단계 피해 : 뇌의 치명적인 손상으로 사람이 이상해져 버린다.
- 3단계 피해 : 사망

핫바지 팀에게 당하고 난 후의 피해 양상은 여러분들이 상상하셔도 그림이 충분히 보일 것이다.

심한 경우 위아래 핫바지로 동시에 협공한다

먼저 '아랫바지' 라는 필살기다. 적정 응찰 가격이 3억 원이라고 하자. 자신의 의뢰인에게는 무려 10% 높은 3억 3천만 원 정도에 응찰시킨다. 동시에 사전에 약속되어 동원된 아랫바지가 3억

2,980만 원 정도에 들러리를 선다. 입찰에 따라 들어오는 것이다. 의뢰인과 컨설팅업자는 짜릿한 스릴을 동시에 만끽한다. 물론 내용으로는 전혀 다른 짜릿함이다. 20만 원 차이로 낙찰 받았다는 엉터리 짜릿함과 멋지게 씌웠다는 비열한 흐뭇함 말이다.

의뢰인 입장에서 보자. 얼마나 능력 있고 멋진 컨설팅업자인가. 높은 내공에 대한 존경심과 경애심마저 느끼게 된다. 그 다음부터는 업자의 농간은 일사천리로 이어진다. 일이 끝나고 수수료를 다 챙길 때까지 말이다. 의뢰인이 얼마나 우습게 여겨지겠는가. 땅 짚고 헤엄치기도 이보다는 어려울 것이다. 의뢰인에게 남는 것은 상처뿐인 영광이다. 더 말할 일이 아니다. 2단계 피해 상태만 아니어도 다행이다. 의뢰인을 두 번 죽인다. 비싸게 낙찰 받고, 수수료 바가지 쓰고.

다음은 반대로 '윗바지'라는 특급 필살기다. 의뢰인에게 3억 3,000만 원을 쓰도록 한 뒤 동원된 핫바지에게는 한참 높은 가격인 3억 5~6,000만 원을 쓰게 한다. 이때 윗바지는 낙찰이 무효가 되도록 입찰보증금 중 일부만 내는 방법을 취한다. 실제 3억 3,000만 원을 써내 떨어진 걸로 알고 있던 의뢰인은 '재수 좋게' 낙찰 받은 것처럼 감동하게 되는 것이다.

경쟁자가 3억 6,000만 원으로 가치 평가한 물건을 3,000만 원이나 싸게 먹었다고 착각하게 만드는 기막힌 수작이다. 그때부터는 바가지 쓴 3천만 원은 안중에도 없게 된다. 연탄가스 마신 것처럼 당할 때는 아무런 고통이 없다. 어떤 경우에는 1억 원 이상을 더 쓰고 들어온다.

다음은 의뢰인을 한 방에 그로기 상태로 몰아넣는『윗바지·아
랫바지』라는 초특급 필살기다. 눈치가 빠른 독자들은 어떤 테크
닉을 구사하는지 이미 눈치채셨을 것이다. 한마디로 의뢰인을 샌
드위치를 만들어버린다.

- 윗바지 : 3억 5~6,000만 원(또는 그 이상 가격으로 응찰).
- 의뢰인 : 3억 3,000만 원.
- 아랫바지 : 3억 2,980만 원에 응찰시킨다. 독자 여러분은 이
같은 핫바지 구조를 눈치채실 수 있겠는가.

감정 가격 7억 원짜리 근린주택을 13억 원에 입찰하고도 행복
해하는 사람을 본 적도 있다. 다만 누군가의 장난인지 물증은 없
고 심증만 있다. 고수 눈에는 바로 보인다.

꼬리가 길면 밟힌다

저급한 사기극도 오래 하다 보면 꼬리가 밟히고 탄로가 나는 법이
다. 양천구 목동에 있는 삼성 목동 아파트를 컨설팅업체를 통해
서 낙찰 받았다가『핫바지 수법』에 당한 사실을 안 용산구 효창동
에 사는 이정례 씨 사례다.

"감정 가격보다 7천만 원이나 더 쓰고 일등이라니 말이 돼요?"
"남으면 됐지 무슨 말씀이세요?"

"아무리 경매를 모른다고, 당신들 이러고도 무사할 줄 아세요?"

"사모님이 무슨 수를 써서라도 잡아달라고 부탁하셨잖아요."

"무슨 수라는 게 사기나 부리라는 말은 아니었잖아요!"

"응찰 가격도 사모님이 직접 정하고 기입하셨잖아요."

"바지 동원해서 물 타셨잖아요!"

"뭘 타요~ 그런 억지 말씀 계속하시면 섭섭합니다."

"여러 소리 마시고 수수료 돌려주세요!"

"깔끔하게 일 다 마무리해 드리고 나니 수수료 돌려달라는 법이 어디 있어요?"

"뭐가 깔끔하게 끝나요~ 끝나기는!"

"그런 소리 마시고 명도 끝났으니 계약대로 잔금마저 어서 송금해주세요."

"잔금이라고요?"

"그럼요. 계약대로 하셔야죠."

"바지 동원하는 치사한 짓 안 하셨으면 이러겠어요?"

"그런 것 없다니까, 이상한 사모님이시네."

"시끄럽게 여러 소리 마시고 지금까지 송금한 돈 돌려주세요!"

"그렇게 말씀 함부로 하지 마세요."

"함부로 하기는 그쪽이 먼저 아닌가요?"

"이제 와서 이러시면 곤란합니다."

"곤란하기는 뭐가 곤란해요?"

"아닌 말로 저희가 바지를 동원했다고 합시다."

"그렇게 딱 잡아뗀다고 사기 친 게 없어지나요?"

“도대체 누가 무슨 사기를 쳤다고 그러세요?”

“이게 사기지 뭐가 사기요?”

“사기라뇨, 말 막 하지 마세요! 증거가 어디 있습니까?”

“증거가 없기는 왜 없어요?”

“그럼 대보세요.”

“7,000만 원이나 더 썼는데 1등하고 차이가 15만 원이 뭡니까?”

“그걸 지금 말씀이라고 하세요? 누가 들으면 웃어요.”

“3등하고는 차이는 7만 원이고. 내가 모를 줄 알아요?”

“사모님 해도 너무하시네~ 사실만 가지고 말씀하세요.”

“4등은 감정 가격보다 700만 원 더 썼습디다!”

“그래서요?”

“4등이 일등이잖아요~ 아니면 대답해보세요!”

“수수료가 아까우면 차라리 그렇다고 말씀하세요~ 억지 부리지 마시고.”

“나~참 기도 안 막히네~ 그쪽은 뒤집어씌우는 게 전문이신가 보네!”

“저희가 보기에는 사모님이 뒤집어씌우는 것 같은데요?”

“여러 말 마시고 송금한 돈 돌려주세요!”

“계속 이러시면 서로 곤란해지죠.”

끝이 안 나는 입씨름이 계속될 뿐이다. 사실은 훨씬 심하고 거친 말들이 오고 간다. 심증만 농후하지 물증은 있을 수가 없다. 그러나 고수 눈에는 장난치는 것이 한눈에 보인다

이정례 씨가 응찰에서는 2등이었다. 1등이 입찰보증금 부족으로 무효 처리되자 2등이었다가 1등이 되어 낙찰 받았다. 이때까지만 해도 행운의 여신은 자기편이라고 생각했다. 아슬아슬한 차이로 응찰 가격을 정한 컨설팅업자의 가격 결정 투시력에 존경심마저 우러나왔다. 더욱이 3등하고는 겨우 7만 원 차이였단다. 그런데 이상하게 4등의 입찰 가격이 당일최저가격인 6억 1천만 원보다 700만 원만 더 얹은 6억 1,700만 원이었다. 총 7명이 응찰한 결과를 보면 이랬다.

1위 응찰 : 6억 8,015만 원(윗바지)

2등 응찰 : 6억 8,000만 원(의뢰인 – 이정례 씨)

3등 응찰 : 6억 7,993만 원(아랫바지)

4등 응찰 : 6억 1,700만 원(진짜 1등)

5등 응찰 : 6억 1,650만 원(진짜 2등)

6등 응찰 : 6억 1,600만 원(진짜 3등)

7등 응찰 : 6억 1,090만 원(진짜 꼴등)

누가 봐도 컨설팅업체의 위아랫바지 동원한 명백한 장난질이다. 1차 비난은 경매 질서를 교란시키는 일부 컨설팅업체가 들어야 한다. 그러나 이면의 구조를 들여다보면 그렇게 단순하지만은 않다. 어느 한쪽만을 비난해서는 문제 해결이 안 된다. 컨설팅업체를 이렇게 만드는 상당한 원인을 의뢰인이 제공하고 있기 때문이다.

　필자가 경매컨설팅을 하지 않은 주된 이유 중 하나가 못된 의뢰인들 때문이다. 컨설팅을 통해 자신이 벌어가는 돈은 얼마인지는 따져보지도 않는다. 수수료 몇 푼 던져주면서 컨설턴트를 마치 하인 부리듯 하는 개념 없는 사람들을 보게 된다. 전문 직업인으로서 자괴감을 느끼지 않을 수 없다.

　7천만 원짜리 바가지를 쓰고 나면 기분이 어떨까. 궁금하실 것이다. 누구를 탓할 일인가. 여러분들에게 하나만 알려드린다. 살이 토실토실 찌고 영양상태 좋아 누가 봐도 먹음직스럽게 생긴 경매물건은 패스하지 않는다는 점이다. 앞에서 말했듯이 먹기에는 그저 그렇고, 버리기에는 아까운 『계륵』 같은 정도일 것이다. 어차피 두 번 다시 보지 않을 의뢰인에게 선심 쓰는 척 패스한다. 그리고는 무슨 핫바지를 동원해서라도 「바가지나 왕창 씌우자!」 정도의 마인드를 가진 업체들이 이 업계 일부에는 분명히 있다. 비난받아 마땅할 업체도 있는 반면, 선량한 컨설팅업체까지 도매금으로 의심당하는 현실이 안타까울 뿐이다(필자의 책 『위험한 경매』 중 재인용). 돈 되는 물건이라면 '내가 먼저' 인 것이 인지상정이다.

모든 판을 오로지 내 힘으로
뚫어야 할 분명한 이유다.

1 이 책 3장의 231페이지부터 247페이지까지를 참고하면서 읽어주시면 도움이 된다.

2 동네 주민 요리한 복어 먹고 의식불명된 탤런트 현석 "일단 고비 넘겼다" : 중견 탤런트 현석(63. 본명 백석현)이 포항에서 복 요리를 먹은 뒤 중독 증세를 보여 병원에서 치료를 받고 있는 것으로 알려졌다. 현석은 지난 20일 저녁 포항시 북구 청하면에 인근 한 모 횟집에서 가진 부부동반 모임에서 복 요리를 먹은 후 3명이 마비 증세를 보여 포항선린병원으로 긴급 후송됐다. 이날 식당에 복어를 가져가 요리를 부탁했으나 주인이 거절하자, 대신 인근 동네 주민이 요리한 것으로 알려졌다. 병원 관계자는 "두 사람은 아직 중환자실에서 의식불명 상태로 인공호흡기를 착용하고 있지만 고비는 넘겼다"고 전했다. 복어의 알집과 내장 등에는 독성이 강한 테트로도톡신이 들어 있어 자칫하면 마비 증세를 보이고, 심하면 호흡과 심장 박동이 정지될 수 있다. (2010.04.22. 뉴스한국 기사 인용)

3 평균 매각률 = 낙찰 건수/경매 진행 건수*100

4 매각허가결정취소소송 신청 시 항고보증금 공탁(응찰 시 제공했던 입찰보증금과 동일액, 매각허가결정취소소송이 기각 또는 각하되면 이때 제공했던 항고보증금도 몰수)을 해야 한다.

5 어떤 경매물건의 당일 최저입찰가격이 3억 2,820만 원이라고 하자.

6 경매절차에서 『취하』는 경매신청권자만이 할 수 있다. 어떤 이유로 경매개시결정이 선고된 강제집행 목적의 부동산에 대하여 더 이상 그 집행을 하지 아니할 것을 경매법원에 요청하는 절차이다. 경매신청이 취하되면 압류의 효력은 소멸하고 경매절차는 종료한다. 이 경우 법원은 이미 몰수한 입찰보증금이 있다면 낙찰자(들)에게 돌려주어야 한다.

CHAPTER 5

한번 따라 해보고 싶은
진흙 속 진주 찾기

5장에서 소개되는 투자 사례는 필자가 그동안 경매세상에서 경험한 사례들이다. 돈 되는 물건을 선별하고 투자 소재를 찾아내고, 실제 사례를 통해서 기본적인 권리분석과 수익성 분석하는 방법도 살펴보자.

고기 맛도 먹어본 사람이 더 잘 안다는 말이다. 투자 역시 마찬가지다. 크든 적든 입찰보증금 걸고 응찰에 참여해서 떨어져도 보고 몇 번 도전 끝에 낙찰 받아 잔금 납부하고 명도하고 처분해본 사람이 경매가 뭔지 느끼게 된다. 누구든 어떤 경매 교과서에도 실려 있지 못한 실전을 통해서 실력이 한 뼘씩 늘어나는 것이다. 실전 투자했던 사례를 중심으로 돈 되는 물건을 선정하는 데 꼭 필요한 두 가지 사항(=물건에 딸려 있는 권리사항 +지역특색)을 설명하여 여러분들에게 부담스럽지 않게 권리분석의 필요성을 보여드리겠다.

본격적인 경매 공부는 다른 책을 통해서 해주시면 된다.

아울러 경매 투자하는 데 종잣돈은 충분조건이지 필요조건은 아닐 수도 있다는 점을 보여드리겠다. 투자 유망 종목인 소형 주거용 부동산을 서울시의 '주거-부도심 균형' 개선사업 방식인 '뉴타운사업' 과 '균형발전촉진방식' 을 물고 들어가는 전략을 보여

준다. 가난한 언니들의 애환이 서려 있던 전국의 집창촌 개발이
우리 부동산 투자에 어떤 즐거움을 주는지도 보자. 이젠 철거되
어 역사 속으로 사라진 청계고가도로 인근의 법정지상권 성립
여지 있던 경우의 투자물건도 투자 사례다.

주식 투자는 개미를 죽이지만, 경매 투자는 꿀단지라는 것을
보자. 주식 투자에서 깡통계좌는 사람을 죽이지만, 경매 투자에
서 깡통매물은 보물단지라는 것을 사례를 통해 확인시켜드린다.

치유할 수 있는 하자를 지렛대로 활용하여 밋밋한 물건보다
낮은 낙찰가율로 낙찰 받아 더 높은 수익을 올릴 수 있는 방법도
함께 살펴보자.

마지막으로 여러분들이 거북스럽게 생각하는 인수 많은 물건
의 인수 금액을 지렛대로 활용하여 놀라운 수익을 달성하는 방
법도 보여드리겠다. 투자 사례 중심이라는 것을 아시게 될 것이
다. 그리고 가능성을 발견하시게 될 것이다. 시대는 바야흐로 소
통과 통섭을 바탕으로 공유와 융합의 세상이란다. 내놓을 내 것
을 내 힘으로 만들자는 것이 필자가 이 책을 통해 여러분들에게
바라는 바람이다. 수단은 경매 투자다.

1_ 집 샀는데 오히려 돈이 남았다, 행복한 깡통물건

복덩어리 깡통물건 투자

경매로 집 샀는데 오히려 돈이 남았다. 필자의 사례다. 서울역 건너편 용산구 서계동 있는 다세대주택 낙찰 사례는 깡통물건의 극치를 보여준다. 전세보증금만으로 투자 금액 이상을 전세금으로 바로 회수한 마술 같은 일이 벌어진 케이스다. 다시 강조하지만 초보 투자자들에게 적극 권장하는 투자 방법이다. 전세 가격 이하에 낙찰 받아 소유권 취득 후 전세로 투자 자금을 회수하고, 버티기에 돌입하면 높은 수익률을 기대할 수 있다. 무엇보다 구입·보유하는 데 자금 부담이 없다는 점이 강점이다. 장기적으로 보면 서울 시내 전체가 유망 투자 지역이다. 단기적으로는 용산

342

서부2계 2003-494▌ 상세정보

출력일:2012-03

소 재 지	서울 용산구 서계동 33-5번지 동산빌라 ▮▮ 도로명주소		
경 매 구 분	임의(기일)	채 권 자 국민은행	낙 찰 일 시 03.12.18 (종결:04.02.1
용 도	다세대	채무/소유자 ▮	낙 찰 가 격 55,600,000
감 정 가	85,000,000	청 구 액 12,891,735	경매개시일 03.03.28
최 저 가	54,400,000 (64%)	토지총면적 40.92 ㎡ (12.38평)	배당종기일
입찰보증금	10% (5,440,000)	건물총면적 68.82 ㎡ (20.82평)	조 회 수 조회통계 금일1 공고후39 누적228

우편번호및주소/감정서	물건번호/면 적 (㎡)	감정가/최저가/과정	임차조사	등기권리
140-827 서울 용산구 서계동 33-5번지 동산빌라▮ ▮ ●감정평가서정리 - 일반주거지역 - 철근콘크리트조슬래 브(평) - 소화아동병원남서측 인근 - 소형차량접근가능 - 대중교통사정무난 - 도시가스보일러난방 감정평가액 대지:34,000,000원 건물:51,000,000원 03.04.09 한국감정	물건번호: 단독물건 대지 40.92/327.3 (12평) 건물 68.82 (20.82평) (22.6평형) 방3 3층-93.07.07보 존	감정가 85,000,000 • 대지 34,000,000 (40%) (평당 2,746,365) • 건물 51,000,000 (60%) (평당 2,449,568) 최저가 54,400,000 (64.0%) ●경매진행과정 85,000,000 ① 유찰 2003-10-23 20%↓ 68,000,000 ② 유찰 2003-11-20 20%↓ 54,400,000 ③ 낙찰 2003-12-18 55,600,000 (65.4%) - 응찰 : 2명 - 낙찰자:▮▮ 종결 2004-02-11	●법원임차조사 ▮ 전입 2001.05.26 사회복 지공동 전입 2001.05.00 모금회 배당 2003.05.30 (보) 68,000,000 (전세권자, 2001.5월부터 점 유) ▮ 전입 2002.03.11 (등본상) 총보증금:68,000,000 ●지지옥션세대조사 ▩ 01.05.26 동사무소확 인:2003.10.00	소유권 ▮ 1993.07.14 저당권 국민은행 주택갈월동 1999.02.09 22,100,000 전세권 사회복지공동 회 2001.04.06 68,000,000 -존속기 간:2003.5.5 가압류 ▮ 2001.06.20 1,000,000 가압류 국민은행 노량진 2001.11.21 6,360,000 가압류 현대캐피탈 2002.01.21 4,440,000 가압류 국민은행 주택남대문영 2002.02.06 5,170,000 가압류 농협 상도동 2002.04.26 8,860,000 가압류 국가보훈처 서울지방보훈 2002.10.28 16,780,000 가압류 덕양신협 2003.02.24 5,720,000 임 의 국민은행 서울엔피엘관 2003.04.03 *청구액:12,891,7: 가압류 덕양신협 2003.05.26

- 일시 : 2003년 12월 서울 서부법원 경매2계에서 진행
- 물건 주소지 : 서울 용산구 서계동(서부역 인근)
- 대지지분 : 40.92㎡(12평)
- 면적 : 68.82㎡(20.82평) 다세대주택 반지하
- 1차 감정 가격 : 8,500만 원
- 2차 유찰 후 최저입찰가격 : 5,400만 원
- 경쟁률 : 2 : 1
- 낙찰가 : 5,560만 원
- 투자 비용 : 추가 비용 포함 약 6,000만 원
- 투자 수익 : 소유권 취득 후 6,800만 원을 전세로 재임대해 약 800만 원 추가 수익

구와 마포구를 제 1순위로 꼽고 싶다.

낙찰로 집을 사고도 돈이 더 회수되는 마술 같은 일이 벌어진 것이다. 응찰할 때부터 이미 예상했던 상황이지만 말이다. 이 지역은 청파 · 서계동 뉴타운 예정지구로 '신규건축허가금지구역'이다. 개별 개발이 더 이상 허용되지 않는 구역으로 낙찰 받아 보유하다가 재개발되면 돈 한 푼 들이지 않고 아파트 입주권을 받게 된다. 대지지분도 39.6㎡(12평)이면 뉴타운 지역 내에서는 큰 편에 속한다. 현재 평당 매매시세는 약 3,000만원 전후이고, 앞쪽이 용산역 부지 재개발이고, 뒤쪽이 마포 공덕동 도심재개발 지역이다.

복덩어리 깡통물건 투자 포인트

"박사님은 종잣돈 없는 사람이 경매 투자할 때 깡통물건이 좋다면서 "깡통~!", "깡통~!" 하는데, 그렇게 매력이 있는 경매 투자 방법인가요?"

"그럼요!"

"구체적으로 설명 좀 해주세요."

"부동산 투자의 가장 큰 어려움이 뭐라고 생각하세요?"

"아무래도 실탄 없는 것 아닐까요?"

"바로 그겁니다~! 그 부분을 깡통물건으로 해결하는 거죠!"

"부동산 투자의 어려움이라는 것이 처음에는 종잣돈 모자라는 것이고, 한 건 투자하고 나면 다음 실탄이 없다는 것이잖아요?"

"경매 투자 오래 하는 사람들의 공통점일 겁니다. 내 경우도 그렇죠!"

"깡통물건은 현금 없는 부분의 약점을 커버해준다는 말씀이네요!"

"그렇죠, 일단 시작해서 꼬리에 꼬리를 무는 거죠."

"알아는 듣겠는데, 가능할까 신기하네요."

"집 샀는데 돈이 더 들어왔다면 사람들이 믿겠어요?"

"그러게요, 사실은 나도 안 믿어지거든요."

"십중팔구는 사기 치지 말라며 욕하기 십상이죠!"

"경매를 모르면 나라도 그렇게 생각할 것 같은데요!"

"사례를 보여드려도 못 믿는 분들이 계세요."

1억 원에 집 사서 임대료로 2억 원을 받았다고 하면 맨정신으로 믿을 수 있는 사람이 몇이나 될까.

복덩어리 깡통물건 권리분석

"박사님, 이 물건은 세입자가 전세권을 설정하고 있는데 문제 없나요?"

"상관없습니다!"

"왜죠?"

"저당권보다 나중에 전세권을 설정했잖아요, 배당 요구도 했고!"

"배당은 다 받을 수 있나요?"

"이 가격에 낙찰되면 조금 손해 봅니다."

"보증금 다 못 받았으니 나중에 못 나간다고 징징거리면 그때는 골치 아프잖아요?"

"아니요! 이런 경우는 절대 그럴 수 없어요!"

"버티면 골치 아플 것 같은데 아닌가요?"

"만약에 끝까지 이사 안 나간다고 버티면 인도명령 신청하면서, 송달받은 날로부터 비워줄 때까지 연 20%짜리 '부당이득금반환청구소송'을 함께 제기하면 됩니다."

"그래도 안 나가면 어떤 방법이 있나요?"

"그래도 안 나가면 일부라도 받은 보증금에 가압류하고, 20%짜리 소송한다고 친절하게 설명해주면, 안 나가고 버티겠어요?"

"정말인가요?"

"골치 아픈 사람은 망한 주인하고 한 푼도 못 받고 쫓겨나는 세입자죠."

"명도하다 머리 아파보신 적 있으세요?"

"그것만 해도 책 한 권 너끈히 채울 자신 있습니다."

"그러세요?"

"명도에서 된통 당해봐야 경매가 조금 보이죠!"

명도 없는 경매물건을 선별하는 노하우는 이 책 405페이지에 대강 소개한다.

이 경매물건은 재개발 가능성을 보고 낙찰 받아 버티기에 돌입해 있는 물건으로 이 지역은 3.3㎡당 3천만 원을 호가하고 있다. 이를 처분한다고 가정해보자. 간단히 '대지지분×3.3㎡당 매매가격'으로 계산하면 3억 6천만 원이 되고, 임대 주면서 받았던 전

행복한 깡통물건 수익률 계산

- 본인 돈 3,500만 원 동원
- 대출금액 2,500만 원
  (사용 기간 1개월, 금융비용 13만 원, 받은 전세보증금으로 대출금 상환)
- 총 6,000여만 원에 소유권 취득
  (낙찰대금 5,560만 원+소유권 이전 비용 및 취득·등록세 약 340만 원
  +기타 추가 비용 약 100만 원)
- 6,800만 원에 전세 계약 체결(명도 완료)
- 1개월 만에 투자금보다 800만 원 추가 회수

세보증금을 공제하면 3억 원 전후의 돈이 내 손에 들어온다. 세금의 기본 구도는 번 돈의 일부를 납부한다는 점이다.

서울과 수도권의 구시가지에 소형 공동주택[대개 대지지분 39.6~49.5㎡(12~15평), 면적 66㎡(20평) 정도, 건축연도가 오래될수록 유리함] 수십 채를 확보하고 버티기에 돌입한다면 짧게는 5년, 길어봐야 10년 이내면 결판이 날 것이다.

서울과 인천의 구도심은 10년 뒤에는 그야말로 상전벽해가 일어날 것이다. 보수적으로 판단해서 최대한 길게 잡아도 10년이면 충분하다. 그 중 5개만 수용되어 아파트 입주권을 쥐게 된다면 부자의 꿈은 이루어질 것이다. 깡통으로 집을 사서 집으로 저축한다는 투자 콘셉트는 실제 그렇게 하셨던 분으로부터 커닝한 아이디어다.

한 건 하는 데 대략 걸리는 시간

"부동산은 있어도 고민, 없어도 고민"이라는 말이 있다. 부동산이 없어 고민하는 그룹에 속하지 말고 부동산이 있어 고민하는 그룹에 속하자. 그래야 인생 말년이 편안하고 우아하며 늙어서도 자식들에게 대접받는다.

이 물건의 진행은 다음과 같았다.

🏠 2003년 12월 18일 낙찰
🏠 2003년 12월 24일 매각허가

🏠 2004년 1월 13일 잔금 납부

🏠 2004년 2월 11일 배당 실시

🏠 2004년 2월 13일 현 거주자와 전세 계약 체결

🏠 응찰로부터는 2개월, 잔금납부로부터는 1개월 만에 모든 절차 완료

이와 같은 방식이면 결과적으로 내 돈 한 푼 안 들이고 연립·다세대주택의 소유권을 얼마든지 취득할 수 있고, 5년쯤 버티면 재개발되어 105.6㎡(32평) 아파트 입주권을 받을 수도 있다. 그렇게 된다면 서울역 인근의 용산구에 시가 8억 원 전후의 아파트를 내 돈 안 들이고 확보한 셈이 된다. 장기 투자 버티기에서의 핵심 사항은 기초 자금이 묶이지 않는 것이다. 그래야 힘이 들지 않기 때문이다. 한번 해볼 만한 전략이다.

깡통물건 걷어차 버리기

깡통이 깡통인 것은 그만큼 위험 부담을 감수해야 하기 때문이다. 깡통물건이라고 덥석 물었다가는 큰 코 다치는 수가 있다. 그러면 잘못해서 진짜 깡통물건을 낙찰받았다면 모조리 뒤집어써야 하나라는 의문이 든다. 그럴 때는 깡통물건을 걷어차 버리는 수밖에 없다. 아래 상황으로 설명해보겠다.

"그러면 박사님~! 깡통물건에는 정말 아무런 위험 부담도 없나요?"

"딱 하나 있어요!"

"말해주세요."

"이 책에서 이런 것까지 말했다가는 십중팔구 욕먹는데~!"

"투자자들한테 도움이 되나요?"

"그거야 그렇죠!"

"그러면 말씀 한번 해주세요."

"1억 원에 집을 샀는데 그 집 임대보증금이 2억 원이라고 해보세요."

"깡통이니까 그럴 수 있겠네요."

"집을 팔아야 하는 상황이라고 해보세요!"

"그러면 1억 원은 깡통 주인이 생돈 물어내야 하잖아요!"

"아니면 전세 시세가 떨어져버린 상황도 마찬가지고요."

"그러면 결국 집주인이 물어내야 하잖아요!"

"바로 그거죠~!"

"그러면 1억 원 안 물어주는 방법이라도 있다는 말씀이세요?"

"그럼요~!"

"뭔데요?"

"난감하네, 말해야 되나, 말아야 되나?"

"말해주시라니까요?"

"일단 임차인들을 모두 선순위로 만듭니다."

"그리고는요?"

"임차인들 선순위 되고 나면, 등기부에 돈 받을 권리 하나 설정해서 경매 넣어버리는 거죠!"

　더 이상은 설명하지 않겠다. 손에 더 쥐여드렸다가는 내가 뼈를 못 추릴지 모르겠다. 장닭 이상의 독자들에게는 뻔한 스토리다. 나머지는 주변의 선수에게 물어보시기 바란다.

부동산은 '다다익선'이다

부동산 거품, 부동산 폭락을 부르짖는 무늬만 전문가인 부동산 점쟁이들의 근거 없는 말에 휘둘리지 말자. 앞의 사례와 같은 물건을 지속적으로 낙찰 받아 주택 수가 늘어나는 것에 겁먹지 말자는 점이다.

　재개발·재건축을 염두에 두고 투자를 하다 보면 당초의 계획대로 진행되지 않는 경우가 다반사다. 어떤 지역은 금방 이루어질 것 같아 비싸게 구입했는데, 여러 가지 이유로 차일피일 미루어져 수익률이 떨어지는 경우가 있을 수 있다. 반대로 어떤 지역은 그리 기대하지 않았는데 일이 일사천리로 진행되어 즐거움을 주는 곳도 있다. 그래서 재개발·재건축 투자 시 필요한 것이 여러 곳에 그물을 쳐놓는 전술이다. 그러다 보면 언젠가는 어떤 그물로 물고기가 들어오게 될 것이다. 어느 그물에 물고기 들게 될지 모르니 물고기 다닐 만한 곳에 미리 그물 쳐놓자는 이야기다. 그물 치는 데 돈 안 들어간다면 해볼 만하지 않겠는가. 어려운 이야기 아니다.

　집 한 칸 없이 평생 전셋집에서 살지 말고, 낙찰로 집 개수 늘리는 전략을 써보자. 같은 시간에 전셋집이나 알아보러 다니는 것과 낙찰 받으려고 물건을 조사하러 다니는 것은 3~4년만 지나도 분명한 차이를 나타낸다.

손바닥 비비며 감이 떨어질 때까지 무능하게 기다리는 것이 문제지 집 개수가 많은 것은 문제가 아니다. 달랑 집 한 칸 가지고 있으면서 그 집 값이 올랐다고 좋아하는 사람이 되어서도 안 된다. 내 집만 오르고 다른 집은 오르지 않았거나, 최소한 다섯 채는 있는 경우면 모르겠지만 말이다. 하나 있는 집 값이 올랐다고 처분하고 나면, 또다시 오를 만한 집을 어디 가서 다시 찾는단 말인가. 현재 살고 있는 내 집은 이미 자산 가치가 없다는 점을 명심하자.

부동산 경기라는 것이 시간을 두고 사이클을 그리는 것이야 당연하다. 현재 부동산 경기가 침체기라고 주눅들 필요는 없다. 오히려 적극적으로 투자해야 할 호기로 보는 용기도 필요하다.

미리 그물 쳐놓자.
언젠가는 내 그물로
물고기가 들어올 것이다.

2 __ 일타 쌍피,
돌팔매질 한 번에 토끼 두 마리

낙찰 가격 두 배로 처분한 오피스텔

응찰 당시 이 오피스텔에는 이정선이라는 임차인이 있었다. 오피스용 건물이라도 임대차 목적이 주거용인 임차인은 주택임대차보호법의 보호 대상이 된다. 주택임대차보호법은 상가·건물임대차보호법과 달리 임차인의 월세는 전체 임대보증금 산정 시 환산하지 않는다.

경매물건 번지로 주민등록 전입하고 점유하고 임차보증금을 지불했다면 그 임차보증금은 일단 보호 대상이 된다. 상가·건물임대차보호법의 보호를 받는 상가임차인과 다른 점이다. 등기부상 저당권 설정일(00.11.24.)보다 임차인 전입일(04.12.31.)이 늦다.

때문에 낙찰자나 저당권자에게 대항할 수 없는 후순위 임차인이다. 이 상황을 표로 정리하면 쉽게 알 수 있다.

▌낙찰 가격 두 배로 처분한 오피스텔

동부6계 2005-677■ 상세정보

출력일:2012-03

소 재 지	서울 광진구 구의동 252-11 ,-14 성지하이츠 9층■■		도로명주소		
경 매 구 분	임의(기일)	채 권 자	신한은행	낙 찰 일 시	06.01.16 (종결:06.03.1
용 도	오피스텔(주거용)	채무/소유자	(주)■■	낙 찰 가 격	62,080,000
감 정 가	90,000,000	청 구 액	61,650,289	경매개시일	05.04.28
최 저 가	57,600,000 (64%)	토지총면적	8.63 ㎡ (2.61평)	배당종기일	05.08.01
입찰보증금	10% (5,760,000)	건물총면적	36.63 ㎡ (11.08평)	조 회 수 조회통계	금일1 공고후17 누적412

우편번호및주소/감정서	물건번호/면 적 (㎡)	감정가/최저가/과정	임차조사	등기권리
143-200 서울 광진구 구의동 252-11 ,-14 성지하이 츠 9층■■ ●감정평가서정리 - 일반상업지역 - 중심미관지구 - 철근콘크리트라멘조 　슬래브(평) - 표기:10층1006호 - 광진구청동측인근 - 업무용및상업용건물, 　오피스텔,소규모상가 　등혼재 - 차량접근용이 - 버스정류장및구의역 　인근 - 도시가스개별난방 - 서측왕복6차선도로접 　함 - 도시계획도로접함 - 1종지구단위계획구역 05.05.12 새한감정	물건번호: 단독물건 대지 8.63/1154.9 　(2.61평) 건물 36.63 　(11.08평) 　(20평형) 10층-97.10.18 보존	감정가　　90,000,000 · 대지　　27,000,000 　　　　　　(30%) (평당 10,344,828) · 건물　　63,000,000 　　　　　　(70%) (평당 5,685,921) 최저가　　57,600,000 　　　　　　(64.0%) ●경매진행과정 　　　　　90,000,000 ① 유찰　2005-11-21 20%↓　72,000,000 ② 유찰　2005-12-19 20%↓　57,600,000 ③ 낙찰　2006-01-16 　　　　　62,080,000 　　　　　　(69%) - 응찰 : 1명 　허가 2006-01-23 　종결 2006-03-17	●법원임차조사 ■■ 전입 　2004.12.31 　확정 　2004.12.31 　배당 　2005.07.25 　(보)10,000,000 　(월)　500,000 　전부 *목적물소재지에출장하 여조사한바문이잠겨있 고거주자가부재중이어 서조사하지못하였음.관 할동사무소에주민등록 등재자를조사한바등재 자없음 총보증금:10,000,000 총월세금:500,000	소유권 (주)시시시 　2000.06.13 　전소유자:■■ 저당권 신한은행 　자양동 　2000.11.24 　65,000,000 저당권 신한은행 　자양동 　2002.03.22 　26,000,000 압 류 성동세무서 　2003.12.22 임 의 신한은행 　자양동기업 　2005.05.02 *청구액:61,650,2■ 등기부채권 　91,000,0■ 열람일자 : 2005.05.■

■ 예상임대수익률 (기준- 낙찰 62,080,000원 / 대출 40% / 은행금리 7% / 보증금:10,000,000 / 월세:500,000)

자기자금 37,248,000 원 , 대출 24,832,000 원으로 年 14.66 % 임대수익 예상

오피스텔 임차인의 권리분석

"오피스텔 임차인의 권리분석은 어떻게 하나요?"

"임차인이 사무실로 사용하면 상가용으로, 주거용으로 사용하면 주택으로 간주하고 권리분석해주면 됩니다. 임차인 ***가 보증금 1,000만 원에 50만 원에 월세 살고 있는 것으로 되어 있잖아요!"

"전입하고 있는 것으로 봐서 주거용으로 사용하고 있는 거 아닌가요?"

"그렇게 보는 게 맞습니다."

"그러면 주택임대차보호법을 적용받는 임차인이 되겠네요."

"그렇죠! 임차인한테는 주거용으로 인정되는 것이 더 유리하죠! 이런 경우에는."

오피스텔 낙찰 사례 개요

- 물건 위치 : 광진구청 앞(서울 지하철 2호선 구의 역세권) 오피스텔 11층 중 10층
- 분양면적 : 66㎡(20평)
- 전용면적 : 36.3㎡(11평)
- 당초 감정 가격 : 9,000만 원
- 2회 유찰 가격 : 5,760만 원
- 단독 응찰 가격 : 6,200여만 원
- 소유권 취득 : 2006년 1월

"왜 그런가요?"

"상가임차인으로 인정되어버리면, 소액최우선배당도 못 받게 되거든요!"

"그런가요? 다 받는 것이 아닌가요?"

"잘 따져봐야 합니다."

"복잡한 거 같아요."

"처음 공부하는 분들은 복잡해 보이는 것이 맞습니다."

"좋은 방법 없나요? 쉽게 공부하는 지름길 좀 알려주세요."

"어렵다고 지레 겁먹지 마시고요, 천천히 연습하다 보면 눈에 들어올 때가 있어요!"

"해 보고는 있는데, 특히 오피스텔이나 근린상가 권리분석은 더 복잡해요."

"맞습니다. 주택이나 상가처럼 딱 한쪽으로 정해져 있으면 덜 복잡한데, 경우에 따라 적용법이 달라지는 오피스텔이나 근린상가는 병아

오피스텔 임차인 '이정선'의 권리분석

- 임차인은 2004년 12월 31일 전입과 동시에 확정일자 받음
- 임차보증금 1천만 원, 월 임대료는 50만 원
- 등기부상 저당권 설정일(2000년 11월 24일)
- 임차인 전입일(2004년 12월 31일)
  ⇒ 임차인은 낙찰자나 저당권자에게 대항할 수 없는 후순위 임차인이다.

리는 어렵게 느껴지는 것이 당연합니다.”

“좋은 방법 좀 알려주세요.”

“우선은 주택하고 상가의 경우를 확실하게 공부하세요, 그게 지름길입니다.”

“이 경우 세입자는 얼마를 배당받나요?”

“소액 임차인에 해당되고, 최우선 배당에 참가해 임차보증금 1천만 원을 회수하게 됩니다.”

“소액임차인으로 보증금을 다 받을 수도 있네요!”

“그럼요. 그나마 다행인 거죠~!”

한 번 돌팔매질에 토끼 두 마리 잡기

사무실을 임대해 사용하는 것과 경매로 낙찰 받아 사용하는 것 중 어느 것이 저렴할까? 임대하는 것이 저렴할 것이라고 생각하는 분들에게는 의외겠지만, 이 물건을 낙찰받기로 한 이유는 사무실을 임대해 월세를 지불하는 것보다 낙찰로 소유권을 취득하는 것이 더 싸다고 판단했기 때문이다. 현재 이 정도의 오피스텔을 임대하려면 보증금 1천만 원에 70~80만 원 정도 월세를 지불해야 한다. 1부 이자로 환산하면 8~9천만 원 정도 든다. 반면에 낙찰로 인해 소유권을 취득하는 데 소요된 총비용은 6,500만 원 정도로, 경락잔금 대출을 받았다면 은행 금리가 보통 6~7%로, 약 4~5% 정도의 이자 차액이 발생한다. 향후 부동산시장 전망은 보유시장에서 임대시장으로 재편될 것이다.

　"며칠 전 신문에서 우리나라 주택 자가 보급률에 관한 기사 본 적 있으세요?[1]"

　"아뇨, 못 봤는데, 재미있는 기사라도 있었습니까?"

　"주택 자가보유율은 낮아지고, 월세를 받을 수 있는 임대용 부동산 보유 비율은 높아졌다는 기사 말입니다."

　"그거 말 되네."

　"융자 끼고 소형 오피스텔이나 도시형 생활주택을 한두 채씩 구입하는 사람들이 늘어나고 있다고 하더라고요."

　"이자 내고 나면 별로 남는 거 없는 거 아닌가요?"

　"아뇨, 잘만 하면 받는 월세하고 내는 이자하고 갭이 3~4%는 날 수 있어요."

　"무슨 말씀이세요?"

　"월세는 아직도 12%이고, 은행 담보대출 이자는 약 6% 내외잖아요."

　"그러니까 1부 월세 받아서, 은행 이자 납부하면 그 차이가 약 6%라는 말이네요."

　"자기 투자 비용, 임대소득세, 관리 비용, 공실에 따른 추가 비용 생각하면 약 4% 정도를 차이라고 보더라고요!"

　"수지가 맞네!"

　"일타 쌍피, 토끼 두 마리 한 방에 잡기죠?"

　"무슨 말씀이세요?"

"가격이 올라주는 자산 효과까지도 기대할 수 있잖아요."

"부동산 투자의 장점이 뭐니 뭐니 해도 바로 그 점이죠!"

"그렇죠! 1억 원이라고 해도 10년 전 1억 원하고 지금 1억 원하고는 구매력의 차이가 한참 나잖아요!"

"물가상승률은 연 5%라고 한다면 10년 지나면 화폐구매력은 1/2로 줄어들어요!"

"그런데 부동산 가격은 매년 물가상승률 이상으로 상승하잖아요!"

"위험하지는 않을까요?"

"서울과 수도권에서 소형 주거용 부동산의 수요는 갈수록 더 늘어날 것이라고 봅니다. [2]"

"1~2인 거주 가능 소형 주거용 부동산은 가격이 하락하지 않을 거라고 본다는 이야기시죠?"

"인구 구성비를 보더라도 그렇게 예상할 수 있죠!"

그러나 이런 견해는 한 면만을 보고 있는 단견일 수 있다. 공실 발생 가능성을 염두에 두어야 하기 때문이다.

소형 주거용 부동산의 또 다른 측면

"주거용 소형 부동산에 투자하는 데 위험 요소는 없을까요?"

"과잉 공급 문제는 반드시 짚어가면서 투자를 해야 합니다."

"공실 발생 가능성을 따져봐야 한다는 말씀이시죠!"

"그렇죠. 소액 투자하는데 공실 발생해 버리면 난리 나죠."

“그러더라고요.”

“공실 생기면 임대료 내려가죠, 주인이 관리비 내야 하잖아요!”

“은행 융자받아 한두 채 구입했는데 그 꼴 당하면 오히려 경매당하는 수 생기더라고요.”

“그럴 것 같아요, 이자 내야지, 관리비 내야지, 월세 안 들어오지!”

“벌써 일부 지역에서는 임대료 내려가는 지역이 나타나고 있잖아요.”

“그런데도 지금 경매시장에서 가장 인기가 좋은 물건이 소형 주거용 부동산이거든요!”

“그렇다면서요?”

“감정 가격 이상으로 낙찰되고 있는 말도 안 되는 일이 벌어지고 있습니다. 한마디로 선수들한테 당하고 있는 거죠!”

“무슨 말씀이세요?”

“경매로 떨어내는 사람들이 있다는 이야기죠!”

“무슨 말인지 잘 모르겠다니까요?”

“경매(競買)하는 사람들이 경매(競賣)하는 거죠.”

“정말이세요?”

“그럼요. 아무튼 과잉 공급에 과잉 낙찰에 두 가지 문제가 병아리 낙찰자를 울릴 가능성이 있습니다.”

“그럴 가능성 충분합니다. 특히 과잉 공급 문제는 투자자가 어떻게 할 수 있는 문제가 아니잖아요!”

“그렇죠.”

“가구 구성 변동이나 구성비를 보면 1~2인 가구가 증가하는 것은 분명한데, 가구 증가보다 임대용 소형 주택 증가 속도가 훨씬 더 빠르다는 말씀이시죠?"

"서울 지역의 대학가나 역 인근은 큰 문제가 없겠지만 변두리 지역이나 수도권, 특히 지방에 신규로 공급되는 소형 주거용은 조심해야 할 것으로 봅니다."

다음 기사를 살펴보자. 이 오피스텔은 구의 · 자양 균형발전촉진지구[3] 내에 편입되어 있다. 이 지역은 상업 지역으로 향후 개발 이익이 발생할 여지가 충분히 있어 자산 가치 상승 효과도 함께 기대할 수 있다. 부동산 시장의 전체 흐름과 수요 예측은 물론, 좋은 물건 볼 줄 아는 안목을 키우는 것도 중요하다.

 **오피스텔 '짓고 또 짓고'··· 착공 실적 3배 늘어**

[지난해 929개동 · 연면적 230만㎡···준공은 347개동 1만 4296가구] 지난해 오피스텔 착공과 준공 실적이 전년에 비해 2~3배 늘어났다. 소형 주택의 수요 증가 속에 임대주택 등록 시 세제 혜택을 받을 수 있게 되면서다. 국토해양부는 지난해 오피스텔의 착공 실적은 929개동, 연면적 기준 230만 4708㎡로 집계됐다고 9일 밝혔다.

2010년 오피스텔 연면적 착공 규모인 79만 1851㎡보다 3배가량 늘어난 것이다. 지난해 오피스텔 착공 중 수도권은 전체의 63%인 145만 1725㎡(경기 66만 2918㎡, 서울 48만 8560㎡, 인

천 30만 247㎡)에 달했다. 부산(40만 6084㎡), 대전(8만 4549
㎡) 등 대도시에서 주로 착공이 집중됐다. 입주물량인 오피스
텔 준공 실적은 전국 347개동, 연면적 66만 2110㎡, 1만 4296
가구였다. 2010년은 준공 150개동, 연면적 34만 1948㎡, 7521
가구였다.

지난해 오피스텔 준공은 연면적 기준으로 약 2배 증가했다. 지
난해 준공된 오피스텔은 전용면적 40㎡ 미만이 8161가구,
40~60㎡ 3499가구, 60~85㎡ 1388가구, 85㎡ 초과 1248가구
였다. 특히 전용면적 40㎡ 미만 소형 오피스텔이 전년에 견줘
2.5배 늘었다. 지난해 오피스텔 건축허가는 1219개동, 연면적
293만 7444㎡였다. 건축 허가 실적은 2010년까지 소폭 증가세
를 유지한 후 지난해부터 큰 폭으로 늘어났다.

지역별로는 수도권이 전체 54% 수준인 159만 2368㎡(경기 70
만 4949㎡, 서울 50만 8035㎡, 인천 37만 9384㎡) 인허가됐다.
부산(53만 684㎡) 18.1%, 대전(20만 2240㎡) 6.9% 등이 뒤를
이었다.

(2012.01.09. 머니투데이)

 자신이 현재 서 있는 곳에
정확한 위치점을 찍을 줄 알자.

3_ 9호선과 뉴타운이 쌍끌이로 끌고 가는 곳

더블 호재 지역의 투자

필자가 대표로 있는 법인이 방화동 '뉴타운' 지역 내의 소형 다세대주택을 낙찰 받은 사례다. 앞의 사례는 '균형발전촉진지구' 내의 오피스텔이었다. 서울시의 '주거-부도심 균형' 개선사업 방식은 '뉴타운사업'과 '균형발전촉진방식'의 두 가지다. 자금력이 약하거나 투자 경험이 많지 않은 사람들은 개발 호재가 있는 지역에 투자하는 것이 현명하다. 개발 호재가 있는 지역은 투자 리스크가 상대적으로 낮기 때문이다.

남부5계 2005-1789▨ 상세정보

출력일:2012-03

소 재 지	서울 강서구 방화동 564-60 2층 201호 **도로명주소**				
경 매 구 분	강제(기일)	채 권 자	강문주	낙 찰 일 시	06.05.09 (종결:06.08.0
용 도	다세대	채무/소유자	남연우	낙 찰 가 격	77,800,000
감 정 가	85,000,000	청 구 액	75,000,000	경매개시일	05.05.31
최 저 가	54,400,000 (64%)	토지총면적	42.76 ㎡ (12.93평)	배당종기일	05.08.16
입찰보증금	10% (5,440,000)	건물총면적	53.18 ㎡ (16.09평)	조 회 수 조회통계	금일1 공고후102 누적53

우편번호및주소/감정서	물건번호/면 적 (㎡)	감정가/최저가/과정	임차조사	등기권리

157-220
서울 강서구 방화동
564-60 ▨
 	
●감정평가서정리
- 공항시설보호지구
- 철근콘크리트조슬래
브(평)
- 방화초등교북동측
340m지점
- 일반및공동주택,소규
모상가소재
- 차량출입가능,버스정
류장도보3-4분
- 도시가스개별난방
- 부정형저지
- 북측및동측3m도로접
함
- 도시지역,2종일반주
거지역(7층이하)
- 최고고도지구(해발
57.86m미만,수평표
면)
 	
05.06.25 식산감정
	물건번호: 단독물건
	
	대지 42.76/162
	(12.93평)
	건물 53.18
	(16.09평)
	방3,현:공실
	4층-01.09.10보
	존
		감정가 85,000,000
		• 대지 34,000,000
		(40%)
		(평당 2,629,544)
		
		• 건물 51,000,000
		(60%)
		(평당 3,169,671)
		
		최저가 54,400,000
		(64.0%)
		
		●경매진행과정
		  85,000,000
		① 유찰 2006-02-28
		
		20%↓ 68,000,000
		② 유찰 2006-04-04
		
		20%↓ 54,400,000
		③ 낙찰 2006-05-09
		
		  77,800,000
		(91.5%)
		
		- 응찰 : 1명
		  낙찰자:
		  (주)지엠알씨
		
		  허가 2006-05-16
		
		  종결 2006-08-03
			●법원임차조사
			  전입
			  2002.09.27
			  임차권
			  확정
			  2002.09.27
			  (보)75,000,000
			  (경매신청채권
			  자)
			
			  총보증금:75,000,000
				소유권 ▨
				  2001.09.10
				가압류 국민은행
				  가계신용엔피
				  2004.09.13
				  12,299,735
				가압류 국민은행
				  경매소송관리
				  2004.10.25
				  34,987,021
				임차권 ▨
				  2004.12.30
				  75,000,000
				  전입:2002.09
				  확정:2002.09
				강 제 ▨
				  2005.06.03
				  *청구액:75,000,0
				압 류 ▨
				  2005.06.10
				
				  등기부채권
				  122,286,7
				
				  열람일자 : 2005.07.

■ **예상임대수익률** (기준- 낙찰 77,800,000원 / 대출 40% / 은행금리 7% / 보증금:75,000,000 / 월세:0)

자기자금 46,680,000 원 , 대출 31,120,000 원으로 年 14.61 % 임대수익 예상

임차권등기자 권리분석

등기부를 보면 임차인이자 경매신청권자인 장문주가 임차권등기를 하고 있다. 전세권과는 달리 임차권등기는 임차인 단독으로 신청하고 설정할 수 있다. 임차권등기의 조건은 임대차 기간이 종료된 후에도 임차보증금을 돌려받지 못했을 때 가능하다. 전세계약서와 주민등록등본을 지참하고 법원에 비치되어 있는 임차권등기명령신청서 양식에 내용을 기재한 다음 민사신청과에 접수하면 된다.

"이 경우 임차권등기는 말소되나요?"

"전액배당 받으니까 말소 대상입니다만, 촉탁등기로는 말소되지 않고 나중에 추가 말소 작업을 따로 해야 합니다."

"배당금 받으러 올 때 미리 말소하고 오라고 하면 안 되나요?"

"그게 가장 무난하죠, 그러면 좋은데 보통은 그렇게 안 하잖아요!"

"왜 그런가요?"

"임차인 입장에서는 돈도 못 찾았는데, 등기부터 말소해달라고 하면 동의하기 어렵잖아요!"

"그러면 어떻게 하면 좋을까요?"

"임차권말소서류를 다 만들어서 법원에서 만나자고 하면 됩니다."

"말소하면서 배당금 찾는 서류 내주면 된다는 말씀이세요!"

"그렇죠."

장문주의 임차권등기는 선순위 임차인이 경료한 등기로서 경매 결과로도 말소되지 않는다. 등기부만 봐서는 임차권등기는 후순위(2004년 9월 13일로 국민은행 가압류보다 늦음)처럼 보이지만 임차인이 이 주택에 전입할 시점에는 등기부에 아무것도 설정되어 있지 않았다.

따라서 선순위 임차인이다. 선순위 임차인의 임차권등기는 촉탁말소 대상이 아니다. 따라서 소유권 취득 후 임차권 등기자인 장문주에게 추가로 말소해줄 것을 요구해야 한다.

방화뉴타운[4]과 9호선 개통의 더블 호재

응찰 당시에 곧 있을 서울 지하철 9호선 개통을 염두에 두고 미리 선점한 경우다. 강서구 방화동의 경우 뉴타운지구라는 호재와 함께 서울 지하철 9호선 개통이라는 더블 호재를 안고 있는 지역이다. 또한 이곳은 이미 서울 지하철 5호선이 강동구 마천동에서 강서구 방화동까지 동서로 길게 운행하고 있다.

9호선의 전체 구간은 '김포공항-당산동-노량진-고속터미널-COEX중개사(ASEM)-종합운동장-올림픽공원-방이동' 이다. 공사 구간은 2단계로 나누어 진행하는데 1단계인 '김포공항-노량진-강남대로(25.5km)' 은 2009년 5월에 개통되어 운영을 시작했다. 2단계인 '제일생명사거리-방이동(12.5km)' 은 2008년 착공해 2012년 완공 예정이다. 이 지하철 노선도는 황금 노선답게 표시 색깔도 황금색이다.

지하철 등의 새로운 교통망이 신설될 때 인근의 수혜 지역 부동산 가격은 다음과 같은 단계로 오른다.

- 소문날 때
- 노선과 역 확정될 때
- 공사 시작할 때
- 완공할 때

이렇게 통산 4번에 걸쳐 상승하는 것이 일반적이다.

지하철은 완공될 때까지는 10년 정도의 시간이 소요된다.

더블 호재 지역의 투자 수익률

임차인과 등기부상 권리분석만 가능하다면 경매로 투자하기 쉬운 반면, 더블 호재까지 안고 있어 향후 투자 가치가 무한대인 지역이다. 감정 가격 8,500만 원에서 2번 유찰되어 최저가격이 5,440만 원까지 떨어졌는데, 무슨 이유로 무려 2,430만 원이나 더 써서 7,780만 원에 낙찰 받았을까? 그것도 더욱이 단독응찰로 말이다.

언뜻 보면 낙찰법인 (주)GMRC(필자가 대표이사임)는 경매 투자의 선수가 아니라 바보라고 생각할 수 있다. 병아리 눈에는 그렇게 보일 수 있다. 그러나 인수주의가 뭔지를 아는 사람이라면 '아하~! 선수들은 이렇게 가격을 결정하고 응찰해 경쟁자를 물리치는 구나!' 하고 감탄하지 않을 수 없을 것이다.

여러분들 눈에 2,430만 원을 더 쓴 것으로 판단했다면 더 공부해야 할 이유를 찾은 것이니 필자에게 감사(?)해야 한다. 황당하게 높은 응찰 가격을 쓴 것처럼 보인다. 사실은 2,430만 원에 대한 취·등록세에 해당하는 583,000원(=2,430만 원×0.24%)만을 더 쓴 것이다. 얼마에 응찰하든 결국 임차인이자 경매신청권자인 장문주가 배당받지 못한 차액을 물어줘야 하기 때문이다. 인수할 금액을 감안하면서 응찰한 것이다. 1등만 기억하는 더러운 세상의 클라이맥스가 부동산 경매시장이다. 경매세계에서 2등은 아무런 의미가 없다.

경매 정보지를 보고 여기까지 권리분석이 가능하면 초보 수준

방화동 뉴타운 다세대주택 투자수익 구조

- ◾ 소요 자금 : 총 8,167만 원
- ◾ 낙찰 가격 : 7,780만 원
- ◾ 취·등록세 : 187만 원(낙찰 가격×0.24%)
- ◾ 기타 비용 : 200만 원
- ◾ 자금 회수 : 전세보증금 8천만 원(전세로 임대 처분)
- ◾ 실투자금 : 167만 원(소요 자금 8,167만 원 – 전세보증금〈8천만 원〉)
- ◾ 예상 매각 가격 : 1억 9,395만 원(3.3m²당 1,500만 원×대지지분〈12.93평〉)
- ◾ 예상 매각 차익 : 1억 1,228만 원(1억 9,395만 원–8,167만 원)
- ◾ 예상 수익 : 67.2배(예상 매각 차익〈1억 1,228만 원〉÷실투자금〈167만 원〉)
- ◾ 예상 수익률 : ?%(독자 여러분들이 직접 해보기 바란다.)

은 벗어났다고 말할 수 있다. 이 경매 사례는 소유권 취득 후 투자금 회수까지 2개월 정도가 소요되었으며, 현재 이 지역의 3.3㎡당 매매 가격은 1,500만 원 전후다.

요즘 경매시장의 화두가 부실채권을 인수하여 경매까지로 연결하는 부실채권(NPL)투자다. 이 물건에서 경매신청권자가 임차권등 기자와 동일인이다. 입찰 전에 임차권을 인수한 다음 응찰한다면 여러 가지 면에서 더 높은 수익을 올릴 수 있다.

경매시장에서 깡통물건이 매력 덩어리라는 것을 이해하셨으면 충분하다. 167만 원 투자해서 1억 1,228만 원(투자금 대비 67.2배)을 기대할 수 있다면 해보고 싶지 않으신가. 지금도 이런 물건들이 경매시장에는 넘친다. 진흙 속에 파묻혀 있는 진주의 가치를 알아내는 능력만 문제이다.

이런 투자 수익률은
지금도 여전히 가능하다.

4_ 천호동, 영등포역, 청량리역, 서울역의 공통점

서울의 7대 윤락가

여기에 용산역, 미아리, 장안동을 추가하면 서울의 7대 윤락가가 완성된다. 신세대 독자들은 '그게 뭐야, 어디야 어디!' 하고 눈이 휘둥그레질 분들도 있겠다. 표현이 이상하다며 집창촌이라고 바꿔 부르고 있지만 달라질 것은 아무것도 없는 말장난에 불과하다. 본론으로 돌아와보자. 이들 윤락가의 특징이 뭐라고 생각하시는가. 이상(?)한 생각은 하지 마시고, 부동산 투자 관점에서만 살펴보자. 이 지역들은 분명한 공통점이 있다. 사통팔달 교통의 중심으로 유동 인구가 많다는 점이다.

접근성이 우수하다는 말이 부동산 투자와 무슨 상관이 있느냐

고 바보처럼 묻지는 말자. 사람이 몰리니 돈이 몰린다. 돈이 몰리니 부동산 가격 역시 높아지는 것은 정한 이치다. 당장이야 꼬질꼬질할지 몰라도 돈 되는 것은 시간문제다. 큰 틀에서 그렇다. 그리고 지금은 집창촌이 하나둘씩 사라지고 있다는 것이다. 전국 어디든 상관없이 집창촌이 밀집해 있던 지역의 현주소를 살펴보시면 개발 열기에 놀라시게 된다.

다음은 그중 한 곳인 강동구 천호동에 있는 중대형 아파트 낙찰 사례다.

아파트는 초보 투자자들이 선호하는 경매물건이다. 강동구 천호동의 천호뉴타운 지구 내에 있는 중대형 아파트로 실수요자라면 충분히 설득력 있다.

기본적인 권리분석

낙찰 당시에 소유자 겸 채무자가 전체를 점유하고 있었다. 이처럼 소유자와 그 직계 가족이 생활하고 있는 경우에는 '명도'가 쉽지 않다. 이 물건 역시 명도 과정에서 상당한 진통을 겪었다. 거짓말의 '달인'을 만나게 될 수도 있다.

우선 등기부상 권리관계를 보자. 1순위 저당권(신한은행 2003년 8월 13일, 3억 6천만 원) 이후 모든 권리는 말소 대상이므로 낙찰자에게 부담이 되지 않는다. 또한 등기부상 채권 총액이 감정 가격의 약 3배(21억 원/7억 원)로 도중에 취하될 가능성이 낮은 물건이다. 경매 집행 비용을 빼고 실제 배당 가능 금액을 5억 8천만 원이라고 가정하고 예상 배당표를 생각해보자.

첫째, 등기부상 1순위 저당권인 신한은행이 먼저 3억 6천만 원을 배당받고,

둘째, 나머지 2억 2천여만 원은 2순위 저당권자 기술신용보증에게 배당된다.

이 단계에서 채권 고갈로 배당은 종료된다. 기술신용보증 이후 권리자들에게 배당금이 없다.

채무자가 거주하고 있는 경매물건

"경매 투자에서 가장 어려운 부분이 뭐라고 생각하나요?"

"명도 아닌가요?"

"맞아요. 그러면 어떤 사람이 살고 있는 주택 명도가 쉬울까요?"

"경매물건의 거주자들을 설명 좀 해주세요!"

"망한 집주인, 보증 서준 사람, 선순위 세입자, 후순위 세입자, 기타 단순 점유자로 나눠지지요."

"집주인과 그 가족이 살고 있는 경우가 명도가 쉽지 않나요?"

"왜 그렇게 생각하세요?"

"자기가 말아먹었으니, 나갈 때 군소리 안 하고 나갈 것 같아서요."

"그러면 어떤 주택이 명도하기 쉬울까요?"

"아파트! 그렇지 않은가요?"

"누가 살고 있는 아파트요?"

"임차인 없이 채무자가 살고 있는 아파트가 가장 경매하기 쉽죠!"

권리분석은 간단할지 모르지만 정말 그럴까? 초보 투자자들은 가장 만만하게 여기지만 사실 경매하기 가장 어려운 물건 중 하나가 바로 아파트다. 아파트는 매매나 전세 시세가 이미 공개되어 있기 때문에 높은 수익률을 달성할 수 있는 가격에 응찰하는 것이 불가능하다. 경매의 가장 큰 매력이라면 뭐니 뭐니 해도 수익률이 아닌가.

채무자나 보증인 등 그 부동산을 경매로 날리는 사람들이 더 이상 갈 곳이 없다는 데 문제가 있다. 사업하다 망한 집주인하고, 남의집 살이하는 세입자하고는 세상을 보는 차이가 크다.

사업하다 망한 집주인이 배짱도 좋고, 거짓말도 잘하고 법도 많이 안다. 낙찰자 공갈 한두 마디는 간에 기별도 안 차 한다.

명도 과정에서 상당히 곤란해질 수 있다. 부동산 경매를 직접 경험하지 않고 책을 쓰는 사람들의 공통점이 '명도'의 어려움을 간과한다. 아니면 대수롭지 않은 것처럼 다룬다. 초보자들처럼 말이다.

아무리 강조해도 지나치지 않은 명도의 어려움

명도의 원칙은 '역지사지(易地思之)'와 '인지상정(人之常情)'

"명도가 어렵다고 항상 강조하시잖아요?"

"그렇죠, 경매의 꽃이죠!"

"다른 분들은 약간 다르게 말하는 분들도 있어요."

"그거야 그럴 수 있죠!"

"물건 선정이 어렵다, 권리분석이 어렵다, 낙찰 받는 것이 어렵다. 자금 마련이 어렵다, 처분이 어렵다 등등 다른 여러 점들을 말하는 사람들도 많아서요."

"지금 말하는 것들은 모두 혼자 하면 되지만 "명도"는 쫓겨나는 상대방이 있잖아요."

"그렇기는 하지만, 명도야 법대로 하면 되지 않나요?"

"말은 좋지만 정말 어렵다는 말만 하겠습니다."

"모든 명도가 다 어려운가요?"

"모든 명도가 다 어려운 것은 아니지만 일단 그렇게 생각하는 것이 좋습니다.”

“아~~네~!”

“명도 원칙이 뭐라고 생각하세요?”

“명도에도 원칙이 있나요?”

“그럼요!”

“말해주세요!”

“‘역지사지(易地思之)’ 와 ‘인지상정(人之常情)’ 이 아닐까요?”

“좋은 말씀이네요!”

“약자를 너무 한쪽으로 몰고 가면 문제가 생길 수 있답니다.”

“법대로 하면 다 되는 줄 알고 있었는데요.”

경매를 직접 경험해본 사람의 입장에서 이는 정말 어처구니없
는 단견이다. 다시 강조한다. ‘명도’를 쉽게 말하는 책이나 선수
는 처음 경매를 하(려)는 사람들에게 도움이 되지 않을 뿐 아니라,
잘못된 사실로 초보 독자들을 곤란한 지경으로 몰고 갈 수도 있
다. 명도를 애들 장난처럼 말하는 부류들은 명도에 관한 내용을
대부분 이렇게 기술하고 있다.

🏠 이사 비용을 준다는 미끼로 대화를 시도한다.

🏠 이것이 통하지 않으면 집행관을 통해 강제 집행한다.

🏠 명도 소요 기간은 약 1개월이다.

🏠 집행 비용은 많이 들어야 300만~400만 원이다.

한마디로 철없는 헛소리다. 채무자가 법에 정통하거나, 임차인 뒤에서 코치해주는 고수나 컨설팅회사 등이 개입하고 있다면 낙찰자에게는 제대로 된 뜨거운 불구덩이 "지옥"이 기다리고 있다.

중대형 주거용 부동산의 향후 전망[5]

수도권 지역의 중대형 주거용 부동산에 대해서는 투자 전에 심각하게 고민해봐야 한다. 선진국의 거주 패턴을 보면 저렴한 주거비와 쾌적한 삶을 찾아 교외로 나갔던 사람들이 장거리 출퇴근에서 오는 기회비용과 시간 소요에 대한 불만으로 도심지로 회귀하는 현상이 두드러지고 있다. 우리나라도 마찬가지로 이러한 현상이 나타나고 있다.

한참 벌어야 하는 사람들이라고 해보자. 출퇴근을 위해 매일 2시간 이상을 버스나 전철에서 보낸다고 생각해보라. 일산이나 파주와 같은 신도시에 살면서 직장이 서울이라고 생각하면 쉽게 상상이 될 것이다. 분당이나 용인 쪽도 마찬가지다. 향후 인구 변동과 가구 구성비를 보더라도, 신도시뿐 아니라 서울 시내의 중대형 주거용 부동산 역시 일부 중상위 계층이 아니면 굳이 선호할 이유가 많지 않다.

그런 의미에서 이러한 부동산은 2중의 악재를 안고 있는 것이다. 수도권과 인근 지역의 중대형 주거용 부동산의 투자 가치는 대강 파악이 될 것이다. 그렇다고 해결책이 없는 것은 아니다. 중대형 아파트는 자체로는 한계가 있지만, 이를 두세 가구로 세대를 분리해서 각각 독립된 구조로 변경한 다음 임대를 한다면 중대형의 한계를 돌파하는 방법이 될 수 있다.

집창촌 재개발은 두 마리 토끼 잡기

 **집창촌 퇴출로 주변 지역의 주거 여건이 개선될 것**

집창촌 퇴출로 주변 지역의 주거 여건이 개선될 것으로 전망되면서 인근에 분양되는 아파트에 대한 관심이 높아지고 있다. 10일 부동산 포털 닥터아파트에 따르면 연말까지 수도권 집창촌 인근에 분양되는 아파트는 모두 7곳, 3천 326가구. 닥터아파트는 "집창촌이 밀집해 있는 지역은 역 주변으로 교통 여건이 양호하고 대부분 재개발 사업이 추진되고 있다"며 "집창촌 퇴출과 함께 재개발 사업이 탄력을 받아 인근 아파트들도 반사이익을 받을 것으로 예상된다"고 말했다.

우선 서울 용산에는 민자역사 및 주변 지역 재개발 사업이 탄력을 받을 것으로 전망된다. 용산에서는 현대건설과 삼성물산이 용산동 5가와 한강로 3가 일대에 아파트 및 오피스텔로 구성되는 주상복합 단지를 오는 11월 분양하며 대우건설은 한강로 1가에 아파트 160가구, 오피스텔 198실로 이뤄지는 주상복합을 이달 중 분양한다.

청량리 일대에서는 남광토건이 전농동에 주상복합 및 오피스텔 32~46평형 108가구를 다음 달 분양한다. 용두동, 청량리,

전농동 일대 28만여 평은 지난해 균형발전촉진지구로 지정된 바 있다. 속칭 "미아리 텍사스"가 위치한 하월곡동 역시 균형발전촉진지구로 지정된 곳으로 갑을건설은 이 지역에서 주상복합 26~34평형 총 145가구 중 50가구를 이달 중 일반 분양한다. 삼성물산은 월곡2구역(미아리)을 재개발 787가구 중 24, 41평형 367가구를 오는 11월 일반 분양할 예정이다.

(2005.01.03. 경향신문)

전국의 집창촌 재개발 현황

서울 용산역, 서울 영등포역, 서울 청량리 588, 서울 천호동, 서울 하월곡동 미아리 텍사스, 수원 고등동, 성남 중동, 평택 쌈니, 대전 중동 10번지, 대전 유천동 텍사스, 군산 창성동 500고지, 부산진구 300번지, 인천 남구 학익동과 숭의동 옐로우하우스, 춘천 장미촌, 태백 대밭촌, 통영 야마골

위는 대표적 집창촌으로 모두 재개발 열풍에 휩싸여 있다. 눈여겨볼 지역들이다. 부동산 투자 지역 중 이처럼 분명한 매력을 가지고 있는 지역이 있다. 필자는 집창촌이 너무 좋다.

호재(好材)는 끌어안고 악재(惡材)는 피하자.

5_ 재개발이 추진되고 있는 도깨비시장 미등기 주택

하자 있는 부동산 투자

왕십리뉴타운 현황

청계 고가에 가려 빈민굴처럼 컴컴했었다. 고가도로 아래로는 고가도로를 따라 각종 공구상과 원단가게, 그리고 헌책방과 조잡한 성인용품을 팔던 가게가 즐비하던 기억이 새롭다. 필자가 80년대 대학 다닐 때 청계천 고가도로 주변의 인상이다. 청계천 복원공사로 천지개벽한 곳의 인근 지역이다.

이 경매물건은 서울시가 강북 뉴타운 개발계획을 발표한 왕십리지구 인근에 있는 대지로, 건물 바닥 면적은 53㎡이고 지상에

 **지지옥션** www.ggi.kr

중앙2계 2002-705■ 상세정보

출력일:2012-03

소 재 지	서울 중구 황학동 ■■■ 도로명주소					
경 매 구 분	임의(기일)	채 권 자	■■	낙 찰 일 시	02.11.08 (종결:03.01.0
용 도	대지	채무/소유자	■■	낙 찰 가 격	80,800,000
감 정 가	51,410,000	청 구 액	30,000,000	경매개시일	02.03.27
최 저 가	51,410,000 (100%)	토지총면적	53 ㎡ (16.03평)	배당종기일	
입찰보증금	응찰가의 10%	건물총면적	0 ㎡ (0평)	조 회 수 조회통계	금일1 공고후21 누적316
주 의 사 항	·입찰외				

우편번호및주소/감정서	물건번호/면 적 (㎡)	감정가/최저가/과정	임차조사	등기권리
100-870 서울 중구 황학동 ■■ ●감정평가서정리 -성동기계공고동측 -차량출입불가능 -버스(정),신당역인근 -교통사정보통 -부정형토지 -서측1m도로접함 -일반상업지역 002.04.02 에이원감정 개별공시지가 : 885,000 2002.01.01기준 표준공시지가 : 860,000 감정지가 : 970,000	물건번호: 단독물건 대지 53 (16.03평) 입찰외단층 건물1동소재 지상권성립 여지있음	감정가　51,410,000 최저가　51,410,000 　　　　(100.0%) ●경매진행과정 　　　51,410,000 ① 낙찰　2002-11-08 　　　80,800,000 　　　(157.2%) - 응찰: 9명 - 낙찰자:■■ 　종결　2003-01-08	●법원임차조사 　전입 ■■ 　1995.10.06 (보)35,000,000 전부점유 총보증금:35,000,000	저당권 ■■ 　1995.08.30 　30,000,000 소유권 ■■ 　1995.08.30 저당권 ■■ 　1997.05.28 　35,000,000 가압류 ■■ 　1998.05.09 　10,000,000 가압류 신용보증 　1998.07.27 　10,000,000 가압류 황학동 　(새) 　1998.09.18 　4,650,000 가압류 외환카드 　압구정동 　1998.10.21 　1,870,000 가압류 한미은행 　카드사업 　1999.06.11 　2,470,000 가압류 ■■ 　1999.07.10 　3,900,000 압 류 서울중구 　2001.12.03 압 류 국민건강 　2002.03.22 임 의 ■■ 　2002.04.01 *청구액:30,000,0(압 류 중부세무 　2002.04.17 등기부채권 　97,890,0(

- ▣ 물건 : 황학동 상업 지역내 대지
- ▣ 감정가 : 5,100여만 원(2002년 11월)
- ▣ 낙찰가 : 8,080만 원(감정 가격 대비 157.1%)
- ▣ 경쟁률 : 8:1
- ▣ 투자 비용 : 8,300여만 원(소유권 이전 비용까지 포함)

▌다음지도로 본 인근 지도

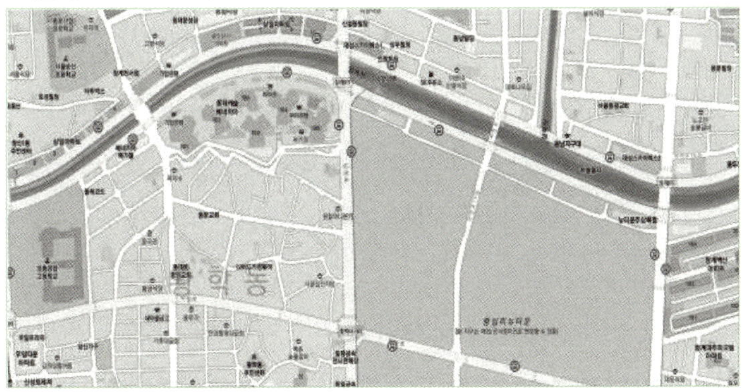

는 40년이 넘은 미등기 무허가 건물(주택)이 있어 대지만 경매가
진행되었다.

결국 황학동 상업 지역의 대지를 3.3m²당 520여만 원에 구입한
것이다. 그냥 주웠다는 표현이 정확하다.

복원이 완료된 청계천변 황학동 도깨비시장의 바로 인근이다.
지금도 안쪽으로 조금만 들어가면 '서울에 아직도 이런 곳이 있나' 하는 생각이 들 정도로 주거 환경이 열악한 곳이다. 지은 지 40년은 족히 넘은 고만고만한 단층짜리 무허가 건물들이 어깨를 나란히 하고 있다. 골목의 폭은 1m도 채 안 되어 차량 통행이 불가능하며 소방도로는 존재하지도 않는다. 주거 환경 개선·재정비가 절실히 필요한 동네다. 관할 관청인 서울 중구청에서도 개선 작업을 적극 지원하고 있다.

사면서 팔 때를 계산해야 한다

지도에서 빈 땅으로 보이는 우하단 부분이 '왕십리뉴타운' 사업 지역이다. 더 설명할 필요는 없다. 이미 공사가 상당 부분 진척되고 있다. 투자 시에는 철저히 개발성 호재를 노리는 투자여야 한다. 자금력이 약한 사람은 더욱 그렇다. 개발성 호재가 있는 지역을 우선적으로 투자해야 자금이 묶이지 않는다. 부동산은 살 때(낙찰받을 때)는 내 맘대로 가능하지만, 처분하려 할 때는 내 맘대로 되지 않는다는 특징을 간과하지 말자. 잘못 구입했다가는 종잣돈이 묶여 더 좋은 투자물이 나왔을 때 구입하지 못할 수도 있다.

부동산이라는 것은 사면서 팔 때를 계산해야 한다. 사는 거야 엿장수 맘대로 가능하지만, 팔리는 것은 엿장수 맘대로 안 된다.

이 경매물건은 서울시의 강북 뉴타운 개발 계획이 발표되기 전에 감정이 이루어졌다. 때문에 시세를 온전히 반영하지 못해 현저히 저평가되어 경매가 붙여진 것이다. 이처럼 감정 가격에 중대한 하자가 있다고 이의를 제기하면 경매가 정상적으로 진행되

❶ 토지와 건축물의 소유자가 압류권리 설정 당시 동일인일 것

❷ 저당권 등 압류권리 설정 당시 지상에 건축물이 존재할 것

❸ 경매나 매매 등으로 토지와 건축물의 소유자가 달라질 것

❹ 법정지상권 성립을 부정하는 특약이 없을 것

이와 같은 조건을 동시에 만족하면 법정지상권은 성립한다. 법정지상권이 성립하면 땅을 낙찰 받은 소유자는 건물 소유자가 자신의 땅을 사용하는 것을 용인해야 한다.

지 않을 수도 있다. 또한 채권액이 상대적으로 적어 채무자의 의지 여하에 따라 경매가 취하될 가능성도 높았다. 즉 입찰에서 소유권 취득까지는 상당한 변수가 있는 물건이었는데, 채무자가 행방을 감춘 상태라 그런 걱정은 하지 않아도 되었다. 낙찰 당시 이 지역의 일반 매매 시세는 3.3㎡당 약 2천만 원 전후였다. 시세 대비 1/4 수준에 소유권을 취득한 셈이다.

낮은 가격에 낙찰 받을 수 있었던 데는 두 가지 원인이 있다. 하나는 지상에 무허가 건물이 있어 법정지상권의 여지가 있다는 것이었고, 또 하나는 앞에서 본 것처럼 등기부상 권리자와 임차인의 권리가 복잡하게 얽혀 있었기 때문이다. 투자의 내공이 쌓이면 이러한 경매물건도 내 돈 크게 안 들이고 취득할 수 있다. 경매와 법정지상권 성립 여지 있는 물건이라는 하자를 적절히 활용하여 응찰한 것이다.

이와 같은 조건을 동시에 만족하면 법정지상권은 성립한다. 법정지상권이 성립하면 땅을 낙찰 받은 소유자는 건물 소유자가 자신의 땅을 사용하는 것을 용인해야 한다.

임차인에 대한 권리분석

이 같은 경매물건을 입찰할 때 또 각별히 신경 써야 하는 점은 임차인에 대한 권리분석이다. 특히 토지만 경매되는 물건의 주택에 세 들어 사는 임차인에 대해 궁금해 하는 분들이 상당히 많다. 다음 내용은 궁금해 씨와 시원해 씨의 대화 대용으로 임차인 권리분석에 대한 모든 궁금증이 시원하게 해결될 것이다.

토지만 경매되는 물건의 주택에 세 들어 사는 임차인

"주택임대차보호법의 보호 대상이 되나요?"

"됩니다!"

"대항력은 있나요?"

"그건 말할 수 없습니다."

"선순위 임차인인가요?"

"그것도 말할 수 없습니다."

"어째서인가요?"

"대지만 경매되고, 건물은 경매 대상이 아니기 때문이죠."

"소액최우선배당은 받나요?"

"받습니다!"

"얼마를 받나요?"

"해당 부동산의 등기부를 봐서 말소기준권리 설정된 시기를 따져줘야 합니다."

"순위배당도 받나요?"

"확정일자를 갖추고 있다면 받을 수 있습니다."

"이 경우 세입자는 순위배당을 받나요?"

"받습니다!"

"순위배당으로 자기 전세보증금을 다 받나요?"

"그렇습니다!"

"낙찰 받은 사람과 임차인은 이해관계가 있나요?"

"없습니다."

"임차인이 다 배당받지 못했다고 대지 낙찰자한테 추가로 물어내라고 할 수는 없나요?"

"그렇습니다. 서로는 이해관계인이 아니기 때문에 물어달라고 징징거릴 수 없어요."

"그러면 세입자가 경매의 걸림돌인가요?"

"그럴 수도 있지만 이 경우는 지렛대입니다."

"그러면 세입자가 투자의 걸림돌인 경우는 없나요?"

"걸림돌인 경우가 더 많지요."

"무슨 말인지 어렵네요."

"이 책의 성격상 더 이상 설명은 안하겠습니다. 다른 책을 통해서 공부를 더 하십시오."

"법정지상권 성립 여지 있는 물건을 낙찰 받아 요리하는 방법 좀 알려주세요."

"싫습니다. 그건 비쌉니다."

"밥 사줄 테니까 알려주세요."

"밥으로는 안 되지요."

"그럼 술 사줄 테니 알려주세요."

"좋아요. 당신만 알고 누구한테 알려주지 마세요."

"알았어요."

"법정지상권 성립 여지 있는 물건 요리 방법은 5가지 정도죠."

"어서 말해주세요."

"첫째, 대(토)지 낙찰 후 건물주에게 건물을 추가 매입한다. (법정지상권이 해소되지요.) 둘째, 대(토)지 낙찰 후 건물주에게 토지를 매각한다.(이 경우는 주택 거래가 아닙니다.) 셋째, 지료를 받는다.(감정 가격의 6~8% 정도입니다.) 넷째, 소송으로 법정지상권을 부정하고 건물을 싸게 매입한다. 다섯째, 철거소송으로 건물을 정말 철거해버린다.(차라리 주차장 수입이 더 큽니다.)"

"감사합니다~!"

"진짜 당부 드립니다! 병아리들에게 절대 알려주지 마세요."

"두말하면 잔소리죠."

낙찰 후 건물 매입 상황

이 물건의 경우 낙찰 후 세입자는 배당을 받고, 재계약을 해 계속 살고 있다. 또한 지상의 건물을 어떻게 처리해야 할지에 대한 전략도 세워놓아야 한다. 이 경우는 건물주(채무자)가 지료를 지불할 형편이 되지 않아 건물주와 협의해 매매(법정지상권이 성립하는 경우 건물 수익권은 건물 소유자가 가지고 있고, 토지 소유자는 지료를 받는 것이 일반적임)를 통해 건물 소유권을 취득했다.

"유 선생님, 지료는 어떻게 하실 참이세요?"

"법정지상권 있는 줄은 아시죠?"

"알죠, 그러면 지료를 주시겠어요?"

"내가 무슨 돈이 있습니까, 돈 있으면 땅 날렸을까요!"

"그러면 지료를 못 주시겠다는 말씀이세요?"

"못 주겠다는 말이 아니고 줄 상황이 못 된다는 이야깁니다."

"지료 소송, 철거소송 이런 거 하지 말고 대화로 마무리했으면 합
니다."

"솔직한 제 심정을 말씀드릴까요?"

"좋습니다."

"건물을 좀 사주세요!"

"무슨 말인지 알겠는데, 그러면 얼마를 달라는 말씀이세요?"

"그건 사장님이 먼저 말씀해보세요!"

"팔려고 맘먹었다면 건물 값에 대해서 알아보셨을 것 아닙니까?"

"아뇨, 알아보지 않았습니다."

"그러면 한번 알아보세요~!"

"그러지 말고 대강 마무리해주세요."

"***만 원 드리겠습니다."

"거기다가 200만 원만 더 주세요!"

"좋습니다. 그렇게 합시다."

이사비용 실제로 지급하기

"이사비는 언제 주시나요?"

"이사 가는 날 드리는 거 아시잖아요!"

"그게 아니고 당장 전세 계약금도 없거든요!"

"지금 드렸다가 나중에 말 바꾸면 곤란합니다. 미안하지만 이사 가는 날 드릴 테니 그렇게 아세요!"

"사람을 어떻게 보고 그런 말씀을 하세요?"

"그런 사람들이 많아서 그러니 이해해주세요!"

"그러지 마시고 계약금만 좀 미리 주세요, 그리고 나머지는 이삿짐 빼면서 주시면 감사하겠습니다."

"그렇게는 내가 못 하겠습니다!"

"염려마시라니까요!"

"화장실 갈 때하고 나올 때 맘이 달라지는 사람들이 너무 많아서 그럽니다. 계약금은 어떻게든 마련하셔서 전세계약 하시고 이사 가는 날 약속한 이사비 드릴 테니 그렇게 해 주세요!"

"좀 살려주세요, 우리 같은 사람이 어디 가서 돈을 빌립니까?"

앞에서 말한 첫 번째 요리 방법이다. 법정지상권 성립 여지가 있는 물건의 경우 건물의 소유권을 추가로 취득하게 되면, 법정지상권은 자동 소멸된다. 주거환경개선지구(재건축 · 재개발 지역) 내에 투자하는 경우 건물 소유권을 취득하는 것이 관건이다. 참고로 지상 건축물이 미등기라면 해당 구청에 가면 소유자나 건물 개요를 알 수 있다.

치유할 수 없는 하자?
투자자 하기 나름이다.

6_ 깡통물건 활용하여
무한대 수익률 달성하기

보는 각도에 따라 완전히 달라지는 투자 가치

넝쿨째로 굴러들어온 복덩어리에 발길질

주식 투자에서 깡통계좌는 사람을 죽이지만, 경매 투자에서 깡통 매물은 보물단지다.

2009년 12월 22일에 당일 최저가격의 10%인 32,843,800원을 입찰보증금으로 제공하고 401,999,999원에 응찰하여 낙찰 받은 이계*이라고 해보자. 재매각(경매) 물건이다. 마찬가지로 이계*는 입찰보증금을 날렸다. 매각허가결정을 받고, 잔금납부일이 지정되었음에도 낙찰자가 잔금 납부를 하지 않자, 법원은 이계*이 납

지지옥션 www.ggi.kr 부산12계 2008-5282 상세정보

출력일:2012-03

공매진행	2007-18276-001

소 재 지	부산 동구 수정동 [ ] 도로명주소				
경 매 구 분	임의(기일)	채 권 자	우리은행	낙 찰 일 시	10.03.03 (종결:10.05.1
용 도	대지	채무/소유자		낙 찰 가 격	391,120,000
감 정 가	641,480,000	청 구 액	603,000,000	경매개시일	08.12.19
최 저 가	328,438,000 (51%)	토지총면적	229.1 ㎡ (69.3평)	배당종기일	09.03.13
입찰보증금	20% (65,687,600)	건물총면적	0 ㎡ (0평)	조 회 수 조회통계	금일1 공고후68 누적299

주 의 사 항	·재매각물건 · 법정지상권 · 입찰외 ·제시외 건물 제외.법정지상권 성립 불분명. 감정가액은 제시외 건물 감안한 가격임.특별매각조건 매수보금 20% ·법정지상권 성립 불분명.

우편번호및주소/감정서	물건번호/면 적 (㎡)	감정가/최저가/과정	임차조사	등기권리
601-030 부산 동구 수정동 [ ] ●감정평가서정리 - 동부경찰서서측인근 - 주위는노선번화한상가지대 - 차량진입가능,버스(정)및지하철부산진역인근 - 대중교통사정편리 - 부정형등고평탄지 - 남서측12m및북서측및북동측1.5-2m도로접함 - 일반상업지역,방화지구 - 중로2류접함 2009.01.07 고려감정 표준공시지가 : 2,430,000 감정지가 : 4,000,000 (제시외감안) 2,800,000	물건번호: 단독물건 대지 229.1 (69.3평) 입찰외제시외숙박시설및근린생활시설1층 166.7,2층97.6,숙박시설36.6,주방8.1,화장실1.3,보일러실9.9,2층가추시설31.8소재 (감정:143,565,300) 법정지상권성립불분명 *제시외감안가격임	감정가 641,480,000 · 토지 641,480,000 (100%) (평당 9,256,566) 최저가 328,438,000 (51.2%) ●경매진행과정 　　　　641,480,000 ① 유찰 2009-09-22 20%↓ 513,184,000 ② 유찰 2009-10-20 20%↓ 410,547,000 ③ 유찰 2009-11-24 20%↓ 328,438,000 ④ 낙찰 2009-12-22 　　　　401,999,999 (62.7%) - 응찰 : 3명 - 낙찰자:[ ] 허가 2009-12-29 　　　　328,438,000 ④ 낙찰 2010-03-03 　　　　391,120,000 (61%) - 응찰 : 1명 - 낙찰자:[ ] 허가 2010-03-10	●법원임차조사 [ ] 사업 2003.05.15 전세 2003.05.15 배당 2009.01.30 (보)150,000,000 주거및점포전세권자 1층일부,2층전부 점유 2003.5.15- 전세권변경:2005.1.7 전세금2억으로증액 (2005.1.10자) [ ] 사업 2008.12.04 확정 2008.12.05 배당 2009.02.03 (보) 9,000,000 점포/현대복사 점유 2008.4.27- [ ] 사업 2006.05.19 배당 2009.02.12 (보) 1,000,000 (월) 100,000 점포/태양공인중개사 점유 2008.4.27- *공부상 건물 2채는 멸실되었고, 블록조 슬라브 및 샌드위치 판넬지붕의 2층 건물이 제시외로 신축되어 있으며,일	소유권 [ ] 2002.01.04 전소유자:박종 저당권 한빛은행 온천동 2002.01.04 780,000,000 전세권 [ ] 2003.05.15 200,000,000 존속기간:2005.05.1 저당권 [ ] 2004.11.17 15,000,000 압 류 부산동구 2005.03.09 가압류 [ ] 2005.03.21 40,000,000 압 류 부산동구 2005.08.05 압 류 동래구 2007.05.09 압 류 부산서구 2007.10.12 압 류 동래구 2007.11.16 압 류 사하구 2008.04.25 임 의 우리은행 여신관리부 2008.12.19 *청구액:603,000,00 등기부채권 1,035,000,00

부했던 입찰보증금을 몰수하고, 해당 다가구주택의 대지만을 재매각(재경매)에 붙여 2010년 3월 3일에 입찰보증금 20%를 조건으로 경매를 다시 진행하였다.

"이런 물건이 바로 대표적인 깡통물건입니다."

"깡통물건을 특히 칭찬하시는데 슬슬 공감이 가요. 무슨 매력이 있는지 조금은 보여요."

"내 돈 안 잠기고 임대만으로 투자한 금액 이상을 회수할 수 있는 물건이 가끔 있어요!"

"집 사고 돈 생긴다는 말씀이시죠?"

"그렇죠!"

"설명을 좀 더 해주세요."

"총 6천만 원에 빌라를 낙찰 받아 7,500만 원에 전세를 주는 방식이죠!"

"그런 물건이 있나요?"

"이 물건이 그런 물건이잖아요!"

"무슨 말인지는 알겠는데, 이해가 안 되는 부분이 있어요."

"말씀해보세요."

"깡통물건으로 투자 금액보다 더 빼먹으면 그 점에는 무슨 이점이 있나요?"

"그 빌라가 있는 지역이 재개발 예정 지역이라고 해보세요."

"그러면 뭐가 달라지는데요?"

"재개발되면 아파트 분양권은 주인에게, 세입자에게는 임대아파트 입주 자격을 주잖아요?"

"그건 압니다!"

"재개발 지역에서 건물 소유자에게 분양권 줄 때, 나중에 공급(조성) 원가로 분양을 하는 거죠!"

"그게 무슨 말씀이세요?"

"그러니까 소유자들에게는 조성 원가로 분양 가격을 정한다는 거죠!"

"일반 분양보다 싸게 분양한다는 말씀이세요?"

"그렇죠, 통상 20~30%는 낮게 분양 가격이 책정되죠!"

"이제야 무슨 말씀인지 알겠습니다!"

"아시겠죠?"

"전세보증금으로 투자한 자금 회수해서 자금 부담이 없는 상태에서, 재개발되면 조합원 자격으로 분양 가격을 낮게 분양받으면 나중에 시세 차액을 형성한다는 말씀이시죠!"

"그렇죠! "

"기발한 방법이네!"

"요즘은 경매시장이 대중화되어 일반 경매만으로는 재미없습니다. 그래도 구사할 전략은 너무나 많죠!"

"그렇다면서요?"

"그럼요. 종잣돈이 없지, 아무 문제 없습니다, 고수들은!"

"그렇다고 하더라고요."

"조금만 열심히 공부하고 노력하시면 대한민국에 이만한 투자 수익률 나오는 투자처는 없다니까요."

"알겠습니다. 그런데 투자한 사례 중에서 이런 사례가 있으세요?"

"무슨 말씀이세요?"

"깡통물건 낙찰 받은 적 있는가 물어보는 겁니다."

"그럼요~!"

"보여주실 수 있으세요?"

"얼마든지 보여드릴게요.[6]"

깡통 물건의 또 다른 매력

앞에서 깡통 물건은 복덩어리이자 보물단지라고 했다. 높은 수익
률을 달성할 수 있기 때문이기도 하지만, 다음에 말하려는 것과
같은 또 다른 복주머니를 차고 있기 때문이다.

"또 하나는 건물은 매각 대상이 아니잖아요."

"낙찰 받으면 법정지상권이 생긴다는 문구는 봤어요. 나쁜 거 아닌
가요?"

"아니요~! 오히려 정반대입니다. 대지 낙찰로 들어온 매각 대금으
로 건물 임차인이 배당받는다는 것은 경매 투자자들한테는 엄청난 매
력이죠!"

"그게 무슨 말인지 이해가 안 된다는 겁니다!"

"대지 매각 대금으로 건물 임차인의 임차보증금을 모두 배당받게 되
면 나중에 건물 경매 받을 때는 공짜나 다름없이 거저 줍는 수준으로
건물 소유권을 확보할 있다 이거죠!"

“갈수록 태산이네~?”

“대지만 경매된 매각 대금으로 건물 임차인들에게 소액배당에 해당되면 소액최우선배당을, 순위배당에 해당되면 보증금액에 한정 없이 순위배당에 참여시켜 배당해줍니다!”

“그런가요?”

“바로 이 점이 대지, 건물이 따로 경매될 때 막강한 투자 지렛대로 자금 회수의 매력 중 매력입니다!”

“무슨 말을 하시는지 도대체 알아들을 수가 없네!”

“공부 좀 더 하세요, 그러면 이해될 날이 있습니다. 그때는 감정 가격 이상으로 응찰해서 경매판 물 흐리는 개념 없는 병아리들하고는 경쟁하지 않아도 됩니다!”

‘아는 것만큼 보이고 그때 보이는 것은 예전과는 다르다’는 유홍준 교수의 말씀은 언제 생각해봐도 아름답다.

아는 것만큼 보이는 경매세상

“그러니까 하수와 고수가 있는 거죠.”

“그렇기는 하죠!”

“하수는 고수가 안 보입니다.”

“그렇더라고요!”

“앞서 설명했던 이계*씨의 경우도 장닭이나 독수리가 보았더라면 결과가 다를 수 있었지요.”

"그렇지 못해서 보증금 날렸다는 말씀이세요?"

"그렇죠! 제대로 도와주는 사람이 있었으면 참 좋은 물건이었죠. 아니면 자신이 물건의 가치를 알아볼 수 있는 실력을 갖추었거나!"

잔금 납부를 하지 않기로 했을 때 입찰보증금 회수 문제와 경매 신청 권리를 인수하면서 들어간 자금을 어떻게 회수할까에 대한 계획도 수립되어야 한다. 또한 말소기준권리가 물권이 아닌 채권일 때 실시되는 안분배당에 대한 개념도 응찰 전에 정리되어 있어야 한다.

그것이 가능하다면 사례로 본 부산 2008-5282*번은 꿀단지도 이런 꿀단지가 없었다. 경매시장이 여전히 블루오션이라는 것을 잘 보여주는 수익률이 아주 높은 우수한 물건이었다.

2009년 11월 24일에 당일 최저가격의 10%인 32,843,800원을 입찰보증금으로 제공하고 401,999,999원에 응찰하여 낙찰 받은 이계* 씨는 꿀단지를 내 것으로 만들기는 고사하고, 입찰보증금마저 날리는 우매한 짓을 버젓이 한 것이다.

미래는 오로지
내 자신이 만들어가는 것이다.

7_ 어떨 때는 배보다 배꼽이 클수록 Good이란다

혹이 있으면 좋고, 없으면 밋밋하고

부동산 경매로 소유권을 취득하는 데 각각 총 '10억 원'이 소요되는 A와 B의 경우를 살펴보자. 총 구입 가격은 10억 원으로 동일하지만 A는 응찰 가격이 10억 원이고 추가 인수는 없다. B는 응찰 가격이 1억 원이고 추가로 9억 원을 인수해야 한다고 해보자.

구도를 단순화시켜 간략하게 살펴보자. 위의 그림과 표처럼 법원 경매로 소유권 취득에 총 '10억 원'이 소요되는 경매물건을 보자. 총 구입 가격은 10억 원으로 동일하다.

A는 응찰 가격이 10억 원이고 추가로 인수(혹이 없다)는 없다.

B는 응찰 가격이 1억 원이고 추가로 9억 원을 인수(혹이 9억

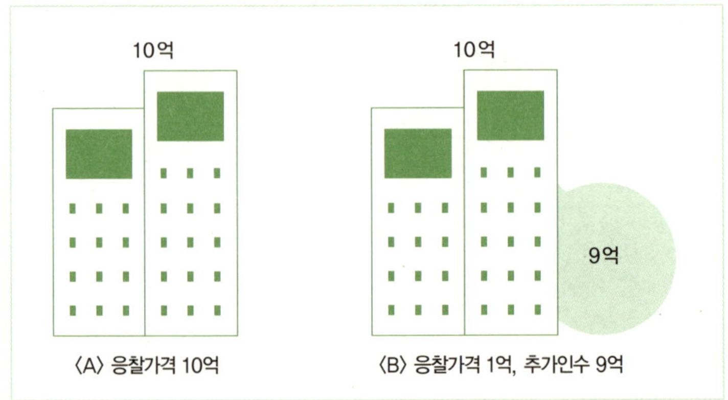

■인수주의와 소제주의 비교표[7]

	A	B	유리한 쪽은
낙찰 가격	10억 원	1억 원	B
인수 가격(혹)	없음	9 억 원	B
총 구입 가격	10억 원	10억 원	

원)해야 한다고 해보자. 어느 쪽이 낙찰자에게 유리한 경매 구도
일까.

A의 투자 개요

- 10억 원이 응찰 가격이다.
- 법원에 납부하는 금액이 10억 원이다.
- 잔금 납부 시 응찰보증금(응찰 가격의 10%)을 제외한 9억 원을 납부해
  야 한다.
- 낙찰 대금 외 추가로 비용 지출이 없다(임차인 소제주의 적용).

B의 투자 개요

- 1억 원이 응찰 가격이다.
- 법원에 납부하는 금액이 1억 원이다.
- 응찰 시 입찰보증금 10%인 1천만 원 제공해 낙찰 받는다.
- 잔금 납부 시 9천만 원(10% 제외)을 납부하고 소유권을 취득한다.
- 낙찰 대금 외 추가로 9억 원을 인수해야 한다.(낙찰 대금 외에 대항력 있는 임차인의 보증금을 물어줌)
- 위의 과정을 거쳐야 완전하고 실질적인 소유권 행사가 가능하다.(임차인 인수주의 적용)

A와 B 비교해보기

결과로는 같은 금액이 소요되는 경우에 어느 물건에 입찰하는 것이 유리한가? 많은 사람들이 A의 경우가 우수한 물건이라고 주저 없이 손을 든다. 추가로 인수하는 임차인이 없다는 이유에서다. 그러나 진실은 B의 경우가 여러모로 유리하다. 다음과 같은 6가지 정도의 이유 때문이다. 부동산 경매 투자의 핵심이며, 고수들이 즐겨 사용하는 입찰 전략이다.

① 자금 동원 측면에서 B가 유리함

A의 경우에는 잔금 납부 시 9억 원을 동원해야 하지만(임차인 소제주의 적용) B는 9천여만 원만 준비하면 된다(임차인 인수주의 적용).

은행에서 잔금을 빌릴 경우, A는 잔금 9억 원 중 5억 원을 융자받고 B는 잔금 9천만 원 중 5천만 원을 융자받는다고 하자.

B의 경우 이자 등 금융비용이 1/10이고, 대출 관련 수수료 역
시 훨씬 낮다

② 수익률 산정에서도 B가 훨씬 높게 계산됨

이 경매물건을 총 10억 원에 소유권을 취득해 12억 원에 매도했
다고 가정해보자. A는 투자한 10억 원을 수익 2억 원으로 나누면
수익률 20%, B는 투자한 1억 원을 수익 2억 원으로 나누면 수익
률 200%로 계산된다.

③ 소유권 이전 시 발생하는 세금 측면에서도 B가 절대 유리

낙찰로 인한 소유권 이전 시 취·등록세 등 이전 비용이 발생된
다. 이때 발생하는 세금에서도 큰 차이가 난다. A의 경우는 응찰
가 10억 원의 약 2.4%인 2,400여만 원이 소요된다. B의 경우에는
1/10인 240만 원 정도에 해결된다(제1종 국민주택채권기금 포함).

부동산 경매로 소유권을 취득해 지방세인 취·등록세를 납부
할 때 응찰 가격이 세금 부과의 기준이 된다. 따라서 10억 원이
소요되는 물건이라도 1억 원에 낙찰 받으면 1억 원이 과세 기준이
되어 1억 원의 약 2.4%인 240만 원을 세금으로 납부한다.

B의 경우도 나중에 매각하게 될 때 양도소득세의 기초가 되는
구입원가는 응찰 가격 1억 원이 아니라, 인수한 금액을 모두 포함
한 10억 원(응찰 가격 1억 원+추가 인수 금액 9억 원)이 된다. 양도소득
세의 부과 기준을 정할 때는 추가 인수한 금액도 구입 원가에 포
함되기 때문이다. 구입 원가는 양쪽 모두 10억 원이다.

④ 공과금을 다 받을 수 있음

임차인이 많은 다가구주택의 경우 보증금을 떼이고 명도 당하는 임차인이 발생하게 되는 경우가 많다. 경매당한 주택은 보통 각종 공과금(관리비·전기·가스·수도·요금 등)이 체납되는 경우가 일반적이다.

> "3개월분 관리비 밀린 것 제하고 나머지 금액만 드리면 되는 거죠?"
> "아랫집은 관리비 떼먹었다고 하던데?"
> "그 집은 보증금도 못 받고 집 비웠잖아요."
> "그동안 시달린 것 생각해서 공과금은 사장님이 부담해주세요!"
> "나라고 땅 파서 장사하는 거 아닙니다!"
> "못 낸다고 하면 어쩔 건데요?"
> "법원에서 받은 배당금에서 빼면 됩니다, 얼굴 붉히지 맙시다!"

옥신각신 얼굴을 붉히게 된다. 보증금을 날린 임차인에게 이사 갈 때 공과금까지 말끔히 정산해주기를 바라기는 어렵다. 말썽 안 부리고 그냥 이사만 가줘도 감사할 뿐이다. 하지만 대항력 있는 선순위 임차인(B)은 사정이 다르다. 정상적인 임차인과 마찬가지로 모든 공과금을 정산하게 한다.

⑤ 명도에서 결정적인 차이가 남

> "이사비라도 좀 주세요!"

"이사비는 전 주인한테 달라고 하세요."

"이사비 안 주면 죽어도 못 나갑니다!"

"그러세요~! 잘못하다가는 나중에 20%짜리 월세 살게 될 겁니다."

"20%짜리 월세라니요?"

"잘 알아보세요!"

명도에서 문제가 되는 것은 법적 권리가 전혀 없는 채무자와 보증인, 단순 점유자, 그리고 후순위 임차인이다. 이들은 막무가내로 이사비 등을 요구하며 억지를 부린다. 이런 식으로 명도를 거부하면 초보자들은 당황할 수밖에 없다. B는 A에 비해 인수 금액(9억 원)만큼 명도가 없는 것이다.

인수주의가 적용되면 낙찰자는 마치 자신의 돈으로 선순위 임차인의 임차보증금을 물어(인수)주는 것으로 오해하기 쉽다. 하지만 그게 아니다. 쉽게 말하면 매매에서와 같이 새로 이사 들어오는 임차인에게서 받은 임차보증금을 기존 임차인에게 넘겨주는 식이다. 따라서 낙찰자와 기존 임차인이 부딪칠 이유가 전혀 없다.

"경매 투자는 하라면 하겠는데 명도가 만만치 않아서요."

"경매물건에서 선순위 임차인 이용해서 매매로 구입하는 구도를 만들면 되죠!"

"그럴 수 있나요?"

"그럼요, 선순위 임차인하고는 낙찰자가 다툴 필요가 없습니다."

"하기는 그렇더라고요."

"얼굴 한 번 안 보고 이사 날짜 받아낼 수 있습니다."

"정말이세요?"

"다 받아가는 사람은 일반 매매에서 전세 살다 이사 가는 사람의 경우하고 똑같습니다."

"실랑이할 일 없다는 말씀이시죠!"

10억 원짜리 아파트를 매매로 구입하는 경우를 예로 들어보자. 그 아파트에 9억 원짜리 기존의 전세가 들어 있다고 하면 1억 원만 지불하고 9억 원(전세 끼고)을 인수해 소유권을 취득하는 구도다. 임차인을 바꿀 때도 간단하다. 새로 이사 오는 임차인의 임차보증금으로 기존 임차인의 보증금을 충당하는 방식과 같은 것이다.

⑥ 입찰 과정에서의 경쟁률도 B가 현저히 낮음
남는 것도 별로 없고, 유리할 것도 그다지 없는 물건일수록 경쟁률이 하늘 높은 줄 모른다.

"하자 있는 물건하고 깨끗한 물건하고는 응찰자 숫자에서 차이가 크죠?"

"그런 것 같아요!"

"응찰자가 많으니 경쟁률 높아지고, 경쟁률 높아지니 응찰 가격 올라가고, 응찰 가격 올라가니, 수익률이 낮아지는 거죠."

"한 줄로 연결되어 있다는 말씀이시네요!"

 **지지옥션** www.ggi.kr

서부1계 2002-1712 · 상세정보

출력일:2012-03

소 재 지	서울 마포구 토정동 138 한강삼성　　　　 도로명주소		
경 매 구 분	임의(기일)	채 권 자	국민은행	낙 찰 일 시	03.05.29 (종결:03.08.2
용　　　도	아파트	채무/소유자		낙 찰 가 격	249,000,000
감 정 가	230,000,000	청 구 액	70,123,775	경매개시일	02.12.14
최 저 가	230,000,000 (100%)	토지총면적	18.59 ㎡ (5.62평)	배당종기일	
입찰보증금	10% (23,000,000)	건물총면적	59.76 ㎡ (18.08평)	조 회 수 　조회통계	금일1 공고후21 누적207

우편번호및주소/감정서	물건번호/면 적 (㎡)	감정가/최저가/과정	임차조사	등기권리
121-060 서울 마포구 토정동 138 한강삼성 ●감정평가서정리 - 마포주차장서측 - 버스(점)인근소재 - 소형차량출입가능 - 중앙공급식난방 - 일반주거지역 감정평가액 　대지:69,000,000원 　건물:161,000,000원 02.12.27 로얄감정 개별공시지가 : 1,600,000 2002.01.01기준	물건번호: 단독물건 대 지 18.59/10774.9 　(5.62평) 건물 59.76 　(18.1평) 　(25평형) 방2 28층-97.12.09 보존	감정가　　230,000,000 　· 대지　　69,000,000 　　　　　　　(30%) 　(평당 12,277,580) 　· 건물　　161,000,000 　　　　　　　(70%) 　(평당 8,904,867) 최저가　　230,000,000 　　　　　　(100.0%) ●경매진행과정 　　　　230,000,000 ① 낙찰　2003-05-29 　　　　249,000,000 　　　　　(108.3%) 　- 응찰 : 3명 　　종결　2003-08-27	●법원임차조사 　전입 2001.02.28 　확정 2001.02.28 　배당 2003.01.13 　(보)110,000,000 조사서상:1억 1500만 총보증금:110,000,000	소유권 　　　　1997.12.22 저당권 국민은행 　이매동 　2001.12.07 　84,000,000 가압류 신용보증 　테헤란로 　2002.01.10 　200,000,000 가압류 센 추리 　2002.01.11 　74,000,000 가압류 기업은행 　잠실 　2002.01.14 　100,000,000 가압류 서울은행 　학동 　2002.01.14 　100,000,000 가압류 센 추리 　2002.01.14 　18,340,000 가압류 서울보증 　영등포 　2002.01.26 　432,530,000 가압류 신용보증 　2002.01.31 　42,900,000 가압류 서울보증 　강동 　2002.03.09 　5,770,000 가압류 현대캐피 　양재 　2002.03.19 　5,070,000 임　 의 국민은행 　2002.12.17 *청구액:70,123,7

지지옥션 www.ggi.kr	**남부3계 2002-42▌ 상세정보**

출력일:2012-03

소 재 지	서울 강서구 가양동 1467 가양중앙하이츠101동1302호 **도로명주소**		
경 매 구 분	강제(기일)	채 권 자	코넬파트너	낙 찰 일 시	03.03.17 (종결:03.06.0
용 도	아파트	채무/소유자		낙 찰 가 격	173,500,000
감 정 가	400,000,000	청 구 액	154,791,776	경매개시일	02.01.09
최 저 가	131,072,000 (33%)	토지총면적	54.47 ㎡ (16.48평)	배당종기일	
입찰보증금	응찰가의 10%	건물총면적	119.85 ㎡ (36.25평)	조 회 수 조회통계	금일1 공고후6 누적1,35
주 의 사 항	·재매각물건·선순위전세권		

우편번호및주소/감정서	물건번호/면 적 (㎡)	감정가/최저가/과정	임차조사	등기권리
157-200 서울 강서구 가양동 1467 가양중앙하이츠 101동1302호 ●감정평가서정리 -영등포공고교북서측 및동양공고교북동측 -버스(정)인근,발산역 버스로7분거리소재 -북서측40m,남서측 6m도로접함 -유류,전기,도시가스 보일러에의한중앙 난방 감정평가액 대지:120,000,000원 건물:280,000,000원 002.03.12 가람감정 개별공시지가 : 1,120,000 2002.01.01기준	물건번호: 단독물건 대 지 54.471/9294.4 (16.48평) 건물 119.85 (36.25평) (45평형) 방4,화장실2 16층-99.06.28 보존 남동향	감정가 400,000,000 · 대지 120,000,000 (30%) (평당 7,281,553) · 건물 280,000,000 (70%) (평당 7,724,138) 최저가 131,072,000 (32.8%) ●경매진행과정 400,000,000 ① 유찰 2002-05-31 20%↓ 320,000,000 ② 유찰 2002-08-05 20%↓ 256,000,000 ③ 유찰 2002-09-09 20%↓ 204,800,000 ④ 낙찰 2002-10-21 210,000,000 (52.5%) 204,800,000 ④ 유찰 2003-01-06 20%↓ 163,840,000 ⑤ 유찰 2003-02-10 20%↓ 131,072,000 ⑥ 낙찰 2003-03-17 173,500,000 (43.4%) - 응찰 : 15명 - 낙찰자: 종결 2003-06-05	●법원임차조사 전입 2001.04.16 배당철회 2002.06.27 확정 2001.04.16 배당 2002.01.22 (보)175,000,000 전세권자 총보증금:175,000,000 ●지지옥션세대조사 ㉾01.04.16 ㉾02.04.01 동사무소확 인:2002.05.27	소유권 1999.06.30 전소유자:중잉 업 전세권 2001.12.17 175,000,000 -존속기 간:2003.08.1 위:주거용건물 부 가압류 팬택여신 투자금융 2002.01.12 1,808,760,0(강 제 코넬파트 2002.01.12 *청구액:154,791,7(가압류 하나은행 강남기업 2002.01.29 300,000,000 가압류 신한은행 삼성중앙 2002.04.24 300,000,000 등기부채권 2,583,760,0(열람일자 : 2002.05.

"그렇죠, 바로 그겁니다."

"단독으로 낙찰 받으면 기분이 이상할 것 같아요."

"그렇게 말하는 분들이 많으세요!"

"그게 아니라는 말이세요?"

"경쟁률이 낮을수록 좋아요, 가장 좋은 것이 단독 응찰로 당일 최저
가로 받는 거죠."

"찜찜할 것 같은데요?"

"잘 생각해보시면 이해가 될 것입니다."

인수가 많아 추가로 물어주는 임차인이 많은 물건일수록 오
히려 경쟁률은 현저하게 낮다. 응찰 가격도 소제주의가 적용되
는 물건과 비교하면 인수주의가 적용되는 쪽이 낮은 것이 일반
적이다.

앞서 보여드린 A와 B 물건을 비교해보기 바란다. A는 인수가
없는 깨끗한 물건이고, B는 혹이 1억 7,500만 원이나 달려있다.
그러나 B(남부3계 2002-42*.) 물건이 여러모로 유리하다.

썩은 사과가 더 맛있다

여기 한 상자의 사과가 있다고 하자. 그 안에는 3종류의 사과가 들
어 있다

A사과는 썩은 부분이 없는 풋사과이고, B사과는 일부 썩은 사

A 풋사과	B 일부 상한 사과	C 몽땅 썩은 사과
• 경쟁률 높다. • 낙찰가율 높다. • 유찰률 낮다. • 리스크 낮다. • 수익률 낮다.	• 경쟁률 낮다. • 낙찰가율 낮다. • 유찰률 높다. • 리스크 높다. • 수익률 아주 높다.	• 손대면 절대 안 된다.

과이고, C사과는 몽땅 썩은 사과다. 여기서 주목해야 할 물건이 바로 일부는 상했지만, 상한 부분을 잘만 도려내면 나머지 부분을 훨씬 더 달고 맛있게 먹을 수 있다는 B사과다.

썩은 부분만 잘 도려낼 수 있으면 나머지 남은 부분이 더 달고 맛있게 먹을 수 있는 경매물건이다.

너무나 적절한 비유

사과는 경매물건이고 상한 부분이라는 것은 경매물건에 부착되어 있는 하자를 의미한다. A의 풋사과는 정상인 물건이고, C의 몽땅 썩은 사과는 선순위로 가처분, 선순위 소유권이전가등기[8] 등 도저히 치유할 수 없는 하자가 있는 물건이다. 손대면 절대 안 된다. B물건은 얼른 보기에는 하자가 설정되어 있다. 병아리들은 응찰하지 못하고 도사들만의 잔칫상에 제물이 되는 물건이다.

도사들은 B 같은 물건을 보면 어디를 어떻게 도려내어야 할지를 귀신처럼 파악한다. 그리고는 평균 이하의 가격으로 낙찰 받고 하자를 치유해서 평균 이상의 수익을 올려버린다. 마치 사과의 상한 부분만 도려내면 남은 부분이 당도가 더 높아 맛있는 것처럼 말이다. 도려내야 하는 수고가 있지만 그 단맛은 풋사과에 비할 바가 아니다.

A처럼 정상인 물건의 평균 낙찰 가격이 2회 유찰 후 이전 비용까지 모두 70% 선이라고 한다면, 하자가 있어 병아리들이 달려들지 못하는 B와 같은 물건은 한두 차례 더 유찰되기 마련이다. 도사들은 소유권 이전 비용까지 반값인 50% 선에 낙찰 받아 병아리들을 놀라게 만든다.

당분간은 독자 여러분들이 이런 물건에 응찰하여 도사들과 경쟁하기를 기대할 수는 없지만 포기하지는 말자. 초조해 할 일도 낙담할 일도 아니다. 호흡 조금만 길게 하고 하나씩 준비하고 한 건씩 경험을 쌓아가자. 그러다보면 자신도 모르는 사이에 선별하는 물건의 기준이 달라져가는 것을 느끼게 될 것이다. 그때는 일부 하자 있는 물건에 도전하자. 돌아보니 여전히 홀로 거친 북풍을 맞으며 세상과 맞서고 있지만 낙담은 하지 말자. 내가 노력하면 세상은 반드시 따뜻한 손을 내밀어 화답해줄 것이라는 믿음을 버리지 말자.

인생이 즐거워지는 '강력한 도구'가 되었으면 한다.

1 3일 미래에셋부동산연구소 자료에 따르면 2008년 기준으로 40~55세 사이에 있는 중장년 가구의 자가(自家·자신의 집) 비율은 58%로 10년 전인 1999년보다 4%포인트 줄었다. 반면 비(非)거주 부동산을 보유한 가구는 같은 기간에 23%에서 24%로 증가했다. 또 자가 주택을 소유한 상태에서 추가로 부동산을 사서 세놓는 가구는 1999년 28%에서 2008년 26%로 2%포인트 줄었지만, 남의 집에 살면서 부동산을 매입하고 이를 세놓은 가구는 16%에서 22%로 6%포인트 증가했다.(2012.01.04. 조선일보 기사 인용)

2 서울시 1인 가구 주택수요 예측 : "1인 가구 주택 수요 연간 1만 가구" 1인 가구가 급증하면서 1인 가구를 위한 주택 공급이 주택시장의 화두로 떠오르고 있다. 2005년 통계청의 인구주택총조사에 따르면 1980년 4.8%에 불과했던 1인 가구의 비중이 4배 이상 증가했으며, 현재 서울시의 경우 전체 가구 중 1인 가구 비율이 20.4%에 달하고 있다. 통계청의 '2005~2030 장래 가구 추계' 자료에서는 서울시의 1인 가구가 ▲ 2010년 74만 3,751가구 ▲ 2015년 80만 5,460가구 ▲ 2020년 87만 1,968가구 ▲ 2025년 92만 7,597가구 ▲ 2030년 97만 2,143가구로 증가할 것으로 집계됐다.〈대한국토·도시계획학회,www.joins-land.com(2011/09/28 08:53 〉

3 균형발전촉진지구 [均衡發展促進地區] : 자치구별로 중심거점지역을 지정, 육성하여 지역 주민의 각종 도시 생활이 이곳에서 이루어질 수 있도록 복합도시를 개발하는 사업을 말한다. 서울시는 청량리(동대문구 용두동), 미아(성북구 하월곡동, 강북 미아동), 홍제(서대문구 홍제동), 합정(마포구 합정동), 가리봉(구로구 가리봉동) 등 5곳과 추가 지정된 광진구 구의·자양동, 중랑구 망우동, 강동구 천호동 등 8곳을 균형발전촉진지구로 지정했다. 2012년까지 약 20개소 내외의 균형발전촉진지구가 추가로 지정될 예정이다.

4 서울 뉴타운 지역 : 서울의 뉴타운은 시범뉴타운인 은평, 왕십리, 길음뉴타운이 있고 2차 뉴타운으로는 아현, 가재울(가좌), 돈의문(교남), 방화, 신정 등 12개 뉴타운이 있으며, 3차 뉴타운으로는 흑석, 신길, 증산 수색, 상계 등 10개의 뉴타운이 있습니다. 시범뉴타운과 2차 뉴타운은 현재 사업이 진행 중에 있으며 3차 뉴타운의 경우 재정비촉진계획이 근래에 수립되었거나 수립 중에 있다.

5 지역별로는 수도권 신도시 중대형 아파트가 가구당 평균 8억 2,697만 원에서 6억 4,254만 원으로 1억 8,443만 원 빠져 하락폭이 가장 컸다. 특히 분당은 정자동 일대 유명 주상복합들이 가격 하락을 주도하면서 5년새 가구당 2억 5,577만 원이 떨어졌고, 과천 중대형도 가구당 평균 3억 6,109만 원 하락했다. 서울도 중대형 평균 매매가(8억 9,341만 원)가 2006년 대비 5,019만 원 떨어졌다. 최고 20억 원을 호가하던 도곡동 D주상복합 201㎡가 최근 13억 원 선까지 추락하는 등 강남권의 경우 5억 원 이상 급락하는 중대형이 속출하고 있다. 반면, 같은 기간 수도권 전용 85㎡ 이하 중소형 가격은 2억 6,886만 원에서 2억 8,973만 원으로 2,087만 원 올랐다.(2012.01.09. 한국일보 기사 인용)

6 5장 낙찰 사례 391페이지 참고

7 권리분석에서 '인수주의'와 '소멸(제)주의'를 말한다. 다른 책을 통해 본격적인 공부를 해주시면 된다.

8 권리분석에서 말하는 치유할 수 없는 하자 중 대표적인 하자로는 '최선순위처분금지가처분'과 '최선순위소유권이전청구권보전가등기'가 있다.